COURS
DE
LITTÉRATURE
FRANÇAISE

TABLEAU DE LA LITTÉRATURE
AU MOYEN AGE

TOME I

IMPRIMERIE PANCKOUCKE
Rue des Poitevins, 14

COURS
DE
LITTÉRATURE
FRANÇAISE

PAR M. VILLEMAIN
PAIR DE FRANCE, MEMBRE DE L'ACADÉMIE FRANÇAISE

TABLEAU DE LA LITTÉRATURE

AU MOYEN AGE

En France, en Italie, en Espagne et en Angleterre

TOME Ier

2e édition
revue, corrigée et augmentée

PARIS
DIDIER, LIBRAIRE-ÉDITEUR
35, QUAI DES AUGUSTINS

1840

PRÉFACE.

Ces Leçons sur une partie de l'histoire littéraire du moyen âge furent un premier essai facile à surpasser, mais dont l'influence n'a pas été inutile au progrès des mêmes études aujourd'hui plus répandues. Pour la première fois, dans une chaire française, on entreprenait l'analyse comparée de plusieurs littératures modernes qui, sorties des mêmes sources, n'ont cessé de communiquer ensemble, et se sont mêlées à diverses époques. De là sans doute devait résulter un synchronisme d'idées non moins curieux que celui des événements, et qui, marqué d'abord dans le travail du langage, dans l'œuvre de l'esprit humain pour défaire et reconstruire un idiome, se retrouvait avec plus d'éclat dans les autres créations de l'intelligence. Une telle analyse, à la vérité, pour avoir tout l'intérêt qu'elle peut offrir, aurait besoin d'être complète; mais comment y parvenir? L'examen simultané des littératures de l'Europe chrétienne serait une tâche infinie; et cependant il y manquerait un grand côté du monde, l'Orient.

Limitée aux peuples, non de toute l'Europe chrétienne, mais seulement de l'Europe latine, la carrière est très-vaste encore; et je n'en ai parcouru que les points principaux. Toutefois, dans cet examen rapide, aux deux Frances du

Midi et du Nord, à l'Italie et à l'Espagne, toutes contrées qu'a si profondément pénétrées la conquête de l'ancienne Rome et la religion de la nouvelle, j'ai réuni l'Angleterre, dont l'idiome, greffé de branches romanes sur sa vieille souche teutonique, est mixte comme le génie anglais, unissant à la pompe poétique la précision et la rapidité.

En dehors du développement de chacun de ces idiomes, le latin, qui, comme langue morte, leur a donné naissance, les suit et les domine encore, comme langue artificiellement contemporaine; mais, sous ce rapport, j'ai dû plutôt en retracer l'influence générale qu'en discuter les productions dégénérées. C'était, en effet, de la formation du génie moderne que je m'occupais; et ses traits véritables, sa croissance et sa physionomie n'apparaissent avec toute leur originalité que dans les idiomes nouveaux. J'ai donc rarement parlé des nombreux écrits composés en langue latine, avant la naissance ou pendant les longs bégayements de nos idiomes dérivés du latin.

En étudiant l'*Histoire littéraire de France des Bénédictins*, on est surpris d'y trouver, parmi nos anciens auteurs français, *Cornelius Gallus* et *Germanicus*. Mais, sans faire remonter aussi loin la généalogie de notre littérature, on n'en doit pas trouver moins ingénieuse et moins solide une étude qui s'attache à découvrir, sous le vêtement latin des premiers siècles du moyen âge, les linéaments et les indices de l'esprit français. En ce sens et sous cette forme, un très-précieux chapitre de notre histoire littéraire peut embrasser une époque dont les monuments primitifs ne renfermaient encore aucune trace du langage français. Tel est, en partie, l'objet de la belle *Introduction* publiée par M. Ampère, et si justement honorée d'une distinction récente. Mais, à part cette langue latine qui formait l'idiome savant de la chrétienté du moyen âge, et qui, sous ce rapport, mériterait d'être étudiée, non pas chez une nation isolée, mais chez plusieurs à la fois, les langues nouvelles offrent cet intérêt plus spécial et plus grand de caractériser la formation des peuples nouveaux; car une langue est une civilisation. La langue latine du moyen âge représentait moins un peuple qu'une société supérieure et générale empruntée à tous les peuples, cette société que saint Bernard appelle quelque part *omnis latinitas*, et qui s'étendait, pour les choses religieuses, depuis la Scandinavie jusqu'à Rome. Mais les sociétés distinctes qu'on appelle des peuples se manifestaient surtout dans le développement et le progrès de la langue que chacune d'elles s'était faite; et ce résultat ne semble-t-il pas confirmé par le hasard qui fit naître le premier grand poëte des âges modernes chez la nation dont l'idiome, issu presque tout entier du latin, s'est trouvé le plus naturellement et le plus tôt formé, comme un arbre nouveau sortant du pied d'un autre arbre?

Depuis l'étude que j'avais essayée sur le Dante, un de mes plus savants confrères, critique aussi varié que profond philologue, a éclairé la même question d'une bien autre lumière. Quelques-uns des points que j'avais touchés dans l'histoire de notre vieille littérature française, ont également donné lieu à des recherches plus curieuses ou plus précises. De nombreux matériaux, encore *inédits* il y a quelques années, ont été publiés; et cependant, loin qu'on puisse écrire déjà l'histoire complète de notre littérature au moyen âge, on n'en a pas encore dressé l'inventaire, qui s'accroît chaque jour. La langue même du XIIe et du XIIIe siècle, longtemps mal sue parce qu'on n'y supposait pas de règles fixes, n'a été ramenée à ces règles nécessaires que par des travaux tout récents. La première grammaire critique de notre vieille *langue*, ouvrage posthume d'un jeune et regrettable érudit, n'est connue que depuis peu, et n'a pas encore obtenu l'estime qu'elle mérite, en facilitant l'étude de cette poésie des *trouvères*, trop vantée pour le génie, mais instructive pour l'histoire.

Beaucoup reste à faire encore dans chaque partie de l'histoire littéraire du moyen âge. Il y a tout à la fois des faits inconnus à découvrir, et des systèmes prématurés à détruire. L'objet de ce Cours était moins étendu; mais, en réunissant sous un point de vue comparé les premiers développements de l'esprit humain dans une partie de l'Europe au moyen âge, en montrant leur unité et leur diversité, un travail même incomplet devient utile par les études qu'il fait naître et la curiosité qu'il excite. C'est ainsi que ces Leçons, accueillies, il y a quelques années, par un nombreux auditoire, et plusieurs fois publiées en France et à l'étranger, ont atteint leur but, lors-même qu'elles sont aujourd'hui dépassées. En les corrigeant avec soin, et en y ajoutant quelques recherches nouvelles, j'ai tâché seulement de rester fidèle à l'amour de la vérité et de l'art qui les avait d'abord inspirées.

Août 1840.

TABLEAU
DE
LA LITTÉRATURE
AU MOYEN AGE.

PREMIÈRE LEÇON.

Messieurs,

Cet auditoire si nombreux et si fait pour troubler par sa bienveillance même, ajoute encore à l'embrouillement de pensées que j'éprouve en ce moment; car il faut, je l'ai annoncé, vous donner un programme du moyen âge. Jusqu'à présent je parlais de choses que je connaissais assez bien, et où la faiblesse de ma parole était du moins soutenue par d'anciennes études; maintenant je vais parler de choses que je sais à peine, que j'apprends à mesure que je les dis:

j'ai besoin, et ce n'est pas une phrase faite ni apportée de chez moi, j'ai besoin d'une double indulgence.

Dans cet effort que je vais tenter, pour encadrer la partie du moyen âge qui doit nous occuper, et pour y choisir quelques points dominants, caractéristiques, tant de faits que l'on ne peut dire tous, et qu'on craint d'omettre, tourbillonnent autour de mon esprit. A quoi m'attacher de préférence? Ces monuments si nombreux, et la plupart mal connus, cette confusion de langues et de civilisations, ces lacunes et cette abondance tout à la fois rendent presque impossible de faire ce que cependant je veux essayer.

L'année dernière, en finissant, je vous ai parlé vite et faiblement de la grande puissance qui allait ranimer la société, de ces génies sublimes nés du vivant de l'empire romain que tuait ou transformait le christianisme; j'ai dit que bientôt une vie nouvelle allait couler, se répandre dans des canaux nouveaux comme elle; que des idiomes naissant, des peuples étaient prêts pour la recevoir, et qu'alors seulement la métamorphose du monde romain serait manifeste, serait entière.

Tant que les langues grecque et latine sont là

vivantes, bien que tout le reste soit renouvelé, il y a, dans cette persistance, dans cette ténacité des anciennes formes, quelque chose qui empêche de voir toute l'originalité créatrice qui vient de naître avec la pensée chrétienne. Plus tard, au contraire, lorsque les vieilles races ont été balayées de la terre, ou du moins lorsqu'elles se sont cachées sous le costume des conquérants nouveaux, lorsqu'elles se sont dénaturées pour obtenir la permission de vivre; lorsque, du choc des barbaries qui se succèdent, sont nés des idiomes nouveaux, alors la révolution de l'esprit humain paraît dans toute son immensité. Sur l'ancien territoire romain tout est changé, bouleversé; ce ne sont plus des Gaulois, des Ibères devenus Romains; ce sont des races nouvelles avec les variétés de leurs physionomies et de leurs langues; c'est le chaos renaissant au milieu de cette uniformité que la conquête romaine avait commencée, et que semblait d'abord achever le christianisme.

Voilà l'état du monde, où il faut s'avancer, s'aventurer, pour apercevoir, à l'origine, les littératures et le génie des principaux peuples de l'Europe. J'ai restreint beaucoup cette tâche en l'essayant; j'ai jeté la moitié de mon sujet, parce que je n'y entendais rien; j'abandonne toute la partie germanique, non que je ne l'admire, non que je n'aperçoive de loin, avec une vue confuse et faible, tout ce qu'il y aurait de grand et d'instructif dans les vieux monuments de ce génie du Nord, qui florissait dans l'Islande républicaine, au milieu du monde barbare, qui, sous le nom de *gothique*, traversa tout le midi de l'Europe, et qui, sur sa terre natale, montra tant de vigueur indigène. Mais enfin je sais tout cela trop peu et trop mal ; je ne puis en parler.

Je me renferme, je m'emprisonne dans l'autre moitié de l'Europe, le Midi et les contrées centrales qui ont reçu et gardé le plus longtemps l'influence du génie méridional. Ainsi les deux Frances, au delà et en deçà de la Loire, la France du Midi et celle du Nord ; l'Angleterre, placée si près de nous, et sur laquelle a passé la conquête française, représentée par les Normands ; l'Espagne, dont les provinces limitrophes ont longtemps parlé la même langue que notre Midi ; enfin l'Italie, voilà tout ce qui nous occupera. Tous ces sujets se tiennent et n'en forment qu'un seul ; toutes ces langues, excepté l'*anglais* qui, secouant la conquête et les lois françaises, reverdit de bonne heure sur sa vieille souche teutonique, toutes ces langues sont sœurs ; elles sont nées toutes de la même corruption ; elles ont toutes germé dans les ruines de la langue latine.

Ainsi, marquons d'abord ce grand résultat, né de la civilisation antique, et qui lui survécut. Le génie romain, dans tous les lieux qu'il avait conquis, et longtemps possédés, porte ses lois, ses mœurs, sa langue; puis vient la religion plus puissante que l'empire romain, qui ajoute la sainte uniformité de son rituel à cette première uniformité de la conquête et de la politique. Saint Augustin l'a remarqué en termes éloquents :

> Opera data est ut imperiosa civitas non solum jugum, verum etiam linguam suam domitis gentibus, per pacem societatis, imponeret, per quam non deesset, imo et abundaret interpretum copia.

Augustin voit quelque chose de merveilleux, de prédestiné, dans cette puissante diffusion de la langue romaine. A ses yeux, c'est le moyen providentiel qui préparait la prédication générale et rapide de la foi chrétienne.

Quelles que soient les causes de cette grande révolution si majestueusement annoncée dans le point de vue de l'esprit religieux, une chose vous frappe : c'est que toutes les Gaules, jusqu'au Rhin, toutes les Espagnes, et nécessairement l'Italie entière, parlaient la langue latine au ive, au ve siècle. Sans doute il y avait des idiomes locaux, des patois qui se cachaient dans quelque coin de village; mais la religion parlait latin, la loi parlait latin, la guerre parlait latin; partout le latin était la langue que le vainqueur imposait au vaincu. Pour traiter avec lui, pour lui demander grâce, pour obtenir la remise de l'impôt, pour prier dans le temple, toujours il fallait la langue latine.

Ainsi, cette grande transmutation des vaincus par les vainqueurs, ce changement de la société, sans la destruction des individus, s'était accompli sous la puissante politique des Romains, aidée par la prédication du christianisme.

Combien cet état du monde dura-t-il? Comment devait-il s'altérer progressivement? A quelle époque, du milieu de cette langue romaine, universellement répandue, naquirent les langues nouvelles, et avec elles une manifestation plus complète, plus efficace de l'esprit moderne? Car l'esprit des hommes est tellement dominé par les formes du langage, que même des hommes nouveaux de race et d'esprit, s'ils prennent l'usage d'une vieille langue, perdront quelque chose de leur caractère natif, et que, si plusieurs races se mêlent, elles ne formeront un peuple que lorsqu'elles auront une langue commune et nouvelle.

Ces questions, plus ou moins éclaircies, nous retiendront longtemps. Nous serons grammairiens, lexicographes, autant que nous le pourrons. Ces études ont leur intérêt, leur originalité historique et piquante; et vous ne me reprocherez pas de m'y arrêter.

Longtemps avant cette révolution, voyons d'abord tout le midi de l'Europe soumis par les Romains, et adoptant leur langue et leurs mœurs. C'est le sceau de la victoire; c'est la condition de la vie paisible au milieu de la défaite. Mille preuves viennent à l'appui de ce fait. Entendez-vous au ive siècle, sous Théodose, cet orateur gaulois qui, parlant au sénat romain, éprouve, dit-il, quelque crainte d'apporter parmi les descendants de Cicéron et d'Hortensius la rudesse inculte et grossière du langage transalpin, *rudem et incultum transalpini sermonis horrorem*. Il ne s'agissait pas d'une harangue celtique, mais d'un discours dans la langue latine des Gaules. Dans les siècles antérieurs, Suétone, Pline, Juvénal, Martial ont cent fois parlé des jeux littéraires et des déclamations en langue latine usitées à Lyon, à Vienne, à Bordeaux, dans toutes les villes de la Gaule méridionale et de l'Espagne. Plus tard, de curieux monuments attestent, dans les assemblées provinciales des Gaules, l'emploi de la langue latine pour diriger les actes, exposer les plaintes des sujets gaulois, et même quelquefois accuser[1] le préfet romain. C'était en langue latine que se produisait tout l'esprit du pays.

Il est à croire qu'une altération dans cet état des provinces conquises par les Romains ne date que de l'invasion de nouvelles races barbares. Qu'arrive-t-il alors ? De même que Rome civilisée avait imposé sa langue à tous les peuples qu'elle soumettait par ses armes, les nouveaux conquérants renversèrent-ils la civilisation récente qui venait d'être élevée dans les Gaules, et mirent-ils leurs mœurs et leur langue à la place de celles que les Romains avaient en partie substituées aux usages et à l'ancien idiome du pays ? Non ! et c'est là qu'apparaît la force de la civilisation. Un savant célèbre, dans un ouvrage sur les langues *ouigour*, a ingénieusement établi que, dans la langue d'un peuple formé par des agrégations diverses, on retrouve la population primitive de chacune des races réunies, en évaluant la quantité de mots et de

---

[1] RAYNOUARD, *Droit municipal*, t. 1, p. 208.

tours que chacune d'elles avait apportés à la masse commune de l'idiome nouveau.

Mais cette remarque ne peut avoir toute sa justesse qu'autant que les races qui viennent ainsi se réunir offrent une égalité de civilisation et de force intelligente. Lorsque au contraire c'est le savant, l'ingénieux qui vient soumettre le grossier et l'ignorant, alors l'équilibre dans le contingent que chacun apporte à la formation de la langue nouvelle, est rompu ; les lumières l'emportent sur le chiffre numérique des individus ; et ceux qui ont le plus d'idées donnent incomparablement le plus de mots.

Certes les Romains, qui avaient conquis et colonisé la Gaule, étaient beaucoup moins nombreux que les Gaulois. Ils n'en firent pas moins adopter leur langue, parce qu'ils imposaient leurs lois et leur religion. Les Francs étaient aussi beaucoup moins nombreux que les Gaulois qu'ils envahirent. Cependant, s'ils avaient été supérieurs par l'intelligence et les arts, surtout s'ils avaient apporté avec eux un culte nouveau, l'ancienne civilisation, l'ancienne langue eût été vaincue par la nouvelle, aidée de la force. Mais comme, au contraire, les Francs n'étaient, relativement aux Gaulois transformés en Romains, que des barbares, ils prirent le pays, sans le transformer, ils reçurent la religion des évêques gaulois. Ils laissèrent subsister la langue que parlait cette religion. Ils apprirent eux-mêmes les idiomes populaires entés sur cette langue progressivement altérée dans les Gaules, et, à la longue, ils se confondirent dans le peuple plus nombreux et plus éclairé qu'ils avaient conquis. L'ancien esprit romain, l'ancienne langue romaine corrompue successivement, prévalurent dans les Gaules sur la langue des conquérants nouveaux.

L'examen de ces faits, Messieurs, entraînera de longs détails. Là se présenteront des questions d'histoire et de philologie qui sont contentieuses, je l'avoue. Lorsque nous aurons admis qu'à dater du viie siècle, trois langues principales avaient cours dans les Gaules, la langue latine encore officielle et ecclésiastique, une langue vulgaire uniformément altérée du latin, une langue allemande que les vainqueurs avaient apportée avec eux, qu'ils perdirent en partie et qu'ils n'imposèrent pas aux habitants du pays, plus d'une difficulté se présente.

En admirant et en étudiant les belles recherches d'un homme de lettres célèbre, érudit et poëte, M. Raynouard, peut-être lui soumettrons-nous quelques doutes sur la généralité de son système; peut-être, en nous appuyant sur l'autorité d'un savant non moins ingénieux, de M. Schlegel, demanderons-nous s'il est naturel de supposer que, dès le vii° siècle, une même langue formée de la corruption du latin avait uniformément soumis à son empire la totalité des deux Gaules, et même s'étendait dans une partie de l'Espagne et de l'Italie supérieure. Nous ne négligerons, au reste, aucune des réponses et des preuves qu'a données l'auteur à l'appui de ces savantes conjectures. Ajoutons d'ailleurs que, par une chance fort heureuse, sa gloire est à l'abri des contradictions mêmes qu'éprouverait son système. Lorsque l'on révoquerait en doute cette espèce d'universalité qu'il paraît accorder à une langue *romane* homogène, sonore, méridionale, et cependant parlée au nord comme au midi, il lui restera toujours l'honneur d'avoir savamment retrouvé, expliqué, analysé les monuments presque tous inédits de cette langue, et d'avoir, dans la variété de ces monuments, découvert et régularisé les éléments primitifs d'une langue mal connue jusque-là, et qui a été sinon le seul, du moins le principal intermédiaire entre la civilisation romaine et la nôtre; il lui restera enfin l'honneur d'avoir retrouvé, non-seulement des ouvrages oubliés, mais tout un idiome.

Quoi qu'il en soit, qu'une langue romane uniforme ait étendu son empire sur un si vaste territoire, ou que, dès l'origine, deux langues romanes plus ou moins marquées des accents du Nord et du Midi aient partagé la France, il n'est pas douteux que, vers le vm^e siècle, cet élément nouveau de civilisation, simple ou double, était né. Ainsi, vous connaissez tous, ou vous avez tous entendu rappeler le serment de Charles le Chauve traitant avec son frère, Louis le Germanique. Le serment est traduit dans la langue vulgaire des deux nations. La langue des Francs naturalisés et dominateurs en France est, d'après ce serment, déjà fort semblable au *roman*.

Le serment, au contraire, du roi de Germanie est en langue *teutche*, dans la langue qu'avait parlée Charlemagne, mais qui, sous ses successeurs au trône de France, avait cédé à un idiome nouveau, dégénéré du latin.

Cet idiome, nommé *roman rustique*, était-il identique dans toutes les Gaules, ou n'offrait-il pas plutôt des dialectes multiples? n'importe : il est certain qu'il existait au vm^e siècle, dans les Gaules, une langue immédiatement issue du latin, et tout à fait distincte des langues germaniques.

Mais combien de temps s'écoula-t-il, avant que cette langue rustique, grossière, que l'on n'écrivait pas, devînt capable d'éloquence?

Charlemagne, dont le génie s'étendait à tout, s'était occupé même de grammaire. Entre deux conquêtes, il avait fait rédiger une syntaxe de la langue teutche qui, avec le latin, était alors la langue de la cour et des affaires; et il avait établi des écoles pour l'enseignement de l'un et de l'autre. Il ne paraît pas qu'il se soit occupé du *roman rustique*. Mais ce qui prouve que cet idiome était déjà formé et usité, sinon à la cour tout allemande de Charlemagne, au moins dans ses états, c'est que, suivant Éginhart, ce prince ajouta dans l'usage vulgaire les noms des mois de l'année, pris de sa langue maternelle, c'est-à-dire pris de la langue allemande. Cette innovation même atteste l'existence distincte et complète de la langue romane, dans la Gaule du Nord.

Lorsqu'une fois les peuples mélangés de la Gaule furent en possession d'un idiome nouveau sorti de la langue latine, et où se replaçaient quelques débris du langage celtique, survivant à la civilisation romaine, qu'arriva-t-il?

Comment se dénoua le génie de la nation ? où parut la première lumière de l'esprit moderne ? où se leva la poésie ? C'est là, Messieurs, que les savantes recherches de M. Raynouard offrent, avec une incontestable vérité, l'intérêt le plus vif et le plus nouveau. Cette langue *romane*, dont il avait indiqué la naissance collective sur tous les points des Gaules, il la suit, il la considère dans le Midi ; c'est là qu'il aperçoit toute cette population de poëtes connus sous le nom de *troubadours;* là se découvre toute une littérature ingénieuse dans ses formes, vive image du temps et pleine de précieux souvenirs qu'a négligés l'histoire.

Les causes de ce développement prématuré de la langue provençale se rattachent, comme toujours, à l'état de la société. Pendant que la France du Nord était livrée à des dominations dures et violentes, et souvent ravagée par des ennemis, le Midi avait été plus paisible, plus industrieux, plus riche, d'abord sous les rois d'Arles, puis sous les comtes de Provence. Près de deux cents ans s'étaient écoulés sans invasions de barbares, sans guerres sanglantes. La féodalité régnait là comme ailleurs, mais une féodalité plus douce. Ces cruautés épouvantables et, pour ainsi dire, naturelles dans l'esprit du temps, qui remplissent l'histoire de la France du Nord, on les rencontre beaucoup plus rarement dans la France du Midi. La douceur du climat, je ne sais quelle impression chevaleresque et généreuse venue de l'Espagne et même des Maures, avaient communiqué aux habitants une élégance poétique, qui se rapproche un peu de l'humanité des temps modernes.

Là, Messieurs, je devrais souvent abréger ou fuir des détails qui ne conviendraient pas à la gravité de cet auditoire. Je ne veux pas qu'il soit dit qu'on rassemble tant de personnes dans les vénérables murs, assez mal rajeunis, de l'antique Sorbonne, pour leur faire des dissertations sur les cours d'amour, pour leur réciter des *tensons,* des *lais,* des *discorts,* que les chevaliers du moyen âge adressaient aux châtelaines. Je ne veux pas que mes ennemis, si j'ai des ennemis, puissent jamais accuser la Sorbonne et moi d'une pareille innovation. (Rires et applaudissements.)

Cependant, Messieurs, de bien graves auteurs ont traité cette matière. Les arrêts de ces cours frivoles, dont je ne veux pas une seconde fois prononcer le nom en langue vulgaire, ont été recueillis par un savant magistrat, sous le titre d'*Arresta amorum.* Les jugements auxquels a présidé la vicomtesse de Béziers, assistée de quatre-vingts dames du pays, étaient rendus en latin presque aussi bon que celui de saint Thomas.

On ne peut pas se dissimuler, d'ailleurs, qu'il y a tout un caractère de sociabilité, tout un trait caractéristique de l'histoire d'un peuple, dans l'institution de ces *cours* qui, des provinces du Midi, passèrent à d'autres parties de la France. De tels usages forment un curieux contraste avec la sanguinaire rudesse des mœurs féodales. Ce contraste si ancien peut servir à expliquer, dans un temps plus rapproché de nous, des singularités semblables; par exemple, la grâce frivole, l'élégante urbanité, qui florissait à côté de la plus épouvantable barbarie du xvie siècle; et plus tard, ce reste de dureté de mœurs que l'on remarque au commencement du siècle de Louis XIV, et jusque dans la politesse de sa cour. Le moyen âge est tout entier dans ce mélange, dans cette incohérence dramatique et pittoresque, dont notre jeune poésie s'inspire heureusement, et que je tâche d'examiner en érudit, comme l'ont fait Sainte-Palaye, Bonamy, l'abbé Le Bœuf, tant d'hommes graves qui écrivaient des mémoires pour l'*Académie des Inscriptions*, et qu'on n'a jamais accusés de manquer à la bienséance. Toutefois, je serai très-réservé, très-rapide dans mon exposition sur une partie de cette littérature. Il en est une autre, non moins curieuse et plus sévère.

Qu'étaient les troubadours? Des hommes de guerre, pour la plupart; quelques-uns, des seigneurs de châteaux; d'autres, des gens d'esprit du temps, qui, animés par leur nature musicale de méridionaux, favorisés par cette langue sonore et métallique, et redisant avec verve la pensée populaire, tour à tour attaquaient ou célébraient dans leurs chansons les seigneurs du voisinage, tantôt les invitaient à la paix, tantôt les excitaient à la croisade, parfois même insultaient toutes les puissances de l'État et de l'Église. La poésie provençale, c'était, pour ainsi dire, la liberté de la presse des temps féodaux; liberté plus âpre, plus hardie et moins réprimée que la nôtre.

Je pourrais vous en citer des exemples vraiment incroyables. Le savant M. Raynouard en a reproduit plusieurs dans son beau Recueil des *poésies romanes*. Il en est d'autres devant lesquelles il s'est arrêté par une sorte de discrétion et de réserve qui remontait à six siècles en arrière; il les a laissés, sous l'idiome provençal, ensevelis dans les 25 in-folio manuscrits de M. de Sainte-Palaye.

Qu'avec le secours de son excellente grammaire et de ses lumineuses explications sur le génie de cette langue, à la fois savante et simple, on parvienne à lire ces curieux monuments, on y trouvera des trésors de verve et de vivacité ingénieuse ; on admirera la hardiesse de ces chants si libres, qui répandaient la gaîté, la satire, l'insulte, et faisaient dominer l'esprit dans un temps où la force matérielle était si puissante : elle-même empruntait ce secours, et les plus belliqueux seigneurs étaient souvent poëtes.

Un autre point de vue se rattache à ces poésies. Le xi⁰ siècle avait vu s'accomplir une grande révolution dans tout le système de l'Europe. Cette révolution ne doit pas être séparée, dans notre souvenir, du premier élan poétique des peuples du Midi ; car, remarquez-le bien, ce n'est qu'à la suite de grands événements, et sous les auspices de quelque génie supérieur, que se dénoue, que grandit l'esprit de toute une nation. A la fin du xi⁰ siècle, tout était changé dans la langue des peuples de l'Europe latine. La date précise du changement, je ne la connais pas. Il en est de ces révolutions dans l'esprit et l'idiome des peuples, comme de cette révolution que chacun de nous éprouve en soi-même ; on ne s'aperçoit pas de ce que chaque jour nous emporte ; on se croit aujourd'hui le même qu'hier, et puis, avec une succession d'*aujourd'hui*, mis au bout l'un de l'autre, on se trouve un jour un homme tout différent; on est passé de la jeunesse à l'âge viril, de la maturité à la vieillesse. La même chose a lieu dans ce développement progressif des peuples ; ils ne s'aperçoivent pas d'abord qu'ils changent, qu'ils descendent, qu'ils dérivent ; et puis tout à coup ils se trouvent ailleurs. Au milieu du xie siècle, l'Europe latine n'était plus ce qu'elle avait été avant Charlemagne ; mais pour déclarer ce mouvement, et lui donner une énergie créatrice, il fallait ce qui avait manqué depuis Charlemagne, et ce qui vint alors, des grands hommes, des hommes qui changent l'esprit des nations, ou qui l'adoptent et le poussent, en leur disant ce qu'elles croient, et leur faisant faire ce qu'ils veulent. Il en parut trois de conditions fort diverses, un pape, un brigand et un roi : Grégoire VII, Robert Guiscard et Guillaume le Conquérant.

Il faut nous occuper d'eux, avant de revenir aux troubadours. De ces hommes, le premier, parce qu'il agit de toute la puissance de la pensée, c'est Grégoire VII. Robert Guiscard n'est qu'un bras héroïque conduit par un génie aventurier. Guillaume le Conquérant, son nom dit sa gloire; c'est un génie vraiment dominateur et politique, un Charles-Quint du xie siècle. Mais ce pape, Grégoire VII, il n'a que sa pensée et la croyance des autres, pour dominer tout le monde. Robert et Guillaume ont la force des armes, l'ascendant guerrier du Nord sur le Midi, le courage de leurs compagnons, et je ne sais quoi d'audacieux qui avait amené la race normande des bords de la Scandinavie jusqu'à Rouen, à Londres et à Salerne, et qui de là l'emportait à Constantinople.

Eh bien, quand ces trois hommes eurent passé, qu'ils furent morts dans la même année, nommée par le peuple une année miraculeuse qu'avaient signalée une comète et des pestes, que resta-t-il après eux ? Il resta surtout Grégoire VII, bien qu'il eût manqué ce qu'il avait voulu, qu'il fût mort exilé, presque captif, et que son génie eût succombé sous son entreprise, du moins en apparence. Mais il laissait après lui des idées plus puissantes que lui, et son système acheva ce que lui-même n'avait pas fait. A sa suite, la souveraineté ecclésiastique s'étend sur toute l'Europe. Ce n'est pas, comme celle de Robert Guiscard, une souveraineté qui s'épuise dans un coin de la Calabre, qui va tenter la conquête de la Grèce, et qui s'arrête, quand le conquérant est frappé de mort. Ce n'est pas, comme celle de Guillaume, une souveraineté laborieuse, qui, après avoir conquis à grand' peine un peuple, lui imposant mœurs, coutumes, lois, langue nouvelle, finit cependant par se confondre avec lui, et par disparaître dans la nationalité anglaise. Non, c'est une souveraineté qui survit à tout, domine sans violence plusieurs nations à la fois, et ne s'use pas, pendant plusieurs siècles.

Elle devait être surtout puissante chez les peuples du midi de l'Europe, que de fréquentes guerres avec les Maures avaient attachés plus vivement à leur foi, et qu'une imagination ardente passionnait pour les pompes et les fêtes du culte.

Faut-il croire cependant que le pouvoir pontifical, et, au-dessous, le pouvoir ecclésiastique, fût alors la seule force morale qui dominât les esprits? Non; cette indéracinable liberté de l'esprit humain, qui d'abord s'était enveloppée de la tiare pour lutter contre la force matérielle, elle se cache, et même elle se produit ailleurs. Pendant que des barons injustes et féroces tremblaient sous l'anathème épiscopal, souvent aussi un poëte, un troubadour de Béziers ou de Toulouse, réprimait avec une chanson l'avarice ou la dureté des clercs.

Je ne compare pas les deux puissances; mais cette chanson, apprise et répétée par le peuple, était aussi une force morale; elle vengeait de ses hypocrites persécuteurs l'infortuné comte de Toulouse; elle accusait l'impitoyable Montfort; elle attaquait des vices puissants et sanctifiés; elle parlait à tous les gens d'esprit du temps. Et, on le sait, à toutes les époques, il y a des gens d'esprit; seulement ils sont habillés autrement. On a dit que saint Thomas d'Aquin avait autant de génie que Platon; à la bonne heure; mais le costume est bien différent.

Dans les *sirventes* provençaux paraît donc, non-seulement une source de poésie nouvelle, mais un principe de raisonnement et de liberté qui s'oppose à ce qui était alors bien plus puissant que le fer, l'influence théologique et monacale. Il est singulier de voir la témérité avec laquelle, dans ces temps que notre imagination se figure si soumis, si respectueux, non-seulement les abus, mais quelquefois les choses saintes, sont tournées en dérision, et non pas seulement à force de naïveté, comme on le suppose, mais quelquefois avec une malice profonde qui ferait honneur ou peur à des temps plus cultivés. Vous le concevez, Messieurs, le goût, encore plus que la prudence, m'avertira d'élaguer ces détails, et de ne pas vous lire la chronique scandaleuse du moyen âge. Il nous restera un grand objet d'étude dans le génie de cette littérature méridionale, parente de la nôtre, et dans l'esprit nouveau d'indépendance qu'elle annonce, dès le xiie siècle, sur les grandes questions qui devaient agiter le xvie.

A côté de cette poésie des troubadours, s'élevait une autre poésie, moins vive, moins ingénieuse, autrement téméraire. Quelle que fût la conformité primitive de la langue romane du Midi et de celle du Nord, la séparation au xiie siècle était visible; la langue des *trouvères* et la langue des *troubadours* offrent alors de grandes et curieuses différences dans les mots, comme dans les ouvrages. Une sorte de vivacité moqueuse, de raillerie satirique, anime aussi la langue des *trouvères*; mais au lieu d'éclater par des images brillantes et lyriques, d'avoir quelque chose de musical, comme les voix du Midi, l'esprit des *trouvères* est prosaïque et narquois; c'est un conte au lieu d'une ode. Ici je crois voir un chevalier *troubadour* qui, du haut de son coursier, chante des vers de guerre ou d'amour; là un bourgeois malin qui, dans les rues étroites de la cité, devise avec son compère, et se raille des choses dont il a peur. Dans l'œuvre des *trouvères*, il n'y a de poésie qu'un certain mètre, une versification fort grossière; point d'harmonie, peu d'images. Leurs vers sont des lignes de convention, tandis que dans la poésie des *troubadours* les vers sont des parties de musique. Dans les *trouvères* la finesse naïve du récit tient la place du talent poétique. Nous analyserons avec soin ces différences et ces variétés.

Ce n'est pas tout, il y avait chez les *trouvères*, comme chez les *troubadours*, un mouvement d'invention qui ne se bornait pas à quelques chants malins ou passionnés, mais qui s'égarait dans de longs récits. En petits vers de huit syllabes, on faisait des espèces de poëmes épiques ou romans de chevalerie. Ils étaient beaucoup lus : un livre était toute la bibliothèque d'une famille, d'un château. Ce livre, tel qu'on en conserve encore, avait l'air d'un meuble; il était enfermé dans des planches, il était cadenassé; on ouvrait cela comme une espèce de sanctuaire; et pendant les longues soirées, on le relisait sans cesse. De là, dans les poésies des troubadours, ces allusions si fréquentes à quelques romans.

Il y avait toute une mythologie chevaleresque, toute une série de noms et de souvenirs, qui était présente à la mémoire des habitants du pays. La pensée de ces bonnes gens était claquemurée dans leurs fabliaux, et tout à fait étrangère à l'antiquité. Aujourd'hui, cette poésie a pour nous un intérêt historique, sur lequel nous insisterons longtemps. Elle offre la plus vive image de l'esprit du temps. Elle était moins un art qu'une croyance.

Au reste, ces fabliaux des *trouvères*, ces longs poëmes historiques, chevaleresques, allégoriques du XIIIe siècle, peuvent occuper curieusement l'érudition. Mais ce n'est qu'au génie qu'il est donné d'agir sur les âmes, d'élever ces monuments qui rayonnent au loin dans les siècles, et enfin de créer une littérature qui ait une date précise : cette date, c'est un grand homme. Toute la poésie française du XIIIe siècle est, pour ainsi dire, anonyme ; vous distinguez seulement Thibaut, comte de Champagne. Qu'il soit coupable ou non d'avoir adressé des vers à la reine Blanche, ce qui a fort inquiété quelques érudits de l'Académie des inscriptions, vous reconnaissez dans ses vers, en langue déjà française, un tour libre, hardi, naïf, une heureuse imitation de la vivacité provençale. Comte de Champagne et roi de Navarre, Thibaut a réuni les caractères des deux poésies. La prose de Ville-Hardouin plaît par la candeur antique et la rudesse encore informe du langage; on sent un idiome tout jeune, qui raconte des choses nées en même temps que lui. Joinville, enfin, dans son récit trop court, se montre admirateur si sincère de saint Louis, que, la passion donnant à son style une inimitable vérité, il est le témoin le plus fidèle de son temps, et sera relu dans tous les temps. Mais la puissance communicative du génie n'est pas encore attachée à de tels écrits; c'est une image heureuse de l'esprit d'alors; ce n'est pas une œuvre créée. La langue des *troubadours*, plus répandue que celle des *trouvères*, par sa communication naturelle avec l'Espagne, n'avait pas produit non plus un de ces grands ouvrages qui dominent les siècles. Sans doute le *Romancero* du Cid est une brillante épopée du hasard et du génie populaire. Cette foule de *romances* inspirées dans le XIIIe et dans le XIVe siècle offrent quelques beautés que nous traduirons; mais il n'y a point là l'œuvre unique d'un grand génie. C'est l'esprit espagnol, et non pas un homme né de l'Espagne, mais supérieur à elle et qui l'élève à sa suite. Il faut chercher ailleurs; il faut regarder l'Italie; c'est là que s'allumera le premier flambeau du génie européen; c'est là que, pour la première fois, l'antiquité sera égalée, et que la puissance créatrice d'Homère semblera recommencer sous une autre forme.

Le monde italien avait dû garder, plus que tout autre, la trace puissante de la domination romaine; la langue latine avait dû s'y corrompre plus lentement et plus difficilement qu'ailleurs. Par là on doit expliquer peut-être comment l'apparition du génie italien fut plus tardive que celle de l'esprit provençal ou français. Une sorte d'obscurité est répandue sur la naissance poétique de ce phénomène qu'on appelle le Dante. Rien ne l'annonce. D'où vient-il ? Comment tout à coup une langue est-elle formée, à l'instant où il est né ? Cinquante ans auparavant, où était cette langue ? Elle n'a pas laissé de monuments; il faut disserter, conjecturer, pour croire qu'il existait dès lors une langue italienne. De savants hommes estiment qu'elle n'était pas autre que la langue *romane*. La vraisemblance repousse cette opinion; mais les faits manquent pour la combattre. A peine s'est-il conservé quelques mots épars de cet idiome intermédiaire. Il semble que le Dante ait tellement saisi l'imagination de ses contemporains, quand il a paru, qu'aussitôt ils ont oublié tout le reste.

Quoi qu'il en soit, plus d'une cause avait préparé ce grand avénement du génie, au milieu de l'Italie. Cette contrée, qui était restée toujours plus civilisée que les autres parties de l'Europe, n'avait pas subi aussi puissamment l'influence de la féodalité. Les esprits y demeurèrent plus éclairés et plus libres. Dès la fin du xie siècle, le contre-coup et l'exemple des hardiesses de Grégoire VII émancipent, enhardissent toute la nation. Non-seulement le prêtre, mais l'Italien semble s'être associé d'orgueil à ces foudres puissants qui avaient excommunié les rois d'Allemagne. Un amour-propre national inspire à tout ce peuple un orgueilleux dédain pour ces barbares d'au delà les monts, pour ces Germains, pour ces Teutons qui venaient en foule mourir en Italie, et qui, lorsqu'ils n'y mouraient pas de la peste, s'en retournaient excommuniés par le saint-père.

Ainsi, comme souvent les choses humaines se développent dans un ordre de conséquences qui ne ressemblent pas aux principes, c'est le grand asservisseur des rois et des consciences, le grand despote religieux, Grégoire VII, cet homme dont les anathèmes faisaient trembler tout le monde, qui favorise la hardiesse et le premier élan de l'esprit populaire.

Quelque temps après sa mort, dans toute

l'Italie, vous voyez croître l'indépendance locale. Les Allemands sont des étrangers, des ennemis qui montent la garde en Italie, et ne s'y naturalisent pas. L'esprit fier et brillant des Italiens s'indigne d'obéir à ces lourds dominateurs; on repousse leur jargon du Nord; et, des ruines du latin se forme cet élégant idiome que bientôt le génie du Dante va couler en bronze pour l'avenir. Cependant l'esprit de fédération bourgeoise, plus précoce et plus actif en Italie qu'il ne le fut en France, tantôt s'appuyant d'une bulle, tantôt d'un diplôme impérial, grandit avec une énergie singulière. Ce ne sont pas des guerres seigneuriales, comme en France, mais des guerres de ville à ville. Ce ne sont pas des luttes de vassaux qui se battent pour un maître, qui souffrent ou frappent, sans que leur intelligence s'élève, et que leurs droits s'augmentent. Ici chacun est partie dans la victoire. Les esprits s'éclairent et se forment; la guerre est une école de liberté municipale; et l'intelligence générale de la nation se fortifie au milieu des agitations et des combats de toutes les cités qui disputent leur indépendance.

Comme on n'avait pas naturellement un seigneur féodal, on était exposé souvent à supporter un tyran. Ainsi, quelque chose de ces passions ardentes et profondes, par lesquelles autrefois, dans la Grèce et la Sicile, l'esprit démocratique luttait contre le maître qui venait le subjuguer, se retrouve au milieu des cités d'Italie du XIIIe et du XIVe siècle. Ces passions qui fermentaient dans ce peuple naturellement si ingénieux et si animé par son soleil, elles attendaient un homme qui dît, avec des paroles qu'on ne pût oublier, ce que tout le monde avait fait, souffert, senti, qui fût théologien et factieux; car toutes les occupations du temps, c'étaient la théologie et la faction, les bulles et les guerres civiles, la guerre des gibelins contre les guelfes, la guerre des blancs contre les noirs, des Cerchi contre les Donati, de chaque ville contre chaque ville, et d'une moitié des citoyens de chaque ville contre l'autre moitié. Ce n'est pas là, sans doute, une image de bonheur. Elles n'étaient pas heureuses, non plus, ces cités de la Grèce qui déployaient tant de grandeur et de génie. Avec moins de perfection élégante et quelque chose de rude encore, l'Italie du moyen âge rappelle la Grèce. Le Dante est à la fois l'Homère et l'Eschyle de ces temps nouveaux. Il nous attachera longtemps, il sera pour nous le premier grand génie de l'Europe moderne; il nous montrera ce qu'il y avait de pensée profonde et de haute poésie cachée sous la rude écorce du moyen âge.

Remarquez-le, Messieurs, un événement dont, à dessein, je ne vous ai point encore parlé, les croisades ont occupé le monde pendant plus de quatre-vingts ans. L'Europe entière, soulevée d'elle-même, s'est jetée sur l'Asie; le génie européen a communiqué de toutes parts avec l'Orient; de grands et nouveaux spectacles l'ont frappé; les langues et les dominations chrétiennes ont été portées dans la Syrie et dans la Judée; et cependant cette immense révolution, ce n'est pas le sujet qui a saisi l'imagination poétique du Dante. Il y avait, dans l'état intérieur de l'Europe, quelque chose de plus grand encore que ce prodigieux épisode; c'était la cause même de ce mouvement; c'était la religion, le pouvoir pontifical; c'était la liberté naissant en Italie, à l'ombre sanglante des luttes du sacerdoce et de l'empire. Voilà les deux grandes images qui apparurent à l'âme du Dante.

A trois siècles de distance, la belle imagination du Tasse, dans les délices de la cour de Ferrare, ne vit rien de plus merveilleux à raconter que les croisades. Mais en présence même des croisades, et sous leur récent souvenir, il y avait quelque chose au-dessus; c'étaient l'Église et la liberté de l'Italie. Voilà ce que le Dante conçut et enferma dans sa mystérieuse vision de la vie à venir; voilà ce qui, s'unissant au génie, donne à son ouvrage cette durée immortelle, et ce qui en fait un monument vivant du moyen âge, en même temps qu'il est la souche antique de la langue italienne et la première source de grande poésie dans l'Europe.

D'où vint à la pensée du Dante ce drame sublime et fécond? Lui fut-il inspiré, comme on l'a dit, par un fabliau, par le conte du *Jongleur*, qui va en enfer et joue des âmes aux dés contre saint Pierre? ou par cette vision poétique de Brunetto Latini, maître du Dante, et que, par parenthèse, il a mis dans l'un des cercles infernaux? Non. Ce qu'il a imité, c'est tout ce qu'on disait autour de lui. Il eut pour inspiration la pensée commune de ses contemporains. Mais il avait le génie qui révèle à cette pensée populaire sa propre grandeur, qu'elle ne savait pas. S'il eut d'ailleurs quelque secours, ce fut celui d'un de ces hommes que j'ai nommés tout à l'heure, d'un de ces grands promoteurs de l'esprit humain qui avaient paru à la fin du xie siècle, et ébranlé les imaginations par leurs entreprises et leurs victoires : ce sera Grégoire VII. Je vais, à cette occasion, vous faire connaître quelque chose qui n'a jamais été cité nulle part, même en Italie, et que l'on ne trouve ni dans Muratori, ni dans Tiraboschi, ni dans Baronius.

Bien avant l'époque du Dante, un jour, dans la petite ville d'Arezzo, le pape Nicolas II étant présent, un cardinal était monté en chaire et avait prêché. Ce cardinal avait alors cinquante ans; il était petit de taille; ses yeux brillaient, animés d'un feu ardent et sombre qui faisait trembler les pécheurs; ses cheveux encore tout noirs donnaient aux traits de son visage, déjà vieilli, quelque chose de plus viril et de plus dur. Sa parole était révérée du peuple; il passait dès lors pour un saint homme, et tous les évêques de l'Italie tremblaient devant son pouvoir : c'était Grégoire VII, qui n'était encore que l'archidiacre Hildebrand.

Voici ce qu'il dit. Vous allez y retrouver peut-être l'inspiration du Dante. Pourquoi remonter si haut? C'est qu'un homme de génie ayant prêché une semblable chose, elle dut être répétée, commentée, grossie, altérée par l'imagination populaire, et, dans son cours, se chargeant de mille accessoires, devenir une vaste légende, qu'ensuite un autre homme de génie ressaisit, et qu'il élève à toute la hauteur de la poésie; mais le germe primitif était là. Pour Grégoire VII, il ne s'agissait pas d'une pensée poétique, mais d'un acte de domination sacerdotale. Il voulait faire comprendre, par une fiction terrible, que les biens de l'Église étaient chose sacrée et inviolable, et que ni barons ni princes ne pouvaient impunément y porter la main. De plus, dans sa pensée politique, ce crime, le plus grand de tous, il fallait l'imputer aux Allemands, aux ennemis de l'Italie et des papes. Écoutez :

> Dans les contrées germaniques, un certain comte, riche et puissant, et, ce qui semble un prodige dans cette classe d'hommes, d'une bonne conscience et d'une vie innocente, au moins selon le jugement humain, mourut il y a près de dix ans. Depuis cette mort, un saint homme descendit en esprit aux enfers, et aperçut le susdit comte, placé sur le degré le plus haut d'une échelle. Il affirmait que cette échelle semblait s'élever intacte entre les flammes bruyantes et tourbillonnantes de l'incendie vengeur, et être là placée pour recevoir tous ceux qui descendaient d'une même lignée de comtes. Cependant un noir chaos, un affreux abîme s'étendait à l'infini, et plongeait dans les profondeurs infernales, d'où montait cette échelle immense. Tel était l'ordre établi entre ceux qui s'y succédaient : le nouveau venu prenait le degré supérieur de l'échelle; et celui qui s'y trouvait auparavant, et tous les autres, descendaient chacun d'un échelon vers l'abîme. Les hommes de cette famille venant, après la mort, se réunir successivement

sur cette échelle, à la longue, par une loi inévitable, ils allaient tous, l'un après l'autre, au fond de l'abîme.

Le saint homme qui regardait ces choses, demandant la cause de cette horrible damnation, et surtout pourquoi était puni ce comte, son contemporain, qui avait vécu avec tant de justice, de décence et de probité, une voix répondit : « A cause d'un domaine de l'église de Metz, qu'un de leurs ancêtres, dont celui-ci est l'héritier au dixième degré, avait enlevé au bienheureux Étienne, tous ceux-ci ont été dévoués au même supplice; et, comme le même péché d'avarice les avait réunis dans la même faute, ainsi le même supplice les a rassemblés pour les feux de l'enfer. »

Eh bien, maintenant que vous avez dans la pensée ces dix échelons, ce noviciat progressif de l'enfer, ne vous semble-t-il pas qu'un tel récit, que des récits analogues, partis d'abord de cette bouche terrible qui faisait trembler les rois, et de cette chaire pleine d'anathèmes, circulant avec toutes les variantes de la foule effrayée, devaient tôt ou tard déposer dans l'âme d'un homme de génie le germe de ce plan extraordinaire et sublime, où neuf cercles infernaux étalent sous les yeux du poëte une continuelle progression de supplices?

Le temps me manquerait pour parcourir toutes les parties de la rapide esquisse que je me proposais. Le génie du Dante est distinct et séparé de tout ce qui l'entoure. Rien ne le précède, et rien ne l'égale. Maintenant, par cette puissante commotion qu'un homme supérieur donne à ses contemporains, des génies secondaires naîtront à sa suite. Ainsi se présente le xiv° siècle de l'Italie, avec son éclat, sa belle langue, son harmonie, que le Dante lui-même avait imitée des troubadours provençaux, mais en les effaçant trop pour qu'on les nomme après lui.

Nous étudierons avec soin toute cette littérature italienne, où la France puisa beaucoup, et qui lui devait tant à elle-même. Les vers si gracieux et le zèle érudit de Pétrarque, les narrations de Boccace et d'autres conteurs, seront un sujet d'étude sur le goût et l'esprit du moyen âge. Ainsi se termine le xiv° siècle en Italie. L'âge qui suit n'est qu'un temps d'érudition. Il semble que l'esprit humain avait fait d'abord un grand pas par sa propre force; puis il s'arrête; il recherche, au lieu d'inventer : c'est comme un repos entre les œuvres immortelles du xiv° siècle et les créations non moins grandes du xvi° siècle; c'est une jachère dans la pensée humaine.

Même spectacle en France, sans le même dédommagement. Rien, dans notre xiv° siècle, qui ait approché, même de loin, des créations du Dante et de l'élégance de Pétrarque ; mais déjà beaucoup de traits de cet esprit vif et moqueur qui appartient à notre nation, et était né, je pense, avec le premier Gaulois.

La suite du singulier *roman de la Rose*, commencé dès le xm^e siècle ; Froissart, chroniqueur si naïf et cependant plein de finesse, Froissart, poëte ingénieux de l'école des *troubadours* par l'imagination, et de l'école des *trouvères* par la malice ; Charles d'Orléans, tombé dans le goût de la poésie par sa captivité d'Azincourt ; vingt-cinq ans de prison ! que voulez-vous qu'on devienne ? poëte, si l'on peut ; Charles d'Orléans, qui fit des vers avec tant de grâce dans notre langue et dans celle de ses vainqueurs, voilà ce que le goût peut choisir dans le xive siècle, et ce qui succédera pour nous à cette grande, à cette interminable contemplation du Dante. Puis arrive l'érudition chez nous, comme en Italie. C'est une foule d'écrivains, une incroyable profusion de livres, notre siècle devancé, les manuscrits qui s'entassent, et sont à la porte, attendant la découverte de l'imprimerie. Tout cela nous fournira de curieux détails pour l'histoire des lettres.

Les romans de chevalerie, qui avaient précédé les grandes inventions du Dante, se multiplieront plus que jamais dans le xv⁰ siècle ; ils seront, pour ainsi dire, l'imagination publique du temps ; on les comptera par centaines, les *Palmerin d'Olive*, les *Palmerin d'Angleterre*, les *Florian du désert*, etc., etc. Je ne les ai pas lus tous ; mais M. de Paulmy les avait lus. Et notez que c'est une chose méritoire d'avoir lu M. de Paulmy ; car il a employé quarante volumes à rendre compte de ses lectures !

A quoi vient aboutir cette littérature ? Comment finit le xv⁰ siècle ? Par un narrateur trop peu moral, mais pénétrant et judicieux, par un excellent historien, par Comines. Remarquez-vous ces hasards de l'esprit français qui ressemblent bien à des lois générales et naturelles ? De même que les fabliaux et les contes du xiii⁰ et du xiv⁰ siècle avaient conduit à l'esprit si naïf et si piquant d'un narrateur comme Froissart ; ainsi tous les longs romans de chevalerie et toute l'érudition du xv⁰ siècle aboutissent à l'esprit judicieux et malin de Comines. Le génie de la nation, sous les influences les plus diverses de modes et d'études, semble surgir toujours, et se reproduit toujours, en finissant, à chaque époque, par son type le plus expressif et le plus heureux. (Mouvement dans l'auditoire.)

Est-ce pour m'avertir qu'il est temps d'achever, Messieurs ? Je ne pourrai pas tout dire aujourd'hui. Je sens que, pour un programme, il faudrait écrire ; on est trop long en parlant ; on penche trop d'un côté, on verse de l'autre ; mais j'ai cru, Messieurs, qu'il fallait répondre à votre intérêt par l'oubli de toute prétention littéraire. Je n'aspire pas à composer un discours exact et régulier, mais à vous faire part de mes impressions, bien sûr que votre goût m'aidera souvent à les corriger.

A côté de cette raison piquante, de cette sagacité politique de *Comines,* qui couronne les premiers développements de l'esprit français, paraîtront les essais du théâtre. Ils n'auront pas pour nous un intérêt littéraire, mais anecdotique et moral. Nous n'y chercherons pas non plus une querelle de doctrine. Nous sommes *éclectiques* en littérature, en ce sens que nous aimons tout ce qui est beau, ingénieux, nouveau, n'importe quelle soit l'école. Nous croyons même qu'il ne faut vouloir être d'aucune école, pas même de celle du génie ; car, s'il fut original, il n'avait pas lui-même d'école ; et, à son égard, l'imitation serait une première infidélité. Mais laissant de côté cette digression insérée dans une phrase, je dirai que les commencements du théâtre hasardeux et libre, c'est en France que nous les trouverons. Dans l'ordre des temps la France est entrée la première dans cette voie d'où elle sortit tout à fait : elle l'a connue et quittée. On faisait aussi des pièces en Italie ; mais il ne paraît pas qu'elles eussent grand génie. J'ignore si c'était une pièce de théâtre que cette représentation de l'enfer, qui fut essayée à Florence, en 1304, pour fêter l'arrivée d'un légat du pape. Les habitants étaient entassés sur les bords de l'Arno et sur un pont, où se jouait la pièce, composée de damnés et de démons. Je ne sais pas bien quel était le dialogue : les démons tourmentaient les damnés, et les damnés se plaignaient. Mais il y eut une épouvantable catastrophe ; le pont s'écroula. Ne faites pas de ceci par vos rires, Messieurs, un drame de Shakspeare. Démons et damnés tombèrent dans la rivière. L'idée de cette pièce était quelque chose de très-singulier ; mais on ne peut regarder cela comme un précédent théâtral.

D'une autre part, le génie espagnol, qui produisit des choses si grandes dans l'art dramatique, ne s'était pas débrouillé avant le xvi° siècle. C'est donc en France que se trouvent les plus nombreuses tentatives du théâtre, au

xv° siècle. C'est là que nous les étudierons.
D'ailleurs nos pauvres troubadours, ils ne sont
plus ; ils se sont tus avant la fin du xiv° siècle.
Bientôt leur langue n'a plus été qu'un patois
provincial. Le Dante les a nommés ; c'était leur
gloire. Il a rencontré en purgatoire un de ces
poëtes, l'élégant Sordello ; et il en a mis un
autre en enfer, le belliqueux Bertram de Born,
qu'il représente comme un cadavre sanglant et
tronqué, marchant sa tête à la main.

Cette libre poésie des troubadours n'avait
plus retrouvé son heureux génie, depuis la destruction des Albigeois, qu'elle essaya de défendre par ses chants. Elle languit et disparut insensiblement. On n'en palait plus au xv° siècle.

C'est dans l'Espagne, dont la langue conservait tant de rapports avec celle des *troubadours*, que nous pourrions chercher un reflet prolongé de leur imagination. Mais le dialecte castillan commençait à y dominer sur le catalan, dans les œuvres littéraires, et la poésie était plus savante qu'inspirée. Le marquis de Santillane et d'autres écrivains donnaient des préceptes sur le goût ; la critique précédait la hardiesse.

Pourquoi cela ? c'est que le génie espagnol n'était pas encore dans sa voie ; il n'avait pas fait les grandes choses dont il avait besoin pour s'enorgueillir et s'animer. Après le *Cid*, un grand mouvement avait gagné les imaginations, sans qu'un grand poëte se fût détaché de la foule. Le peuple, pour ainsi dire, avait été poëte; et une foule de talents anonymes avaient travaillé sans se connaître. Cependant quelques chroniqueurs espagnols attireront vivement notre attention et pourront être comparés aux historiens d'Italie. Alaya n'est pas inférieur au célèbre Villani, et dans le xve siècle la vie dramatique d'Alvar de Luna a été retracée avec un rare talent par Castellanos.

C'est dans les chroniques et les romances espagnoles que l'on voit bien tout ce que la langue nationale met de vérité dans la peinture du moyen âge. Les récits latins sont menteurs par la forme, à moins qu'ils ne soient très-barbares, et que leur barbarie, simulant la vie rude de ce temps, ne laisse percer les mouvements de l'idiome vulgaire. Les vieux monuments en langue espagnole montrent seuls à nu et avec une admirable vivacité de couleur cette vie chrétienne du moyen âge entremêlée à la vie arabe, cette ardeur religieuse, et en même temps cette tolérance née d'une sorte de générosité chevaleresque, et qui céda plus tard à la cruauté politique. Le roi don Sanche malade va se confier à l'hospitalité et aux médecins du roi maure de Cordoue. Tolède reconquise par les Espagnols garde sa grande mosquée. Les Maures se font chevaliers comme les Espagnols, et ceux-ci deviennent savants et mathématiciens comme les Maures. Ce curieux spectacle de deux peuples, tour à tour conquérants et conquis, se communiquant toutes leurs idées et ne se mêlant pas, se ressemblant de génie et invinciblement séparés par la religion, voilà ce que nous étudierons dans les récits espagnols, depuis le vieux poëme du *Cid* jusqu'aux chroniques de la guerre de Grenade. Par une réserve fort naturelle, nous disserterons peu sur la littérature arabe, dans ses rapports avec l'Europe au moyen âge. Si nous avions quelque chose du vaste savoir de M. Fauriel, qui possède l'arabe comme le grec moderne et toutes les littératures du Midi, nous entrerions avec joie dans ces *mines d'Orient*, où se cachent tant de trésors d'imagination et de poésie. Mais, ignorant que nous sommes, nous tâcherons seulement de chercher le reflet du génie arabe dans le génie espagnol, d'où il passa dans le reste de l'Europe.

Beaucoup d'esprits reçurent au moyen âge l'influence de la littérature et des inventions arabes, sans connaître la source originale. Le génie oriental leur apparaissait à travers l'Espagne et le christianisme. Notre ignorance, qui est la même, nous fera mieux comprendre leur impression qui devait être semblable à la nôtre.

Lorsque nous aurons cherché dans une foule de souvenirs populaires et dans un petit nombre de monuments épars quel était l'esprit général de la nation espagnole, ne serons-nous pas tentés de regarder ailleurs et de nous dire : Pourquoi donc est-elle devancée, cette nation si forte et si vive? Comment cette race, formée du sang arabe et du sang européen, ardente, ingénieuse, guerrière, n'a-t-elle pas encore du génie dans les arts? Pourquoi les Italiens se sont-ils élevés plus tôt? Je crois reconnaître ici cette nécessité pour un peuple d'être un peuple, avant d'avoir du talent, d'avoir fait de grandes actions, avant de faire des livres. Ansi l'Italie, en s'affranchissant sous les auspices de ses grands papes du moyen âge, en transformant ses villes en républiques agitées, mais libres, avait de bonne heure accompli son œuvre, et s'était ouvert la carrière des arts et du génie. L'Espagne ne l'avait pas fait encore; mais si elle a tardé, combien son œuvre sera grande! A quel haut degré va-t-elle porter la puissance de l'esprit humain! que de grandes actions elle accumule à la fin du XV⁰ siècle! En quelques années, vous voyez se réunir les deux couronnes d'Aragon et de Castille, Grenade assiégée, une autre ville bâtie sous ses remparts, et pressant la chute du dernier des rois maures. Les Espagnols vainqueurs, n'étant pas encore gâtés par le fanatisme barbare de l'Inquisition, garderont d'abord les vaincus pour sujets, pour commerçants, pour laboureurs. Alors l'Espagne sera puissante, industrieuse, fière d'elle-même et de sa gloire, elle aura le temps d'entreprendre de grandes choses et d'avoir du génie. Et quelle grande chose elle entreprendra! une chose si grande que tout l'avenir du monde y est compris. Je ne sais par quelle cause, soit par une tradition de la Chine, venue jusqu'à la foire de Leipsick, soit par l'invention fortuite d'un Allemand, l'imprimerie vient de se découvrir. L'Espagne, avec son Génois, entreprend quelque chose de plus grand; il part, et l'Amérique est trouvée! Le xve siècle se ferme presque sur cet événement le plus mémorable qui ait paru dans l'histoire du monde, depuis celui qui a changé la foi des nations. Et l'homme qui a fait cet immortel ouvrage, c'est lui qui, le premier, montre à l'Espagne la hauteur du génie littéraire, si ce mot convient à un homme aussi puissant en œuvres que Christophe

Colomb. Ce génie épars jusque-là dans quelques
chants populaires, vous le retrouverez porté
jusqu'au sublime par l'enthousiasme du grand
homme, qui a des pensées aussi hautes que l'action qu'il a faite. Lorsque nous voudrons savoir
ce qu'était l'éloquence espagnole à la fin du
xve siècle, nous le demanderons à cet étranger,
nous arracherons quelques pages aux conférences de Christophe Colomb, discutant contre les
moines qui voulaient lui refuser l'Amérique;
nous l'entendrons, dans ses lettres, se justifiant
contre les rois, auxquels il a donné un monde,
dont ils ne lui savent pas gré. Alors nous verrons
comment le génie d'éloquence qui vient après
l'action est aussi grand qu'elle, et non moins
digne de laisser dans la mémoire des hommes
un souvenir qui ne s'efface jamais. (Applaudissements.)

DEUXIÈME LEÇON.

Réponse à une accusation. — Recherches philologiques. — Premières causes de corruption pour la langue latine. — Innovations grammaticales d'Auguste. — Tendance progressive des idiomes. — Réfutation de l'opinion que la langue italienne soit un ancien patois du latin. — Causes diverses de l'extension et de l'altération de l'idiome latin. — Influence de la conquête et de la religion. — Influence des barbares. — Exemples nombreux des variations subies par les mots. — Naissance d'un idiome moderne. — Sa forme multiple; doutes soumis à M. Raynouard. — Premiers monuments de la langue romane.

Messieurs,

Je ne veux pas mêler de polémique à ces entretiens littéraires; je ne répondrai pas en détail à des accusations que cependant je ne puis tout à fait ignorer. A l'occasion de la première séance de ce cours, on m'a reproché, dans un écrit périodique, de n'avoir pas rendu dignement hommage à l'influence du christianisme sur la civilisation moderne, de ne pas connaître les monuments ecclésiastiques, et d'être à la fois coupable d'injustice et d'ignorance. On concluait, en demandant la suppression de cette chaire. Beaucoup d'entre vous, Messieurs, se souviendront que, précisément à la fin de l'année dernière, comme pour vous préparer à nos études actuelles, j'ai employé plusieurs leçons à caractériser, trop faiblement sans doute, mais de toutes mes forces, cette mémorable influence qu'on m'accuse de calomnier en la taisant.

Ces leçons, je ne les ai pas jusqu'à présent laissé recueillir, parce que des paroles négligées, fortuites, étaient trop au-dessous de la grandeur et de la gravité d'un tel sujet. Mais enfin, j'avais exprimé suffisamment l'impression que m'ont faite ces grands souvenirs de l'antiquité chrétienne; et vous avez paru la partager avec moi. On me reproche d'ignorer les monuments ecclésiastiques. Comme la mémoire est la plus humble des qualités de l'esprit, je dirai que, si j'avais à répondre à mes accusateurs, je pourrais bien les accabler de mes citations. Mais laissons cela. Pour être irréprochable, je vais m'enfermer aujourd'hui dans la grammaire, au risque de m'attirer une autre plainte.

Dans la dernière séance, j'ai plus affirmé que discuté, j'ai présenté plutôt des assertions générales que je n'ai exposé des faits curieux et détaillés. C'est la loi, c'est le tort de tout discours préliminaire. Aujourd'hui, je reprends quelques-unes de mes assertions, je les détaille, et je les prouve; je tombe dans des minuties, je suis technique, ennuyeux; n'importe, excusez-moi par le motif.

Constatons d'abord un premier fait, c'est que la langue latine était par sa nature, par ses formes savantes et complexes, promptement exposée à subir de graves altérations. Une langue synthétique, comme l'appelle M. Schlegel, une langue qui ne procède point par des moyens simples, analogues aux besoins rigoureux des idées, mais qui, dans sa construction habilement systématique, offre des cas nombreux, des désinences variées, des verbes multiples dans leurs temps et dans leurs modes, des inversions prolongées, une syntaxe artistement combinée, une langue ainsi faite, à son plus beau période, est susceptible d'une grande perfection oratoire et poétique; mais, sitôt que la barbarie et l'ignorance viennent la heurter, ce magnifique édifice doit rapidement se dégrader et se détruire. Pour changer ma comparaison, c'est un instrument musical, délicat, compliqué, qui ne pouvait être touché que par un artiste, et qui se dérange ou se brise sous des mains grossières et maladroites.

Que la langue latine, comme la langue grecque, ait été difficile pour ceux même qui la parlaient de naissance; nul doute à cet égard. Varron nous dit que les Grecs et les Latins avaient fait une foule de traités sur la *déclinaison* des noms et des verbes : *Græcos et Latinos, de utraque declinatione nominum et verborum, libros fecisse multos.* César avait écrit deux livres sur l'*analogie* dans les mots; Pline, un traité sur les *locutions douteuses.* La grammaire, sans y comprendre même les études de littérature qui s'y mêlaient ordinairement, était pour les Romains une science que l'on étudiait avec soin dans l'enfance : *Præcepta latine loquendi puerilis doctrina tradit.* Il y avait des écoles nombreuses, des méthodes diverses. L'orthographe était aussi une matière difficile, et parfois controversée. Les grammairiens la voulaient conforme aux règles et à l'étymologie. D'autres, comme Auguste, homme de goût, écrivain correct, précis, et de plus empereur, ce qui donne toujours une certaine influence, jugeaient que l'orthographe devait être l'image fidèle de la prononciation.

Orthographiam, id est formulam rationemque scribendi a grammaticis institutam, non adeo custodiit ; ac videtur eorum sequi potius opinionem, qui perinde scribendum ac loquimur existiment.

Pour les puristes de Rome, Auguste donc ne savait pas l'orthographe : il écrivait comme on parle. Cette méthode peut nous expliquer les singulières altérations de mots latins, que l'on rencontre dans la foule des inscriptions recueillies par Gruter et d'autres savants. La langue latine y paraît fort différente de ce que vous la voyez dans les livres. Cela tient soit à des archaïsmes, soit à des variations d'orthographe, soit, dans les inscriptions plus récentes et chrétiennes, à des erreurs que faisait naître la complication même de la langue. Quant aux archaïsmes, en fait de style et d'orthographe, il s'en est conservé des exemples curieux. Il y a dans les Mémoires de l'Académie des inscriptions et belles-lettres, une inscription, trouvée sur une colonne rostrale, dans laquelle, vous, latinistes exercés, vous auriez quelque peine à reconnaître cette langue qui vous est familière.

Ainsi, la langue latine était, en quelque sorte, de son vivant, exposée à mille altérations, qui tenaient à la perfection même de sa contexture primitive. De plus, il y a dans les langues et dans l'esprit de l'homme un travail continu qui s'opère. Ce n'est pas, sous tous les rapports, je crois, un perfectionnement indéfini; mais c'est une tendance progressive à la clarté, à l'ordre, à la méthode. De là vient ce que M. Schlegel appelle le caractère *analytique* des langues. A ce sujet, il explique comment même des idiomes qui n'ont pas subi l'influence de la conquête, et qui n'ont pas été déplacés de leur territoire, ont, par la marche naturelle de l'esprit humain, quitté les formes savantes de la grammaire synthétique, et pris les formes plus simples, plus claires, plus directes de la grammaire analytique.

Sur ce point que j'ignore, MM. les élèves de l'École préparatoire pourront consulter le jeune et célèbre orientaliste qui leur donne des leçons de grammaire générale, et qui possède si bien les idiomes de l'Inde; car M. Schlegel, qui lui-même l'a vérifié par l'étude du sanscrit, nous atteste que c'est dans la presqu'île de l'Inde que s'est accomplie cette révolution grammaticale d'un peuple sur lui-même.

Quoi qu'il en soit, il paraît qu'au milieu de la perfection savante de la langue synthétique des Latins, il se préparait déjà quelques signes précurseurs de ce mouvement de l'esprit humain vers la clarté, vers la méthode, vers la précision, vers quelque chose de moins poétique et de plus net. Je vais en donner une preuve assez curieuse, empruntée de Suétone. Il s'agit toujours d'Auguste, dont vous voyez que nous faisons aujourd'hui un maître de langue. Voici ce que rapporte Suétone de sa manière d'écrire :

> Præcipuam curam duxit, sensum animi quam apertissime exprimere : quod quo facilius efficeret, aut necubi lectorem vel auditorem obturbaret ac moraretur, neque præpositiones verbis addere, neque conjunctiones sæpius iterare dubitavit, quæ detractæ afferunt aliquid obscuritatis, etsi gratiam augent.
>
> Il mettait son principal soin à exprimer le plus clairement possible sa pensée : pour y parvenir, et afin de n'embarrasser et de n'arrêter nulle part le lecteur et l'auditeur, il n'hésitait pas à ajouter des prépositions aux verbes, et à multiplier les copulatives, dont la suppression apporte un peu d'obscurité, quoiqu'elle ait de la grâce.

Ainsi, aux yeux des Latins eux-mêmes, quelques procédés de leur langue étaient des causes d'obscurité; et un esprit aussi méthodique, aussi net que celui d'Auguste, ne voulant pas qu'on se trompât jamais sur sa pensée, et probablement sur ses ordres, avait éprouvé le besoin de quitter l'élégance habituelle des formes latines, et d'employer d'avance la précision de nos constructions modernes. Cette anecdote grammaticale, je la rapporte pour appuyer l'observation ingénieuse et générale de *Wilhem Schlegel*, et faire sentir, par un exemple qui n'est pas douteux, ce travail naturel de l'esprit, cherchant, à mesure qu'il se raffine, une plus grande précision, une plus grande clarté dans le langage. Gardons-nous de croire que les langues soient toujours simples, en proportion de leur antiquité. Au contraire, la poésie lyrique, première née de la pensée humaine, se plaît aux inversions, aux ellipses; elle aime le demi-jour des métaphores, et le vague des expressions illimitées; c'est en vieillissant que les peuples prennent, comme Auguste, un langage plus nécessairement intelligible, et plus net.

Ainsi, Messieurs, premier point que nous venons d'établir un peu longuement : la langue latine oratoire, à l'époque où elle était la plus florissante, laissait apercevoir un certain manque de clarté rigoureuse, que l'on corrigeait par des procédés qui se rapprochent de la marche plus précise et plus simple des langues analytiques.

Cela peut-il conduire à croire, avec de savants Italiens, avec Bembo, Cittadini, que dès lors il existait, sous la forme de patois populaire, d'idiome local, une espèce de langue italienne? On met de l'amour-propre à tout, et les peuples, comme les individus. Les Italiens, non contents d'avoir une langue bien évidemment issue de la langue latine, veulent qu'elle en ait été un dialecte contemporain. On a composé là-dessus de gros livres. C'est un paradoxe peu soutenable, dont Muratori a fait justice. Toutefois voulez-vous savoir sur quelles apparences on a pu l'étayer? Parmi ces révolutions de la société et des mœurs, ces transmutations d'une langue dans une autre, les éléments qui prédominent ne sont pas toujours ceux que l'on connaissait le mieux. Sans doute en Italie, à côté de la langue *citadine*, à côté de l'urbanité romaine, dont parle Cicéron, il existait une langue latine un peu moins correcte, où se retrouvaient des locutions villageoises, locales, et quelques restes de la langue des nations vaincues. Plusieurs mots de cet idiome provincial sont plus voisins de l'italien qu'ils ne le sont du latin lui-même. Là, vous trouverez, au lieu de *mutare*, le verbe *cambiare*, qui se conserve dans l'italien moderne. Là, *minare* signifie mener; *battuere* signifie battre. Plaute et Apulée se sont servis de ces mots ou surannés ou provinciaux, que nos langues ont adoptés. Saint Augustin remarque aussi que, dans la langue militaire et populaire, on prenait le mot *parentes* dans le même sens que celui de *cognati* et d'*affines*. Ces vieux mots, ces locutions populaires avaient dormi pendant l'éclat et la gloire de la langue latine : conservés dans quelque coin, ou ressuscités par l'usage, ils passèrent aux races nouvelles. Mais il y a loin de quelques accidents particuliers de langage, à l'identité que l'on a voulu supposer entre la langue moderne et je ne sais quel patois antique, contemporain de l'élégance romaine.

Cicéron, curieux observateur des minuties du langage, Cicéron, qui avoue s'être instruit dans la conversation des mariniers sur le véritable sens d'un mot latin qu'il avait mal employé, ne nous dit nulle part que le langage du peuple fût tout à fait distinct de celui des orateurs, qu'il fût enfin une autre langue. Lorsqu'il allait causer avec les paysans voisins de ses terres, il remarqua seulement qu'ils étaient tous du parti de César. Je maintiens que, s'il y avait eu dans leur idiome quelque chose de caractéristique, il n'eût pu s'empêcher d'en être frappé, même en ce moment, et de le dire dans les lettres où il raconte ces entretiens. En allant les consulter sur la politique, il eût aussi remarqué leur dissidence sur la grammaire. Il n'en dit mot; et tout porte à croire que les différences étaient légères, et que de plus elles étaient locales, et ne formaient pas un idiome populaire uniforme, voisin et séparé de la langue latine. Voilà ma conclusion.

Mais comment se fait-il que plusieurs de ces mots, qui n'étaient pas restés dans la langue littéraire, aient passé dans les langues modernes? par une raison très-simple, qui s'est reproduite en beaucoup de lieux. Les langues se conservent de deux façons. Elles se conservent par la science, les monuments littéraires, la communication des esprits; elles se conservent aussi par l'isolement et l'ignorance. On l'a remarqué; tandis que les beaux esprits de l'Italie, à force de travail et d'imitations étrangères, ont altéré leur langue, il y a tel village, voisin de Florence, où se retrouvent les expressions littérales de Boccace et de Pétrarque. C'est là que certains curieux, certains gourmets toscans vont chercher la pureté de ce langage chéri. De même notre savant Villoison, à la fin de sa préface sur Homère, raconte que le lieu où subsistent le plus de traces de l'ancien grec, des formes et du mâle accent dorique, c'est un canton de *Mania*, fort redouté des voyageurs. Comme les habitants n'écrivaient pas, ne communiquaient pas au dehors, et qu'ils ne s'entretenaient guère avec les gens qu'ils volaient, ils avaient gardé, par tradition domestique, les formes de l'ancienne langue; et la curiosité philologique profitait de leur ignorante barbarie.

Pour me résumer (il faut de l'ordre, quand on parle de grammaire), deux faits principaux:

difficulté de la langue latine pour les Latins eux-mêmes, et complication favorable à la corruption; car il est facile de manquer aux règles, quand il y en a beaucoup; existence de quelques variations populaires qui ne formaient pas une langue complète, ni surtout analogue à la langue italienne, mais d'où plusieurs mots étrangers au latin écrit sont passés par tradition dans les langues modernes.

Ce qui nous reste à constater maintenant, c'est la prodigieuse extension de la langue latine, c'est sa promulgation européenne, si l'on peut parler ainsi. Ce fait sort de toutes parts. La politique du sénat et de l'empire, qui respectait la religion des peuples, voulait cependant les assimiler aux Romains par la langue et les mœurs.

Cette civilisation communiquée, dit Tacite, était une partie de l'esclavage. Divers édits ordonnaient que tous les actes du gouvernement, toutes les proclamations, tous les avis des gouverneurs fussent rédigés en langue latine. Des récompenses, des honneurs, des droits de cité, offerts à l'ambition des *provinciaux*, les invitaient à étudier la langue romaine. Les plus rebelles même ne s'y dérobaient pas. Les Bretons, qui, par leur caractère national et le bonheur de leur position insulaire, s'étaient plus longtemps défendus contre le joug de Rome et la tyrannie de ses mœurs, finirent par étudier l'éloquence latine. Tacite le remarque : *Ita ut qui linguam abnuebant, eloquentiam mox concupiscerent :* « Ceux qui avaient d'abord repoussé notre langue, bientôt ambitionnèrent même notre éloquence. »

Juvénal indique ces mêmes conquêtes de la langue et des lettres romaines :

Gallia causidicos docuit facunda Britannos.

Ainsi, c'était déjà un des peuples vaincus qui devenait maître de latin pour un autre peuple, subjugué comme lui. C'était une série, un enchaînement, un emboîtement de servitudes.

Maintenant, ce latin qu'apprenaient les vaincus, je conçois très-bien que tous ne le parlaient pas, comme les beaux-esprits de Bordeaux et de Toulouse. Ce n'est pas ma faute, Messieurs, si je n'ai pu nommer Paris. Vous savez que c'était alors une pauvre bourgade, gelée une moitié de l'année, et où, suivant Julien, qui l'habita quelque temps, on parlait un langage assez semblable au croassement des corbeaux : c'était le celtique. La fortune des villes varie beaucoup. Un bel-esprit de Lyon, de Poitiers, de Bordeaux, de Toulouse, parlait la langue latine élégamment; il se faisait envoyer en mission à l'empereur; il adressait un discours au préfet; il concourait pour ces jeux littéraires que Juvénal a rappelés :

> Aut lugdunensem rhetor dicturus ad aram.

Quelquefois il était nommé sénateur. César, qui n'était pas scrupuleux, amena, comme vous le savez, un jour à Rome une centaine d'officiers gaulois qui avaient fait la guerre avec lui, et dont il fit tout de suite des sénateurs, afin d'avoir la majorité. Rien de plus connu que ce fait historique.

Je crois donc que toute la classe noble, parmi les peuples vaincus, apprit correctement la langue latine, et oublia presque la sienne : le grand nombre d'écrivains nés en Espagne et en Gaule, pendant les IIe, IIIe, IVe et Ve siècles, en sont une preuve; mais vous concevez qu'il n'en était pas de même du peuple. Il apprenait le latin, comme il pouvait; il était bien obligé de le savoir, puisque les ordres du maître étaient toujours promulgués dans cette langue. Cependant il gardait quelque souvenir de la sienne, ou, quand il parlait la langue latine, il l'altérait à sa manière. Je vais vous dire, à cet égard, une petite anecdote qui n'est piquante que pour un grammairien.

Dans un conte d'Apulée, imité du grec, et moitié ingénieux, moitié bizarre, le héros, qui a été transformé en âne, qui fait le métier d'âne, et qui, par parenthèse, raconte lui-même son histoire, allant avec un jardinier, son maître, est rencontré par un soldat romain, un légionnaire; et ce soldat, avec la hauteur de la domination romaine, *superbo atque arroganti vultu*, dit au jardinier : *Quorsum ducis vacuum asellum ?* « Où conduis-tu cet âne qui n'est pas chargé? » Le jardinier n'entend pas. Le soldat se fâche, frappe d'abord le pauvre jardinier, puis s'expliquant avec plus de clarté, il lui dit : *Ubi ducis asinum illum ?* Le soldat fait un solécisme; et il est compris.

Une langue belle et savante, comme le latin, voulait marquer toutes les nuances de la pensée, et n'admettait pas le même adverbe dans deux situations dissemblables? C'est ici la question *ubi* et la question *quo* tant de fois rebattues dans les grammaires qui ont tourmenté notre enfance. *Où* se traduit par *quo*, lorsqu'il y a mouvement, et par *ubi* lorsqu'il n'y en a pas. Tout cela embrouillait la cervelle des Germains, des Illyriens, des Celtes, conquis par les légions romaines. Pour être entendus, les vainqueurs faisaient un solécisme. Ce solécisme passait dans la langue. On oubliait la fine distinction de *quo* et d'*ubi*; on se réduisait à *ubi* pour tous les cas; on le prononçait d'abord *oubi* comme les Romains, car la prononciation dure plus longtemps que l'orthographe : les ignorants la répètent et la conservent. Bientôt, par le parler bref et rapide des peuples barbares, ce terme *ubi* s'abrégeait d'une voyelle; on disait *oub*; arrive quelqu'un de plus délicat qui prononce *où*; et vous êtes parvenu à la langue moderne; vous êtes en France. (*On rit.*)

Je conclus de ce minutieux exemple, que sur tous les points de l'empire un travail à peu près semblable devait s'opérer pour mettre la langue conquérante, la langue romaine à la portée des ignorants et des étrangers; que cette langue se simplifiait, pour être apprise; que pour se simplifier, elle se corrompait, et, par cette décadence progressive, tendait vers la forme des langues modernes.

Une autre puissance que la conquête militaire, vint aider à la prodigieuse extension de la langue latine, et concourut à la modifier; car ces deux choses marchèrent ensemble. Plus le latin se répandit, plus il s'altéra. L'influence dont je parle, ce fut celle de la prédication et des liturgies chrétiennes. Jamais les délégués et les instruments de la puissance romaine n'avaient pu être aussi nombreux, aussi actifs, que l'étaient ces apôtres de croyance et ces maîtres de conscience, jetés par la foi nouvelle sur tous les points du monde. Les édits d'un préteur, les harangues d'un général, tout cela n'était rien en comparaison de cet apostolat perpétuel et multiple. Ainsi, avec le christianisme, la langue latine, qui, dans l'Occident, était seule la langue des prédicateurs, dut rapidement s'affermir et s'étendre, devenir plus familière aux peuples déjà soumis, et pénétrer chez ceux mêmes qui ne l'étaient pas. Faudra-t-il rappeler que, dans l'ardeur de leur foi, ces prédicateurs devaient peu s'inquiéter de l'exactitude grammaticale? Nul doute. Mais prouvons d'abord l'extension de la langue latine parmi les chrétiens.

Saint Augustin, parlant à son auditoire africain et numide, dit quelque part :

Proverbium notum est punicum, quod quidem latine vobis dicam, quia punice non omnes nostis; punicum enim proverbium est antiquum : « Nummum quærit pestilentia; duos illi da, et ducat se. »

On connaît le proverbe carthaginois, que je vous citerai en latin, parce que vous n'entendez pas tous le punique : « Si la peste vous demande un écu, donnez-lui-en deux, et qu'elle s'en aille. »

Ainsi, parmi les descendants mêmes de la race punique, le latin était universellement répandu, et compris à la fois par ceux qui avaient oublié leur propre langue, et par ceux qui la savaient encore. Les prédications et les prières de l'Église en étendaient sans cesse l'usage. Mais ce latin d'Afrique n'était-il pas altéré? Saint Augustin le dit. Ce studieux amateur de Cicéron et de Virgile se vante même d'avoir souvent employé des locutions barbares et populaires, pour se faire mieux goûter des mariniers d'Hippone.

Ailleurs, il se plaint que les chants du peuple gâtaient la langue latine. « Je ne puis obtenir, dit-il, qu'ils ne disent pas *super ipsum* floriet *sanctificatio mea.* » On peut croire que ces chants populaires introduisaient bien d'autres altérations dans l'ancienne langue. Il y avait des rhéteurs païens qui attaquaient le christianisme à cause de cela. Mais la grammaire était un bien petit événement dans le monde, à côté de cette prodigieuse et bienfaisante révolution. Arnobe répondait à ces rhéteurs avec un grand dédain pour leurs scrupules; et il avoue qu'en effet le christianisme doit changer la langue, comme tout le reste. Ainsi, Messieurs, immense extension de la langue latine; altération de cette langue par son extension même; influence du christianisme, qui précipite à la fois cet accroissement et cette décadence.

Une autre cause toute-puissante vient bientôt s'y mêler ; c'est l'invasion des barbares en Gaule, en Espagne, en Italie. Vers le iv° et le v° siècle, débordent tout à coup, dans les pays civilisés par les Romains, des peuples féroces, massacrant tout devant eux, s'établissant là où ils ont tué, et se faisant servir par le reste des vaincus. Il semble que l'ancienne langue, l'ancienne civilisation auraient dû céder à ces maîtres nouveaux. Mais il arrivait ce que l'on a vu se renouveler dans la Chine conquise par les Tartares, et même dans la Grèce du Bas-Empire asservie par les Turcs. Les vainqueurs ignorants se servaient de l'esprit des vaincus, et leur laissaient leur idiome et leurs usages. Ainsi, dans cette Grèce sur laquelle ont passé un si grand nombre de populations barbares et cruelles, le fond de la langue antique a été conservé par la religion, malgré l'ignorance où est tombé le peuple indigène. Les Romains du iv° siècle, par l'ascendant de leur religion et de leur supériorité morale, conservèrent aussi leur langue. Ils la firent même adopter par leurs maîtres nouveaux. Mais comme les maîtres ont toujours raison par quelque côté, il entra dans la langue latine de nombreuses altérations, apportées du Nord par ces hordes barbares. Remarquez, en effet, le caractère des mots nouveaux qui se mêlent, à cette époque, au vocabulaire latin. Leur objet annonce leur origine. Ce ne sont pas, comme chez nous aujourd'hui, des termes abstraits ou complexes; non. Mais le barbare arrivant avait toujours à la bouche le mot *war*, *her*, le mot qui faisait sa force. Le Romain vaincu latinisait le mot favori de son maître; il répétait *guerra*. Ainsi la langue latine s'enrichissait d'une façon singulière. Une foule d'autres mots latinisés expriment les habitudes de la vie barbare. Voilà ce qui compose en partie le *Glossaire* de Ducange.

Ainsi, avant que la langue latine fît place aux idiomes modernes, elle reçut et s'appropria beaucoup d'éléments des langues barbares. Souvent un mot barbare a d'abord été latinisé, puis *romanisé*, c'est-à-dire employé dans la langue rustique, pour arriver à nos idiomes modernes. Les barbares, apprenant et gâtant tout ensemble la langue latine, lui empruntaient surtout les mots qui répondaient à leurs affections et à leurs pensées journalières. En même temps qu'ils imposaient *guerra*, ils prenaient *mactare*, qui, d'un usage poétique en latin, recevait d'eux un emploi familier aujourd'hui conservé dans les langues méridionales. Il y avait une sorte de sympathie pour eux attachée à ces mots.

A cet égard, les études étymologiques peuvent offrir de curieuses observations sur les rapports de l'esprit des peuples.

Au reste, ces révolutions que des causes si diverses opéraient dans l'ancien idiome latin, vous concevez sans peine qu'elles devaient être plus tardives, plus lentes, plus contestées au sein de l'Italie. En effet, là il y avait d'abord cette antique possession de latin, plus complète que partout ailleurs. La source garde toujours une part de ses eaux. Il y avait de plus la présence continue, l'action toute-puissante de l'Église; c'était son chef-lieu, c'était son camp principal. Nous voyons que le pape Zacharie eut besoin de déclarer valables beaucoup de baptêmes célébrés dans le Nord en ces termes de latin barbare : *In nomine de Patria, et Filia, et Spiritua sancta*. Mais, en Italie, l'Église restait en général aussi correcte dans sa langue, qu'elle était constante dans ses antiques usages.

Voilà ce qui peut expliquer comment il est si difficile de trouver des traces anciennes de la langue vulgaire en Italie. Elle se forma plus tard que les autres langues issues du latin. Le latin résista plus longtemps en Italie qu'ailleurs. Portez vos souvenirs sur les faits historiques. Quand Charlemagne vint à Rome, le salut, les cérémonies, les acclamations populaires, tout cela fut latin. *Vivat Carolus, Augustus, imperator.* Il semble que, si des mots en langue vulgaire eussent été prononcés par le peuple, la chronique les eût annotés, comme elle a fait pour le serment de 842.

Évidemment, c'était une sorte d'honneur que l'on accordait toujours aux prêtres de l'Église latine, de leur parler leur langue. Quand vous voyez plus tard le pape Étienne IV venir à Reims visiter Louis le Débonnaire, les historiens ont soin de dire que les saluts se firent en langue latine. Le latin était toujours la langue vivante de l'Église, et par cela seul il dominait tous les idiomes vulgaires; par là aussi le latin dut être plus inviolable, plus lentement corruptible en Italie que partout ailleurs. A cet égard il faut que je vous cite le curieux aveu de Muratori. Il ne doute pas qu'il n'ait existé, au IXe siècle, une langue vulgaire. Il en trouve la preuve dans bien des mots épars, et dans cette épitaphe d'un pape :

Usus francisca, vulgari, et voce latina,
Edocuit populos eloquio triplici.

Mais il ajoute :

> Quelle fut cette langue vulgaire italienne, dans les viiie, ixe et xe siècles ? J'avoue que je ne puis en dire mot. Certainement, lorsque, par des motifs d'érudition, je fis beaucoup de voyages, et visitai beaucoup d'archives d'Italie, un de mes plus ardents désirs était de trouver quelque échantillon de la langue italienne parmi les vieilles chartes. Nous pouvons croire que, depuis le temps de Charlemagne, il ne manquait pas d'évêques et de curés, prêchant au peuple la parole de Dieu. S'ils le faisaient en latin, on se demande comment le peuple les entendait. En outre, si les marchands et d'autres gens ignorant la langue latine avaient à écrire des lettres et à tenir leurs comptes, peut-on penser qu'ils ne fissent pas usage de cette langue vulgaire, puisqu'ils ne savaient pas la langue latine ? J'avais donc l'espérance de découvrir quelque fragment de cette ancienne langue des Italiens; mais en vain j'y ai mis tous mes soins; en vain d'autres ont fait probablement la même recherche. J'ai pu seulement publier quelques recettes pour teindre les mosaïques, et d'autres secrets de l'art, écrits dans le viiie siècle, où, parmi un fort grossier latin, se trouvent quelques mélanges de langue vulgaire, mais non pas encore la langue vulgaire effective.
>
> (MURATORI, Dissertat. 32.)

Muratori a du moins recueilli beaucoup de parcelles, et, pour ainsi dire, d'indices de cette langue vulgaire dont il n'a pu découvrir aucun monument. Ce sont des noms de lieux ayant déjà la désinence italienne, des articles, des substantifs modernes, mêlés dans de vieux titres en langue latine. En Italie, comme dans le reste de l'Europe latine, tous les actes se faisaient en latin. Mais vous concevez que le latin du jardinier dont j'ai parlé tout à l'heure se retrouvait souvent même sous la plume du notaire.

C'était une confusion incroyable. Les désinences variées des verbes et des noms étaient oubliées. On rangeait les mots comme on pouvait, sans égard aux temps et aux cas. Il y a des contrats de vente ou de mariage les plus singuliers du monde : *Cedo tibi de rem paupertatis meæ tam pro sponsalia quam pro largitate tuæ, hoc est casa cum curte circumaucta, mobile et immobile.... Cedo tibi bracile valente solidus tantus,* etc. S'entendait-on? Ce latin faisait-il naître des procès? Je l'ignore. Il n'y avait pas même la grammaire de l'ignorance; tout semblait fortuit et sans règle; les mots étaient juxtaposés, au lieu d'être mis en rapport. Voilà l'état où le latin était tombé aux viie et viiie siècles, dans tous les lieux où il était encore parlé officiellement. Je ne dis pas qu'il n'y eût des hommes de race franque ou lombarde qui, ayant étudié le latin dans les auteurs, l'écrivaient avec une sorte de correction. Mais le latin des tribunaux et des greffes, celui qui intervenait dans toutes les transactions civiles, était un assemblage confus de barbarismes et de solécismes, où commençaient à se montrer, comme un soutien pour l'intelligence, quelques procédés et quelques mots des langues modernes. Ainsi, faute de savoir bien marquer les variétés des cas par celles des désinences, on introduisait des particules, des affixes, qui sont comme les béquilles du langage : *Donabo ad conjux. Donatio de omnia bona. Mercatum de omnes negotiantes. In præsentia de judices.*

Ce qui se passait en Italie, chef-lieu de la religion et de la latinité, arrivait également en France, et même plus vite. Si, dès le viie siècle, en Italie, le commandement militaire était à demi barbare : *Non vos turbatis. Ordinem servate : bandum sequite : nemo dimittat bandum, et inimicos seque;* on peut croire qu'il dégénéra plus promptement encore dans les Gaules. Saint Jérôme avait observé que la langue latine changeait incessamment par les temps et par les lieux. Cette mutation continuelle devait être d'autant plus active, qu'il arrivait un plus grand nombre de Francs, de Bourguignons et de Goths qui s'emparaient de tout.

Cependant le pape Anastase écrivait à Clovis en latin fort régulier, pour le féliciter de son invasion. La chancellerie de Clovis parlait également assez bon latin. Il avait auprès de lui des Gaulois lettrés et romains, cmme Mahomet II eut des secrétaires grecs. Il répondait en latin aux évêques qui lui demandaient, non l'affranchissement, mais la restitution de leurs serfs enlevés à la guerre. Il convoquait en latin le concile d'Orléans.

Langue allemande, langue du vainqueur, mais non employée par lui dans le gouvernement, ni imposée aux vaincus gaulois et romains; langue latine, langue de l'Église, langue des affaires : voilà ce que vous apercevez en Gaule au VIe et au VIIe siècle. Cependant une altération progressive ne tarda pas à s'introduire. Les restes des anciens idiomes celtiques, que la conquête romaine avait à demi effacés, reparaissaient; quelques mots, apportés par les Francs, s'introduisaient avec des désinences latines. L'ignorance grammaticale, fort grande dans les magistrats et les officiers publics, l'était plus encore dans le peuple. Ces désinences, que l'on ne savait plus varier, devinrent un embarras que l'on supprima. On ne peut douter qu'au VIIe et au VIIIe siècle cette révolution, peut-être insensible d'un jour à l'autre, ne fût universelle. L'idiome moderne commença, et fut d'abord le *roman rustique*.

Maintenant, comme paraît le croire l'homme de talent et le savant célèbre auquel nous avons rendu tant d'hommages, faut-il supposer que cette langue, naissant chaque jour du latin, s'étendait uniformément à la plus grande partie des contrées réunies sous l'empire de Charlemagne; qu'elle était parlée en deçà et au delà de la Loire; qu'elle passa les Alpes et les Pyrénées, et fut commune à la France, à l'Italie et à une partie de l'Espagne? A l'appui de cette conjecture, M. Raynouard cite des faits curieux, allègue des raisons ingénieuses. « Les premières traces de cette langue semblent identiques dans toutes ces contrées; la langue romane existe encore aux îles Baléares. Des anecdotes prouvent qu'un Espagnol et un Italien s'entendaient au vi° siècle. Le plus ancien monument de la langue romane parlée dans la France du Nord appartient à la langue romane du Midi. »

La réponse que nous soumettons à l'illustre savant sera d'abord théorique, puis technique et minutieuse. En général, il est à croire qu'une langue savante, travaillée en tous sens par la barbarie, et déconstruite par l'ignorance d'hommes grossiers de races et de contrées diverses, ne sera pas uniformément altérée; car l'uniformité, c'est presque la science. L'uniformité supposerait la méthode même, dont l'absence est attestée par la corruption de l'ancienne langue. On conçoit très-bien qu'un idiome écrit et littéraire s'impose à une grande diversité de peuples, parce que le type est toujours présent ou reconnaissable. On le regarde, et on l'imite. Mais quand une langue n'est que parlée, comment est-il possible qu'elle soit parlée uniformément à deux cents lieues de distance? Dira-t-on que, dans un certain état social, il a dû exister, pour l'esprit humain, des procédés naturels et spontanés qu'il appliquait à un nouveau langage? Oui, pour le but, c'est-à-dire la simplicité; mais non pour la forme, qui a dû varier souvent. Je conçois fort bien au Nord ou au Midi plusieurs populations travaillant, par un instinct d'ignorance et de nécessité, à déconstruire cette belle langue latine, abrégeant les mots, supprimant les désinences mobiles qu'ils ne savent plus employer, étayant la phrase par des termes auxiliaires. L'intention sera toujours la même, mais non l'accident. Ici on gardera un cas plutôt que l'autre; ici on supprimera telle voyelle, et là telle autre; ici on dira *domnus*, comme du temps même de saint Ambroise; ailleurs *Domine*, *Dom*, *Don*, *Dueno*; car le hasard ne saurait être uniforme.

Venons à d'autres faits particuliers. Vous supposez cette universalité primitive de la langue romane, comme intermédiaire entre le latin et les trois ou quatre langues qui se partagent aujourd'hui l'Europe latine. Les monuments contemporains manquent. Que nous reste-t-il pour discuter ? Il nous reste l'état actuel de ces langues. Si une de ces langues est encore maintenant plus près de la langue latine que ne l'est cette langue *romane*, j'en conclus qu'elle n'a point passé par elle; car les langues ne remontent pas : quand elles ont commencé à s'altérer, elles continuent. Un exemple suffira. Je vous fais grâce des autres; car l'ennui est un obstacle à la clarté. Du mot latin *tenere*, le roman provençal faisait *tenia* à l'imparfait; l'Italien dit *teneva*. N'est-il pas vraisemblable que *teneva* est directement venu de *tenebat*, sans traverser *tenia*?

Si vous prenez beaucoup d'autres mots, vous trouverez que, dans les langues espagnole et italienne, ils n'ont subi qu'un léger changement, *parce detorta*, et se sont conservés plus près du latin que dans la langue romane; ce qui prouve qu'elle ne leur a pas servi de communication et de passage.

Mais le savant auteur de la grammaire romane produit des faits curieux, qui semblent justifier l'identité des langues vulgaires de la Provence, de l'Espagne et de l'Italie dans le ix⁰ siècle. La chronique des saints lui en fournit; car il y a telle légende pieuse, tel récit miraculeux du moyen âge, qui n'est plus maintenant qu'une pièce justificative dans un procès grammatical. Un Espagnol malade, visitant divers lieux saints de l'Europe pour obtenir sa guérison, vint à Fulde, dans la Hesse, où il fut accueilli par un prêtre étranger qui s'entretint facilement avec lui, parce que, dit la chronique, ce prêtre étant Italien, connaissait la langue de l'Espagnol. Le malade guérit. Mais il ne s'agit plus aujourd'hui que du fait grammatical. On a répondu que ce fait n'était pas péremptoire ; qu'aujourd'hui même un Italien et un Espagnol pourraient se comprendre, malgré le divorce bien réel des deux langues; que cette facilité devait être plus grande à une époque où les idiomes vulgaires étaient plus près de leur source commune, le latin.

Examinons un autre fait. Gonzon, auteur italien du xᵉ siècle, répondant à l'abbé de Saint-Gall, dit quelque part : « Le moine de Saint-Gall m'accuse à faux d'ignorer les règles de la grammaire, bien que je sois gêné quelquefois en écrivant, par l'habitude de notre langue vulgaire, qui est voisine du latin. » Mais cela prouve, ce que l'on sait, une corruption de la langue romaine, une langue vulgaire enfin, mais non qu'elle fût la même en Italie qu'en France. Il y a de graves motifs d'en douter, malgré l'imposante autorité de M. Raynouard. Ce qui paraît certain, c'est que, dans la décadence de la langue latine et le mélange des peuples, la régularité de la corruption fut plus hâtive en France qu'en Italie; que le *roman* de la France méridionale était commun aux provinces limitrophes d'Espagne, et même, avec de légères différences, à plusieurs parties de la France septentrionale.

En effet, le monument le plus antique d'une langue moderne parlée dans la France du Nord, les serments prononcés en 842 par Louis le Germanique et les seigneurs français, se rapprochent beaucoup du roman provençal tel que nous le voyons au xe siècle. Malgré l'aridité de ces détails, n'éprouverez-vous pas, Messieurs, quelque intérêt à considérer le plus vieux et le plus grossier essai qui nous reste de cet idiome national illustré par tant de rares génies dans les deux derniers siècles; de cet idiome organe de tant de pensées généreuses qui ont agi sur l'univers, vive expression de nos mœurs, et qui un jour aussi doit s'altérer, périr, devenir barbare, et faire germer dans ses ruines de nouveaux idiomes.

Voici ce court échantillon de la langue vulgaire, qui était entendue des troupes de Charles le Chauve.

SERMENT DE LOUIS LE GERMANIQUE.

Pro Deo amur et pro xristian poblo et nostro commun salvament, d'ist di en avant, in quant Deus savir et podir me dunat, si salvarai eo cist meon fradre Karlo, et in adjuda et in cadhuna cosa, si cum om per dreit son fradra salvar dist ; in o quid il mi altresi fazet : et ab Ludher nul plaid nunquam prindrai qui, meon vol, cist meon fradre Karle in damno sit [1].

SERMENT DU PEUPLE FRANÇAIS.

Si Loduuigs sagrament, que son fradre Karlo jurat, conservat ; et Karlus, meos sendra, de suo part non lo stanit ; si io returnar non l'int pois, ne io, ne ceuls cui eo returnar int pois, in nulla ajudha contra Lodhuwig nun li iver [2].

---

[1] Pour l'amour de Dieu et pour notre commun salut et celui du peuple chrétien, dorénavant, autant que Dieu savoir et pouvoir me donnera, oui, je soutiendrai mon frère Charles, ici présent, par aide et en toute chose, comme il est juste que l'on soutienne son frère, tant qu'il fera de même pour moi ; et jamais avec aucun ne ferai traité, qui, de ma volonté, soit préjudiciable à mon frère Charles.

[2] Si Lodwig garde le serment qu'à son frère Charles il jure, et si Charles, mon seigneur, de son côté, ne le maintient, si je ne puis l'y ramener, ni moi, ni aucun autre, je ne lui donnerai aucune aide contre Lodwig.

Est-ce une langue déjà faite, Messieurs ? n'est-ce pas un essai informe de création ? Plusieurs verbes, plusieurs mots construits ensemble, sont encore tout latins : *donat, jurat, conservat, de suo, meos, in damno sit.* Il n'y a plus de désinences variables dans les noms ; et, il n'y a pas encore d'articles. Cependant la forme des langues modernes perce déjà tout entière dans ce *roman ;* la plupart des mots sont provençaux, espagnols, avec quelques aspirations un peu rudes du Nord. Remarquez-vous aussi cette *juxtaposition* des mots, *pro Deo amur,* employée pour marquer le rapport, à la place des désinences et des articles ? Même chose dans notre langue : *Fête-Dieu, Hôtel-Dieu,* sont de vieilles locutions encore usitées, qui portent témoignage de leur origine, et qui se trouvent dans l'anglais, avec le même procédé d'inversion qu'offre l'idiome roman.

Cette langue ne tarda pas à se polir. Elle eut alors des règles fort ingénieuses ; il en est une que je me hâte d'indiquer, parce que, longtemps méconnue de nos érudits, elle a été mise en lumière par la sagacité de M. Raynouard. Cette règle consistait à mettre l'*s* au singulier dans les cas directs, à l'ôter dans les cas obliques ; à la supprimer également au pluriel dans les cas directs, et à la replacer dans les cas obliques. Ce procédé fut-il systématique ou accidentel ? Vous en jugerez. Des gens expéditifs comme les barbares devaient, au lieu de *murus*, dire *murs* : aux autres cas du singulier, *muri*, *muro*, ils supprimaient seulement la voyelle sans rétablir cette *s*, qu'ils ne trouvaient pas. Même chose au nominatif pluriel *muri*; mais dans les cas obliques du pluriel, *muris*, *muros*, cette *s*, reparaissant, était conservée. Ainsi une lettre finale, tantôt supprimée, tantôt remise, donnait un moyen facile de remplacer les désinences latines et de varier les cas. N'en faut-il pas conclure qu'il y a dans l'esprit humain une industrie native qui, malgré l'ignorance d'une époque, trouve des procédés ingénieux et faciles pour exprimer tous les résultats de la pensée, et parvient à égaler, dans un idiome fort imparfait, les plus grandes finesses des idiomes les plus savants.

Après les serments de 842, le plus ancien monument un peu étendu de la langue romane, c'est un poëme sur Boëce, publié par l'active érudition de M. Raynouard.

Le souvenir de Boëce, philosophe et poëte dans un siècle déjà presque barbare, ministre et victime de Théodoric, s'était conservé non-seulement parmi les lettrés, mais dans le peuple : ce poëme en langue vulgaire l'atteste.

Un autre monument, non moins curieux, est une espèce de poëme religieux à l'usage des Vaudois. On peut y découvrir, avec d'anciens rudiments de la langue romane, les premiers indices de quelque indépendance religieuse depuis la grande invasion du pouvoir pontifical. C'est en langue vulgaire que commence à se manifester l'esprit de réforme morale et d'émancipation qui devait amener plus tard cette guerre sanglante des Albigeois, où l'humanité fut défendue par les troubadours avec tant de courage. Ainsi, Messieurs, vers le ixe et le xe siècle vous apercevez en France ce que l'Italie n'offrait pas encore, au moins dans les monuments connus jusqu'à présent, c'est-à-dire un idiome nouveau, complet, assujetti à certaines règles ingénieuses et faciles, employé dans des actes publics, et servant à exprimer déjà, par le chant et la poésie, des passions populaires et des idées nouvelles.

En Espagne la même révolution dans la langue avait dû s'accomplir; les traces en sont rares, excepté pour la partie de l'Espagne qui, touchant aux provinces méridionales de la France, en parlait la langue. Le plus ancien monument de la langue espagnole, c'est une ordonnance d'un roi maure, rendue en 734, pour assurer aux chrétiens conquis la liberté de leur culte et l'inviolabilité de leurs évêques. Dans cette pièce, écrite en latin barbare, sont mêlés plusieurs termes de la langue *romane*. Chose singulière! c'est dans la charte de servitude et de tolérance qu'un roi maure, amené du fond de l'Afrique pour régner à Tolède, donnait en langue latine à des vaincus de race cantabre, que vous retrouvez la première trace de leur idiome chrétien et moderne.

Messieurs, j'ai fort imparfaitement rempli cette partie de ma tâche, qui consistait à vous donner une idée du travail de l'esprit humain dans la première formation des langues de l'Europe latine.

J'avoue que ces développements paraissent bien arides, qu'ils ont dû souvent lasser votre attention, précisément parce qu'ils sont à la fois longs et courts, qu'ils sont un détail, et cependant un sommaire. Il est difficile, en parlant devant un auditoire si nombreux, de réduire ces choses au plus grand degré d'exactitude et de précision, et il est impossible, dans un tel sujet, de ne pas laisser, même en abrégeant, trop de remarques minutieuses; mais il fallait passer par ce défilé raboteux pour arriver à des objets plus riants, pour entrevoir cette ingénieuse littérature du Midi, ce premier éclat de l'imagination provençale qui contraste avec l'esprit tout clérical, l'esprit d'imitation et de servitude conservé dans les écrits latins des religieux du moyen âge.

L'intelligence de l'Europe à cette époque se divise en deux grandes fractions. Ici, l'esprit ecclésiastique officiel et dominateur qui parle la langue latine ; là, l'esprit jeune, nouveau, hardi, chevaleresque, qui parle les langues nées d'hier. Pour arriver à ce premier point, il fallait étudier la décomposition pénible de cette langue latine qui avait autrefois conquis l'Europe, et qui la gouvernait encore par la théologie.

Une fois sortis de ces épines, nos recherches et nos découvertes seront plus attrayantes ; et, comme involontairement j'ai l'esprit frappé de ces romans de chevalerie dont nous parlerons, je ne puis me défendre de songer en ce moment à ce grand nombre de romans qui commencent à peu près comme nos études sur le moyen âge. Le chevalier est d'abord obligé de franchir des landes arides, des buissons, des marais ; il tombe dans les fossés bourbeux d'un gothique château ; mais enfin il arrive, il découvre des salles resplendissantes de lumière, des princesses enchantées sur des trônes enrichis de diamants ; il entend des musiques célestes ; c'est tout un monde nouveau qui se révèle à ses yeux. Je souhaite que la riante apparition de la poésie provençale ait pour vous un charme semblable, et vous dédommage ainsi des aridités et du désert que je vous ai fait traverser.

TROISIÈME LEÇON.

Innovations grammaticales de la langue vulgaire. — Les articles: l'emploi des verbes auxiliaires. Détails à cet égard. — Littérature latine contemporaine du développement de la langue *romane*. — Caractères de ces deux civilisations, presque étrangères l'une à l'autre. — Poésies des troubadours, au commencement du XII° siècle. — Guillaume, duc d'Aquitaine; Bernard de Ventadour. — Quelques mots sur Bertram de Born. Traduction d'un de ses chants guerriers. — Liberté hardie de la plupart des troubadours.

Messieurs,

Je ne vous tiens pas encore tout à fait quittes de la grammaire et de la philologie. On m'a conseillé, en termes ingénieux, de passer vite à la poésie des *troubadours;* mais il faut me pardonner encore quelques recherches techniques. Ce ne sont pas des remarques curieuses ou savantes; mais ce sont de petits événements de grammaire, qu'il n'est pas permis d'oublier dans l'histoire des antiquités de notre langue. Je tâche seulement de distribuer nos études en ce genre, de manière à ne surcharger aucune séance par un détail trop long, et trop exclusivement ennuyeux.

Aujourd'hui, quelques mots encore sur plusieurs des éléments de la langue nouvelle. Nous marquerons, dans ceux mêmes qui semblent le plus modernes, un rapport intime avec la langue latine; et leur uniformité, dérivant de la même source, nous montrera le mouvement simultané des dialectes du Midi, pour se développer sous l'influence de la langue et des souvenirs romains.

Parlons d'abord de l'article; comment l'article roman est dérivé du mot latin, et quel rôle il devait jouer dans les langues modernes.

Que l'article roman, dans ses variétés, que le masculin *el, elh, lo*, que le féminin *la, ill, ilh*, que le pluriel *els, elhs, los, li, las*, conservés ou légèrement altérés dans nos langues du Midi, viennent directement du pronom latin *ille*, cela n'a pas besoin d'être dit. Mais remarquons que, dans les meilleurs auteurs de l'antiquité, ce pronom *ille* avait reçu quelquefois, comme représentant du substantif, des applications fort rapprochées de notre usage moderne. Si un jeune étudiant de nos colléges écrivait cette phrase latine : *Romani sales salsiores sunt quam illi Atticorum*, on l'accuserait de gallicisme. Eh bien, c'est une phrase de Cicéron. Cette manière d'employer *ille*, de lui donner dans la phrase construite la place du nom, cette anticipation sur les formes de nos langues se retrouve dans le style du plus grand et du plus pur écrivain de l'ancienne Rome. Dans beaucoup d'autres passages des auteurs latins, le pronom *ille* est appliqué d'une manière emphatique. C'était un acheminement vers l'emploi qu'il a pris dans nos langues modernes, et qui se lie naturellement à ce besoin de méthode et de précision qu'éprouvent à la fois la civilisation et la barbarie, les peuples métaphysiciens et les peuples grossiers.

En effet, cet usage de l'article essayé par les plus élégants auteurs latins, c'est par les auteurs semi-barbares qu'il a été plus nettement caractérisé, et qu'il est entré dans les langues modernes. Ces chartes, ces contrats, dont je vous ai parlé, renferment sans cesse des applications de *ille, illa, illud*, qui représentent nos articles. *Illi Saxones persolvant de illos navigios, etc.* — *Dono præter illas vineas, quomodo illa rivulus currit, totum illum clausum.* Au milieu des phrases les plus incorrectes et de la plus bizarre confusion des cas, un instinct de clarté, déjà tout moderne, ramène sans cesse l'emploi de ce mot.

Je m'arrête, Messieurs. Quelque chose de plus important que l'article et un attribut particulier des langues modernes, c'est l'emploi du verbe *être* et du verbe *avoir,* usités comme auxiliaires. La plus grande révolution qui se soit opérée dans la syntaxe, depuis les Grecs et les Romains, consiste dans ce double procédé. On ne peut nier, cependant, que le principe ne s'en trouve dans la forme même de ces langues antiques. Non-seulement le verbe *avoir,* mais l'acception singulière qu'il a prise dans nos langues modernes dérive du latin : elle y était rare, peu apparente, peu nécessaire, suppléée par d'autres modifications ingénieuses et variées; elle y était cependant. On a remarqué plusieurs phrases latines où le verbe *habere,* construit avec un participe, a précisément la même place et la même force que le verbe *avoir* dans nos langues modernes. *Urbem quam parte captam, parte dirutam habet,* disait Tite-Live : « La ville qu'il a prise en partie, en partie détruite. » — *Præmisit omnem equitatum quem ex omni provincia coactum habebat :* « Il fit partir en avant la cavalerie qu'il avait rassemblée de toute la province. » Et si l'on conteste sur ces exemples, où *habere* pourrait être remplacé par le verbe *tenere,* il en est d'autres de plus précis encore, de plus littéralement

modernes. *Vectigalia parvo pretio redempta habet :*
« Il a racheté le tribut à bas prix. » — *De Cæsare
satis dictum habeo :* « J'en ai dit assez sur César. »
Là, certainement, il n'y a pas la possession exprimée : on ne possède pas ce que l'on a dit. Le
verbe *habere* a perdu, dans cette phrase, sa force
primitive, et a pris un sens accessoire comme
dans nos langues modernes.

Ce n'est pas tout. Une singularité qui semble
moderne encore, c'est l'emploi impersonnel du
verbe *avoir,* et, dans ce cas, la substitution du
verbe *avoir* au verbe *être.* On en trouve aussi
la trace dans la vieille langue latine. Ouvrez
Plaute, témoin d'autant plus important, que
son langage familier a dû se conserver dans la
langue populaire; vous y voyez : *Quis istic habet?*
« Qu'y a-t-il là ? qui est là ? » On a rapproché
cette construction du verbe grec ἔχειν; on a sous-entendu le pronom personnel *se.* N'importe,
voilà dans l'usage courant et littéraire une application du verbe latin *habere* semblable à notre
tournure impersonnelle *il y a.*

La langue romane offrit d'abord ces types,
qu'elle recevait directement du latin. Ses verbes
actifs se conjuguèrent avec le secours du verbe
avoir, qui servit à former à la fois le passé et le
futur. Je sais qu'on peut supposer à cet usage

une origine gothique : on peut dire même, si l'on veut, que le verbe gothique *haben* est plus ancien que le verbe latin *habere*. Il est certain que cette forme et son acception comme auxiliaires appartiennent à cette vieille langue du Nord qui remonte jusqu'aux Scythes, et qui offre des affinités remarquables avec le sanscrit et le grec.

Quand Ovide exilé nous parle de cette langue gétique et sarmate qu'il avait si bien apprise, et dans laquelle, avec sa facilité de bel esprit romain, il faisait des vers et des panégyriques pour le roi du pays :

Jam didici getice sarmaticeque loqui ;

quand il célèbre ce roi, qui était poëte lui-même ; quand il rappelle que dans cette langue barbare, mais anciennement cultivée, on trouve des traces de la langue grecque altérées par la rudesse de la prononciation gétique :

In paucis remanent graiæ vestigia linguæ,
Hæc quoque jam getico barbara facta sonó ;

peut-on douter du commerce primitif de toutes ces langues ? peut-on s'étonner que le gothique ait eu anciennement des analogies avec le latin, qui porte des caractères si fréquents de grécité ?

Peu importe l'étymologie immédiate, le latin *habere* et le gothique *haben* ont une même source, sont un même mot; seulement l'usage auxiliaire que ce terme avait plus souvent dans la vieille langue teutonique a prédominé dans la formation de nos idiomes modernes.

Les Grecs et les Latins avaient également appliqué le verbe *être* d'une manière accessoire, mais en hommes qui pouvaient se passer de cette ressource, et qui trouvaient d'autres moyens dans les inflexions variées de leurs verbes. Pour former le passif, ils ne se servaient pas tout d'abord du verbe *être*, ils ne l'admettaient que pour un ou deux temps, le passé et le futur passé, *amatus sum*, *amatus ero*. L'idiome vulgaire, qui naissait du latin, employa tout de suite, et pour tous les temps passifs, le verbe *être* : cela était plus expéditif et plus simple. On répétait un verbe que l'on savait, au lieu d'en apprendre un nouveau. On joignait au participe passé de chaque verbe les diverses modifications du verbe *être* : c'est le procédé de la langue romane et le nôtre.

Cette méthode amena bientôt une autre simplification un peu barbare : c'est l'alliance du verbe *être* et du verbe *avoir*. Par quel travail l'esprit est-il arrivé à dire *j'ai été?* Quel rapport y a-t-il entre cet *avoir,* qui indique primitivement la possession, et le fait d'une action accomplie, et par conséquent d'une action passée? Si quelque chose exclut la possession, c'est le passé. L'esprit moderne est arrivé là par un détour. D'abord il a été beaucoup plus barbare et plus logique; il a dit : je suis été, *sono stato;* sans doute parce que dans la latinité barbare on avait dit *sum status,* les deux verbes étant à la fois rapprochés et distincts. Ces deux verbes *essere* et *stare* se retrouvaient dans le roman méridional; ils se conservaient encore dans le français déjà formé des *Assises de Jérusalem.* On y lit : *il fut été mort.*

Les peuples grossiers procèdent à peu près comme les enfants. Si vous avez parfois étudié le langage des enfants, comme s'y plaisait Rousseau, vous avez pu observer que leurs barbarismes sont logiques. Nous autres écrivains, académiciens, nous disons sans scrupule : Je vais là ce soir; irez-vous? Notre phrase est incorrecte; un mot important est supprimé; la précision du langage demandait *y irez-vous?* L'élision a prévalu, et l'habitude a rendu la phrase complète, malgré la grammaire. Un enfant ne manque pas de dire, par sa logique naturelle, *irai-je-t'y?* Il est plus correct, et même un peu harmonieux, moyennant ce *t* qu'il a introduit.

Les peuples barbares procédaient comme cet enfant ; ils altéraient, ils suppléaient, ils raccommodaient la langue latine par des ressources à peu près semblables. Ce premier travail une fois achevé, quand leurs sens se sont un peu raffinés, que leur goût est devenu plus sévère et plus délicat, que la pratique même de cette langue, maniée par eux, a servi à l'épurer et à l'assouplir, alors ils ont abandonné quelques-unes de ces constructions barbarement méthodiques, et les ont remplacées par des irrégularités et des équivalents. On s'est lassé de cette forme, *je suis été*, d'autant plus que les deux verbes, qui étaient d'abord distincts par leur double origine, s'étaient confondus en un seul. En français on a abandonné un des verbes *être*, et, choqué du double emploi du second, on l'a remplacé par le verbe *avoir*. La langue romane offrit d'abord, dans la conjugaison de ses verbes, ce procédé simple et facile qui se retrouve dans tous les idiomes actuels de l'Europe latine : là naquit notre grammaire analytique et simple.

Ainsi, Messieurs, depuis le IXe siècle, il existait en France, et, avec des nuances plus ou moins fortes, dans toute l'Europe méridionale, un idiome entièrement formé sur le type latin, qui avait supprimé les désinences des cas, simplifié les verbes, suppléé les inflexions variées du passif par les verbes auxiliaires, créé des règles commodes et ingénieuses : c'est un grand travail de l'esprit humain. Relativement à l'extension de cette langue dans la France du Nord, on ne peut contester l'autorité des *serments* de 842 ; la langue de cet antique document se rapproche tout à fait du roman méridional. L'orthographe de ce morceau, l'emploi fréquent des *k*, les sons durs de quelques mots étaient peut-être communs alors au roman français du Midi et du Nord ; peut-être aussi doit-on y voir comment la langue méridionale était altérée dans le Nord, où cependant il n'est pas douteux, par cet exemple, qu'elle ne fût comprise et usitée.

Maintenant que l'analyse abrégée des principales parties de cet instrument nouveau a lassé votre attention, n'est-il pas temps de rappeler ce qu'il produisit d'ingénieux sous des mains habiles? Nous passons tout à coup du travail le plus aride au plus intéressant des spectacles, la naissance du génie chez un peuple nouveau. Mais il est plus facile d'expliquer des règles de grammaire que de retrouver l'intelligence de ce premier enthousiasme poétique, emprunté à des temps si différents du nôtre, à des mœurs qu'il faut étudier. Que de choses seront perdues pour nous dans cette vivacité naïve, et dans cette mélodie déjà savante qui charmait la France méridionale au xiie siècle !

Mille questions d'histoire et d'antiquités modernes, mille curieuses recherches devraient se lier à l'étude de cette poésie vulgaire; et je suis encore plus gêné par la foule des souvenirs, que je n'étais tout à l'heure refroidi par la sécheresse des détails. Mais d'abord cet art, ce génie nouveau qui s'élève avec une langue nouvelle, pouvons-nous le considérer en lui seul, et ne tenir aucun compte des études et des réminiscences latines qui développaient, à la même époque, l'esprit des hommes, sous l'influence toute puissante de l'Église ? N'y a-t-il pas dans cette situation, pour ainsi dire, double des intelligences, dans ce travail à la fois latin et moderne, ecclésiastique et populaire, qui se faisait alors, et qui était indépendant l'un de l'autre, un trait caractéristique du moyen âge, qui n'appartient à aucune autre époque ?

Aujourd'hui notre civilisation courante est devenue le fond de nos pensées les plus intimes. La vie est si savante, si développée, si munie d'inventions ingénieuses, qu'elle est bien plus forte que les souvenirs du passé. C'est dans le temps présent qu'on vit; c'est avec les pensées de tout le monde que chacun pense; les études variées, les souvenirs viennent se perdre dans le sentiment actuel de la civilisation, et servent seulement à l'orner et à l'enrichir. Mais il y eut dans le moyen âge un état du monde tout différent, où la science était autre chose que la civilisation; où il existait deux civilisations : une civilisation de réminiscence et de solitude, qui s'entretenait par la contemplation religieuse et l'étude de quelques monuments de l'antiquité; une civilisation de gaîté, de désordre, qui était la vie des châteaux et des cours. Cela ne peut plus se retrouver. Il y a sans doute ici de bien studieux jeunes gens, dévoués à de longs travaux; mais jamais ces travaux les emportent-ils tout à fait hors de leur temps? sont-ils dans un autre monde, dans un autre ordre d'idées que celui qui préoccupe les esprits?

Il n'en était pas de même aux XIe et XIIe siècles. Un homme, dans la solitude du cloître, séparé du monde par la vie religieuse, défendu des violences par les barres qui fermaient la porte du couvent, et par le respect religieux qui en défendait l'entrée, étudiait d'abord les livres saints. Beaucoup d'esprits restaient, pour ainsi dire, opprimés sous le poids de cette étude ; et, dans les longs travaux du cloître, le chant grégorien et la prière prenaient toute leur pensée. Mais d'autres esprits plus actifs rêvaient au delà ; ce n'était pas la vie extérieure qui les occupait, c'était la vie antique. Ils ne quittaient pas leur cellule pour errer en imagination au milieu des tournois et des fêtes du moyen âge ; c'était un monde inconnu pour eux ; on le voit dans la sécheresse des chroniques écrites par des moines : mais ils vivaient avec ces Pères de l'antiquité chrétienne, Augustin, Jérôme, qui eux-mêmes étaient, par l'étude, contemporains des grands hommes de l'antiquité païenne. Aussi, un moine savant du XIIe siècle, sous son costume qui aurait si fort étonné Cicéron, avait cependant un grand nombre d'idées philosophiques, morales, littéraires, en commun avec Cicéron. Par l'imagination et la pensée, il ressemblait bien plus à ces grands lettrés de l'antiquité qu'à ce baron ignorant et féroce, tout bardé de fer, qui ne savait que piller et tyranniser ses vassaux.

Par exemple, à la fin du Xe siècle, dans ce temps où la trêve de Dieu obtenait à peine qu'il y eût deux jours de la semaine sans pillage et

sans guerre, un savant, un philosophe, comme
Gerbert, se formait dans les monastères d'Aurillac et de Bobio. Il relisait les plus précieux
manuscrits de l'antiquité latine, ceux même que
nous n'avons plus. Il étudiait la métaphysique,
l'histoire, les lettres. Il apprenait, d'après quelques traités grecs et latins, les éléments de la
géométrie. Il travaillait même à des ouvrages
d'une mécanique ingénieuse; il fabriquait des
horloges de bois et des sphères. Il les échangeait
pour des manuscrits : « Nous ne t'envoyons pas
la sphère, écrivait-il à un de ses amis. Nous ne
l'avons pas encore. Et ce n'est pas une chose de
peu de travail à faire, au milieu de tant d'occupations. Si donc tu tiens à ces grandes études,
adresse-nous le volume de l'*Achilléide* de Stace
soigneusement transcrit. Cette sphère, que tu
n'obtiendras jamais gratis, à cause de la difficulté d'un tel ouvrage, tu pourras me l'arracher
par ton présent. » Voilà quelles étaient les distractions de ce moine du xe siècle, qui, à la vérité, fut accusé de magie, et qui devint pape.
N'est-il pas évident que de pareilles études, de
pareils souvenirs, qui le transportaient dans un
monde si différent du monde barbare, et même
du monde chrétien, devaient déposer dans son
esprit une foule de pensées étrangères à son siè-

cle, et faisaient de lui un homme autre que ses contemporains?

Les plus remarquables exemples de ce retour à l'antiquité par l'étude se trouvent précisément à l'époque où naissait et se développait le génie moderne dans une langue vulgaire. Vers les xe et xie siècles la langue latine, dès longtemps bannie de l'usage vulgaire, quoique réservée encore aux actes publics, et souvent même à la prédication, était devenue langue savante, mais pourtant familière, et, pour ainsi dire, domestique dans les couvents. Elle y était étudiée avec soin, et parlée naturellement. Elle n'était plus ce qu'on la vit au viie siècle, emportée par une décadence progressive qui la précipitait vers la barbarie. A cette époque les savants même, Grégoire de Tours, écrivaient dans un style grossier, dont les constructions sont souvent défectueuses, mêlées de termes qui n'appartiennent pas à la langue latine. Mais aux xe et xie siècles vous voyez des moines, des religieuses, des évêques parler une langue qui n'est pas la langue latine du siècle d'Auguste, qui a son originalité propre, mais qui en même temps a quelque chose de correct et de savant.

Par exemple, il est un écrivain, fort peu connu de vous peut-être; c'est un Allemand qui vivait au milieu du xiie siècle, c'est *Lambert d'Affschensbourg*. Il a écrit une histoire des guerres de l'Italie contre l'Empire; il a raconté la vie de plusieurs papes de cette époque ; il a retracé le caractère des empereurs d'Allemagne; il a expliqué leur politique; il a montré les luttes des grands vassaux d'Allemagne contre la puissance impériale, tout cela dans un style plein de nerf et de vigueur, imité de l'antiquité, sans être servilement calqué, reproduisant des pensées modernes sans tomber dans la barbarie, altérant quelquefois par cette élégance le vrai caractère de la vie féodale, mais offrant cependant le modèle d'une pensée forte et d'une langue généralement expressive et naturelle : ce phénomène littéraire s'explique aisément. Doué d'un génie heureux, cet homme, dans son couvent, avait lu sans cesse Tite-Live, Tacite, Salluste; et par cette méditation assidue il s'enlevait à son temps, dont cependant il écrivait l'histoire : de tels récits sans doute laissent à désirer. Historiquement, la barbarie du style vaut mieux pour nous donner l'image et comme le reflet de la vie contemporaine. Mais ce que nous cherchons en ce moment, c'est le travail raffiné de quelques hommes dans un siècle grossier, ce retour à l'éloquence par l'étude et le goût : cela même devient un trait caractéristique de l'esprit du temps. On en trouve d'autres exemples, parmi lesquels je citerai les drames latins d'une religieuse allemande du xie siècle, *Hroswithe*, qui, dans des sujets chrétiens, imite avec assez d'art le style de Térence.

Enfin, quand cette langue latine, conservée comme un instrument savant, tombait sous la main d'un homme de génie, alors elle prenait une énergie, une élévation singulière. Croyez-vous, par exemple, que lorsque ces hommes d'action et de conseil qui entouraient Guillaume le Conquérant, Lanfranc et d'autres, s'exprimaient en latin, ils n'y portassent pas la vigueur et la plénitude de leur pensée? Je ne sais pas si Guillaume le Conquérant dictait lui-même ses lettres en latin; mais, certes, ce n'était pas un secrétaire obscur, un clerc de paroisse, qui les traduisait. Rien qui soit d'une éloquence diplomatique plus serrée, plus vive, plus originale que la lettre par laquelle Guillaume, répondant à Grégoire VII, lui promet le tribut et lui refuse l'hommage.

Le latin ecclésiastique prend un caractère plus grand encore sous la plume de Grégoire VII. Le recueil des lettres de ce pape est un monument unique dans l'histoire de l'esprit humain. Le style en est original, comme la pensée. Ce n'est pas le latin incorrect et lourd de Grégoire de Tours. Ce grand pape était plus instruit même des lettres. Il déteste l'antiquité païenne; on dit même qu'il en a brûlé quelques monuments : mais il en a presque l'éloquence. Il est là dans sa langue naturelle; il s'en sert pour écrire à des femmes, à Béatrix, à Mathilde : car il arrivait alors pour le latin ce qui arriva pour le français dans une partie des contrées de l'Europe. Le français fut étudié comme langue morte, et parlé comme langue familière et vivante. Frédéric et Walpole écrivaient le français avec invention, comme une langue vivante, et avec pureté, parce qu'ils l'avaient apprise littérairement. Même résultat pour le latin à cette époque ; même mélange d'une réalité active qui communique tant de vie au langage, et de cette étude sérieuse et attentive que le viie siècle avait presque entièrement ignorée, qui s'était ranimée comme par un effort du génie de Charlemagne, et qui, interrompue de nouveau, reparaissait avec plus de force au xe siècle, sous l'influence de quelques savants hommes.

C'est surtout à l'empire de l'Église que la langue latine avait servi d'interprète. C'est dans les grands débats entre les empereurs et les papes

qu'on pourrait trouver veine d'éloquence. Chose
remarquable! le savoir était égal dans les champions des deux causes! Ainsi l'Italie pontificale
influait doublement sur la civilisation du monde :
elle influait par ses exemples ; elle influait par la
résistance et par l'émulation haineuse qu'elle
provoquait. Le croiriez-vous? la chancellerie des
empereurs d'Allemagne, à Bamberg, à Mayence,
avait des hommes presque inconnus de l'histoire, et qui, sur la querelle de l'empire et du
sacerdoce, sur l'indépendance des princes, sur
les droits réels ou prétendus des rois d'Allemagne en Italie, raisonnent avec une subtilité diplomatique, une précision, une clarté, une
science de langage tout à fait remarquable ; et
cela, dans la barbarie des XIe et XIIe siècles. C'est
seulement dans ces débats réels que le talent se
retrouve. Lorsque la passion n'est pas là pour
animer cette lettre morte d'une langue ancienne,
lorsque ces écrivains font des vers et des panégyriques, ils peuvent rester corrects, et employer grammaticalement la langue latine ; mais
ils semblent frappés de mort : il n'y a que la
controverse qui leur rende ce qu'on souhaite,
ce qu'on trouve dans une langue actuelle. Mais
pour faire apprécier quelques-uns de ces essais
de génie, il faudrait les encadrer dans un long

récit ; il faudrait leur restituer toutes ces circonstances et tout cet intérêt du moment, qui faisait le talent de l'écrivain et la vie de l'ouvrage.

Je laisse donc de côté cette étude. J'oublie même les sermons de saint Bernard, qui, prononcés en latin, avaient cependant une action populaire. Ce fait, qui prouve qu'au XII° siècle la langue latine était encore fort répandue et à demi *vulgaire*, vous étonnera peut-être. Quelques savants même en ont douté; mais on peut leur opposer une très-forte autorité. Le secrétaire même de saint Bernard a écrit ces paroles : « Moi qui avais quitté la plume, ayant pressenti et connu le désir que vous avez de posséder les paroles de ce saint homme, dont l'éloquence et la sagesse, la vie et la gloire se sont répandues dans toute la *latinité*, j'ai pris mes tablettes, et j'ai transcrit ce que j'avais. »

Ainsi cet état double de l'esprit humain, que nous avons déjà remarqué, se retrouve partout. Il y avait dans l'Europe une espèce de république intellectuelle et invisible qui tenait à l'antiquité et parlait sa langue; et on disait d'elle *omnis latinitas*, comme on a dit toute la chrétienté. On ne peut douter cependant que saint Bernard n'ait aussi prêché dans la langue du pays, dans le roman wallon, fort distinct du roman provençal. Le cri de guerre *Diex el volt* était la réponse du peuple.

Il est à croire, Messieurs, que le premier grand emploi de la langue moderne, la première action puissamment populaire, exercée par elle, se rattache aux commencements des croisades. En effet, si vous imaginez une cause qui ait dû animer les esprits, les enhardir et les forcer à la parole publique, en langue vulgaire, c'est sans doute cet enrôlement universel au nom de la croix, ce religieux appel qui s'adressait à l'ignorant, au villageois, comme au seigneur, c'est-à-dire souvent à deux ignorants ensemble. Qu'aurait fait la langue latine entre ce baron qui ne savait pas lire, et ce vilain qui ne parlait que le patois de son village? C'est alors qu'on vit partout les puissants prédicateurs qui agitaient les esprits, se servir de l'idiome moderne.

Dans le Midi, beaucoup d'œuvres poétiques avaient précédé cet avénement de l'éloquence. La grande révolution des croisades en multiplia le nombre, mais n'en changea pas le caractère tour à tour religieux et profane. On croirait, en les lisant, qu'il entra dans les croisades autant d'idées mondaines et frivoles que d'idées enthousiastes et sévères. Je ne veux pas rappeler ici l'anecdote de ce chevalier qui part pour la croisade, afin de rencontrer plus facilement une dame qu'il avait peine à voir dans son château. Ce fait, que votre gravité et la mienne laissent passer rapidement, en rappellerait mille autres, et indique l'esprit général de la poésie des *troubadours*. C'est ici que notre étude sur le moyen âge présente plus d'une difficulté, qu'il faut éluder discrètement. Le bon temps, comme on l'a dit, le siècle de nos bons aïeux ne fut pas toujours, ne fut jamais un temps de pureté morale. Des gens qui déplorent, à dater du xiv° siècle, la corruption progressive, et, pour ainsi dire, la perfectibilité indéfinie des mauvais principes, seraient épouvantés, si on essayait d'ouvrir devant eux, et d'interpréter les productions de ces temps, qu'on aime à supposer innocents, parce qu'ils étaient grossiers et féodaux. La licence et même l'impiété se mêlent sans cesse à la vivacité naïve et à l'imagination piquante des écrivains. Je sais que les arts n'ont pas toujours la sévérité que prescrit la morale; je sais que l'imagination et le goût ne s'effrayent pas de tout ce qui peut blesser une austère vertu; mais ici je dois indiquer plutôt que définir.

Bornons-nous d'abord à rêver cet état de la France méridionale, qui favorisa le génie de ces

poëtes, et qui inspira la mollesse de leurs chants.
Depuis la fin du ix° siècle, à côté de cette France
du Nord, si ravagée, si désolée par les invasions
et le mauvais gouvernement, par les guerres in-
testines et la rapacité des seigneurs, une France
du Midi avait reçu des lois plus douces et une
vie meilleure. La fondation du petit royaume
d'Arles, qui fut ensuite remplacé par le comté
de Provence, divisé plus tard en comté de Bar-
celone et en comté de Toulouse; le gouvernement de plusieurs petits princes, qui passèrent
obscurs, heureusement pour leurs sujets; l'union
de la princesse *Doulce* avec le comte de Barce-
lone; l'influence des Espagnols, qui, à cette
époque-là, étaient fort avancés en civilisation,
et avaient beaucoup emprunté du génie brillant
et de la galanterie chevaleresque des Maures;
toutes ces causes firent fleurir dans la Provence
les arts et la *gaye-science*. Figurez-vous que la vie
féodale, singulièrement adoucie dans ce pays,
offrait plus rarement qu'ailleurs des guerres in-
testines; que le comte de Provence et de Barce-
lone tenaient une cour élégante où se réunissaient une foule de gentilshommes du pays,
dont la vie se passait tout entière à chasser au
faucon, à faire des vers, à les chanter, à les offrir; puis à discuter entre eux sur des questions

qui n'ont pas un intérêt philosophique très-grand, et qui semblaient la contre-partie des thèses qu'on agitait dans l'école d'Albert le Grand ou même d'Abeilard. C'étaient des questions d'un ordre fort subtil, à peu près semblables à celles que M. de La Harpe a traitées dans son *Cours de littérature*, lorsque, parlant devant l'auditoire ingénieux et mêlé de l'Athénée, il examinait, avec beaucoup de savoir et de méthode, si Orosmane était plus malheureux, quand il croyait à l'infidélité de Zaïre, ou quand il la savait innocente après l'avoir tuée. La question, que je n'aurais pas soulevée, fut gravement discutée par plusieurs esprits élégants du xviii° siècle. M. de La Harpe lut leurs lettres devant son auditoire, résuma, prit des conclusions, que vous pouvez lire dans le *Cours de littérature*.

Eh bien, ces questions, qui, pour parler sérieusement, me paraissent une fadeur de la fin du xviii° siècle, sont nées par anticipation, et ont été développées avec beaucoup d'esprit dans la France du xii° et du xiii° siècle. Les troubadours ne faisaient pas autre chose. Un troubadour était donc souvent un gentilhomme qui avait un bon château et des vassaux, comme, par exemple, Bertram de Born, qui avait mille sujets; son frère lui en prit un jour cinq cents,

mais il les reconquit après une rude guerre.
Quelquefois aussi c'était un prince souverain,
comme le plus ancien des troubadours dont nous
ayons les œuvres, Guillaume, comte de Poitiers
et duc d'Aquitaine; lequel Guillaume fut, dans
la première partie de sa vie, un mauvais prince,
et même un bien discourtois chevalier, qui, plus
tard, courut les aventures de la croisade avec
beaucoup d'intrépidité, et finit par se faire
moine. Quelquefois aussi un troubadour n'était
rien qu'un obscur vassal, un serviteur né dans
le château, comme, par exemple, Bernard de
Ventadour, le fils de l'homme qui chauffait le
four du comte de Ventadour. Ce Bernard avait
été élevé par la bonté de son seigneur; il avait
un talent naturel pour la poésie; il avait la voix
belle; il faisait des vers, il les chantait, il les
dédiait. Ces vers avaient du succès. A la vérité,
un jour le comte de Ventadour fit sévèrement
séquestrer la comtesse dans un donjon du château, et chassa le malheureux troubadour. Alors
il partit avec ses vers, et alla tranquillement à
la cour d'Éléonore de Guyenne, de cette Éléonore qui a tant embarrassé quelques-uns de nos
graves historiens; de cette épouse de Louis le
Jeune, répudiée par lui pour sa conduite légère
à la croisade, et qui dès lors épousa le duc de

Normandie, lui porta la Guyenne en dot, et par là facilita les entreprises des Anglais sur la couronne de France. Bernard de Ventadour est accueilli par Éléonore de Guyenne; il est reçu dans sa cour; il fait des vers pour elle; il dit dans ses vers qu'elle sait lire :

> J'écris pour elle ; et elle sait lire.

Cependant il ne put obtenir de la suivre en Angleterre auprès du grand duc de Normandie, son époux, qui goûtait moins la poésie du troubadour. De la petite cour de Guyenne, Bernard passa donc à celle du bon *Raymond*, comte de Toulouse.

Après cette vie de gaîté et de faveur, il finit, comme on finissait toujours à cette époque, par se faire religieux : il entra dans l'ordre de Cîteaux. Ainsi le seigneur aventureux et tyrannique, le troubadour imprudent, tout le monde aboutissait au cloître.

Un troubadour avait auprès de lui quelqu'un qui ressemblait à un écuyer à côté d'un chevalier. Le troubadour faisait des vers, et souvent les chantait lui-même; mais de plus il était suivi d'un et parfois de deux jongleurs, qui chantaient ses vers, ou récitaient de longs romans et des histoires de chevalerie. Comme le jongleur était un personnage secondaire, quand on était las de l'entendre, pour varier, il faisait des tours. Dans les mœurs du temps, la condition de troubadour, souvent adoptée par les grands, était singulièrement honorée; celle des jongleurs, au contraire, semblait un peu dédaignée. Toutefois, quand on était un jongleur très-habile ou très-heureux, on s'élevait au rang de troubadour. A force de chanter des vers, on apprenait à en faire soi-même; si ces vers étaient ingénieux, s'ils étaient répétés, s'ils plaisaient à des beautés célèbres du temps, alors un duc, un comte, un vicomte vous faisait chevalier; et, quand on devenait chevalier, et qu'on avait la *gaye-science*, on était de plein droit troubadour. Quelquefois aussi quand on était troubadour, et que l'on commettait d'autres fautes que celles qui étaient alors universelles et permises aux troubadours, on était dégradé, et on retombait à l'état de jongleur. Dans la biographie des troubadours, écrite en langue romane, et plus facile à entendre que leurs vers, on voit que *Gaucelm Faidit*, troubadour célèbre, ayant eu le tort et le malheur de perdre tout son avoir au jeu de dés, fut réduit à se faire jongleur, et n'était plus reçu qu'à ce titre dans les cours et dans les châteaux.

Toutes les conditions sociales, nous l'avons vu, fournissaient des troubadours. Leur carrière était assez uniforme dans son heureuse gaîté, et sans autre événement que la passion qui les inspirait. Rarement les troubadours allaient visiter la Terre-Sainte. Par leurs chants, ils excitaient à la croisade; mais ils étaient retenus par les délices des cours de Provence. Il en est un cependant dont le voyage fut célèbre, tellement que le moine des îles d'Or, historien des troubadours, l'a placé en tête de tous les autres. C'est Geoffroy Rudel; son histoire sera très-courte.

Geoffroy Rudel était vanté pour le tour ingénieux de ses chansons et la douceur de sa voix. Il faisait aussi de longues histoires, qu'il n'écrivait pas, mais qu'il racontait dans les soirées des châteaux. Un jour on lui montra le portrait d'une dame française de la Terre-Sainte, de la comtesse de Tripoli. A la vue de ce portrait, il prit la résolution de partir pour la croisade. Malgré les regrets de ses nombreux amis, et les efforts qu'on fit à Béziers et dans d'autres villes pour le retenir, il partit. Embarqué au port de Marseille, il fit dans la traversée des vers charmants que je ne vous traduirai pas, et dans lesquels il chantait son départ, qui n'était pas un pèlerinage. Il tomba malade en route; il aborda mourant à Tripoli; on annonça dans la ville, moitié française et moitié sarrasine, qu'il arrivait un vaisseau d'Occident, et que sur ce vaisseau était un chevalier, un poëte attiré de si loin par la réputation des vertus de la comtesse de Tripoli, qu'il était dangereusement malade, et demandait à la voir, avant de mourir. La comtesse de Tripoli, touchée de ce dévouement et de ce malheur, se rendit à bord, et donna sa bague au chevalier, qui expira, dit-on, en la voyant. La comtesse le fit ensevelir dans l'église des Templiers, et prit bientôt après le voile de religieuse.

Voilà une histoire sèchement et mal contée. C'est le procès-verbal d'un roman; mais vous voyez bien vite tout ce que l'imagination riante et poétique du xiie et du xiiie siècle devait rêver sur de pareils souvenirs. Ces faits, volontairement écourtés, vous concevez sans peine combien la poésie des troubadours les embellissait et les animait de couleurs variées et nouvelles.

Ainsi, il est vrai de dire qu'avec ce mouvement du monde, qu'avec les croisades, avec ce mélange de guerre et de passion, il entrait dans le monde tout un enthousiasme qui devait plus tard animer le génie du Tasse, et produire cette admirable poésie de l'Italie au xvie siècle. Les anecdotes de mœurs, les petits contes historiques sont donc liés ici naturellement à l'histoire des lettres et au développement du génie poétique dans l'Europe moderne.

Mais vous me direz peut-être, ces troubadours enfin, dont vous nous parlerez encore, qu'ont-ils fait de plus que des chansons et des pèlerinages? Qu'est-ce que leur talent? leur poésie ressemble-t-elle aux fadeurs modernes où leur nom figure? ou bien ce talent a-t-il réellement quelque chose d'original? Y a-t-il là une nouvelle époque pour l'esprit humain, au moins dans les arts ingénieux de l'imagination et du goût? Je le croirais. Une chose m'embarrasse seulement, c'est l'égalité de gloire et de talent entre tous ces hommes. Le caractère du génie, c'est de primer tout d'abord au milieu de la foule des talents. Les arts sont cultivés dans un pays; c'est la langue commune. Arrive l'homme de génie; il a une langue à lui. Quand vous lisez tous ces troubadours, vous êtes frappés de l'uniformité gracieuse de leurs images et de leurs expressions. Leur poésie riante et sonore semble toujours le son d'une même musique. En les étudiant beaucoup, on a quelque peine encore à les distinguer. Il y a cependant des différences :

> . . . . Facies non omnibus una
> Nec diversa tamen, qualem decet esse sororum.

Il y a surtout des variétés dans les caractères, qui ont produit de fortes nuances dans les talents. Aucun d'eux, je le crois, ne s'élève au-dessus de tous par un éminent génie. Mais quelques-uns, dans les aventures de leur vie et dans l'ardeur de leur passion, ont eu quelque chose de puissamment original, qui s'est communiqué à leurs poésies. Je ne sais si leur talent était supérieur ; mais leurs ouvrages éclatent et se distinguent. Ce sont, parmi ces hommes, ceux qui étaient adonnés au métier des armes. Cette vie guerrière du moyen âge, c'est là seulement qu'elle respire ; vous ne la retrouvez pas dans les chroniques latines. Lorsque le chroniqueur est un moine quelque peu savant, ce sont de vagues récits chargés de phrases de Tite-Live. L'intelligence de la guerre y manque toujours ; on ne sent pas, en lisant cela, comment, au xiie siècle, battait le cœur sous l'armure. On n'a aucune idée de cette race d'hommes fiers et belliqueux ; on n'imagine pas les vertus qui se mêlaient à leur courage féroce ; on ne conçoit ni leur grossièreté ni leur génie.

Au contraire, dans ces chevaliers poëtes, dans ces hommes de guerre qui chantaient la passion des armes, tout ce jeu d'une vie aventureuse, ce mélange de mollesse et d'instinct belliqueux, est rendu comme il est senti, avec une vivacité qui, parfois, égale l'accent même des grands poëtes. Mais comme cet effet tient à la passion encore plus qu'au talent, comme c'est l'éclair de l'héroïsme reflété dans les vers, en ce genre la poésie des troubadours n'a pas produit de longs ouvrages. Il n'y a pas là de Dante. Ce sont des effusions éloquentes et passagères de colère et de haine; ce sont des chants du moment. Tant que le guerrier troubadour a été sous le feu de sa passion, il a été poëte; mais ce génie habile, cet art profond, cette science surtout d'avoir longtemps du talent, il ne semble pas qu'elle leur ait été donnée. Puis, dans cette vie errante et agitée, elle n'était guère possible. Qui aurait retenu de longs poëmes? Ces chants fort répandus n'étaient conservés que par la mémoire; parmi les guerriers, plus d'un troubadour ne savait pas écrire. Bien que l'on ait prétendu que la mémoire seule avait d'abord transmis les grands poëmes homériques, l'exemple des troubadours et des chants populaires de la Grèce moderne me fait croire que, là où la civilisation est peu avancée, la poésie ne fait guère de longs ouvrages. Il faut donc nous borner à saisir, dans les vers des troubadours, les traits caractéristiques et nationaux inspirés par cette passion de la guerre, et ces accidents de la vie féodale.

Si vous voulez concevoir un moment ce qu'était un seigneur chanteur de ce temps-là, un guerrier troubadour, c'est à Bertram de Born qu'il faut vous adresser. Sa vie fut plus orageuse que celle de tous les autres troubadours, son caractère était plus fier et plus hardi, la rudesse du moyen âge est tout entière en lui. Cependant ses vers sont habilement entrelacés; des coupes savantes, des cadences harmonieuses et symétriques, un art que Pétrarque, dans les douceurs de sa vie cléricale, a trouvé cinquante ans plus tard, est déjà dans Bertram de Born, au milieu des agitations et des fatigues de sa vie guerrière.

On ne peut pas rendre cela. Voilà, comme l'a très-bien remarqué M. Wilhem Schlegel, toute une partie de la poésie des troubadours qu'il faut chercher dans l'original. La poésie française elle-même, maniée avec art, aurait peine à suivre tous les artifices du rhythme provençal. Je respecte, j'admire notre vers alexandrin; mais, je le dirai, il a quelque chose de lent, même quand on le précipite, qui ne pourrait pas remplacer cette vivacité, ces mouvements brusques, ces saillies, et en même temps ces retours de la poésie romane. Ainsi, quand j'essayerai de traduire au lieu de raisonner, quand je voudrai vous mettre en face d'un poëte belliqueux tel que Bertram de Born, j'aurai le regret de gâter, d'altérer ce qu'il a dit. Figurez-vous qu'une science presque égale à celle des poëtes de l'antiquité a dans l'original construit les paroles, nuancé, varié les sons, et joué avec le mètre; puis arrêtez-vous seulement aux pensées et à la passion.

Bien me plaît le doux printemps [1] qui fait venir les feuilles et les fleurs. Il me plaît d'écouter la joie des oiseaux qui font retentir leurs chants par le bocage. Il me plaît de voir sur la prairie tentes et pavillons plantés; et il me plaît

---

[1]
Be m play lo douz temps de pascor
Que fai fuelhas e flors venir;
E play mi quant aug la baudor
Dels auzels que fau retentir
 Lor chan per lo boscatge;
E plai me quan vey sus els pratz
Tendas e pavallos fermatz;
 E plai m'en mon coratge,
Quan vey per campanhas rengatz
Cavalliers ab cavals armatz;

jusqu'au fond du cœur de voir, rangés dans la campagne, cavaliers avec chevaux armés.

J'aime quand les coureurs font fuir gens et troupeaux. J'aime quand je vois à leur suite beaucoup d'hommes d'armes ensemble rugir; et j'ai grande allégresse quand je vois châteaux forts assiégés et murs croulants et déracinés; et que je vois l'armée sur le bord qui est tout à l'entour clos de fossés, avec des palissades garnies de forts pieux.

Il me plaît le bon seigneur qui est le premier à l'attaque avec un cheval armé, et se montre sans crainte, parce qu'il fait oser les siens par sa vaillante prouesse. Et quand il revient au camp, chacun doit s'empresser et le suivre de bon cœur : car nul homme n'est prisé quelque chose tant qu'il n'a pas reçu et donné bien des coups.

    E play mi, quan li corredor
    Fan las gens e'ls avers fugir;
    E plai me, quan vey aprop lor
    Gran ren d'armatz ensems brugir;
        Et ai gran alegratge,
    Quan vey fortz castelhs asseljatz,
    E murs fondre e derocatz,
        E vey l'ost pel ribatge
    Qu'es tot entorn claus de fossatz
    Ab lissas de fortz pals serratz.

    Atressi m play de bon senhor
    Quant es primiers e l'envazir,
    Ab caval armat, ses temor;
    C'aissi fai los siens enardir
        Ab valen vassallatge;
    E quant el es el camp intratz,
    Quascus deu esser assermatz,
        E segr'el d'agradatge;
    Quar nulhs hom non es ren prezatz
    Tro qu'a mauhs colps pres e donatz.

Nous verrons les lances et les épées briser et dégarnir les casques de couleur et les écus, dès l'entrée du combat, et les vassaux frapper ensemble, et fuir à l'aventure les chevaux des morts et des blessés ; et, quand le combat sera bien mêlé, que nul homme de haut parage n'ait autre pensée que de couper têtes et bras ; car mieux vaut un mort qu'un vivant vaincu.

Je vous le dis : le manger, le boire, le dormir n'ont pas tant de saveur pour moi que d'ouïr crier des deux parts : *A eux !* et d'entendre hennir chevaux démontés dans la forêt, et d'entendre crier : *A l'aide, à l'aide !* et de voir tomber dans les fossés petits et grands sur l'herbe, et de voir les morts qui ont les tronçons outrepassés dans leurs flancs.

    Lansas e brans, elms de color,
    Escutz traucar e desguarnir
    Veyrem a l'intrar de l'estor,
    E manhs vassalhs ensems ferir
        Don anaran a ratge
    Cavalhs dels mortz e dels nafratz ;
    E ja pus l'estorn er mesclatz,
        Negus hom d'aut paratge
    Non pens mas d'asclar caps e bratz,
    Que mais val mortz que vius sobratz.

    Ie us die que tan no m'a sabor
    Maujars ni beure ni dormir,
    Cum a quant aug cridar : A lor !
    D'ambas las partz ; et aug agnir
        Cavals voitz per l'ombratge,
    Et aug cridar : Aidatz ! aidatz !
    E vei cazer per los fossatz
        Paucs e grans per l'erbatge,
    E vei los mortz que pels costatz
    Au los tronsons outre passatz.

Barons, mettez en gage châteaux, villages et cités, avant qu'aucun vous guerroie.

Et toi, Papiol, cours vite vers *Oui et Non*; dis-lui qu'ils sont trop longtemps en paix.

Savez-vous quel était ce *Oui et Non?* C'est Richard Cœur-de-Lion. Richard était politique en même temps que guerrier; il n'était pas toujours pressé de faire la guerre; il disait oui et non; et le troubadour, dans sa gaîté moqueuse, lui fait de sa prudence un sobriquet injurieux. Voyez avec quelle irrévérence il traite les rois!

Il n'avait pas beaucoup mieux traité sa propre famille.

Mon frère, dit-il quelque part, veut avoir la terre de mes enfants; il veut que je lui en cède une partie. On dira peut-être que c'est méchanceté de ne pas lui céder le tout, de ne pas me réduire à devenir son humble vassal; mais je le déclare, il s'en trouvera mal s'il ose disputer avec moi : je crèverai les yeux à qui voudra m'ôter mon bien. La paix ne me convient pas; la guerre seule me plaît. Je n'ai égard ni aux lundis, ni aux mardis. Les semaines,

> Baros, metetz en gatge
> Castels e vilas e ciutatz,
> Enans q'uesquecs no us guerreiatz.
>
> Papiol, d'agradatge
> Ad Oc e No t'en vai viatz,
> Dic li que trop estan en patz.

les mois, les années, tout m'est égal. En tout temps, je veux perdre quiconque me nuit. Fussent-ils trois, quelle que soit leur puissance, ils ne gagneront pas sur moi un pouce de terre. Que d'autres cherchent, s'ils veulent, à embellir leurs maisons et à se faire une vie douce. Pour moi, faire provision de lances, de casques, d'épées, de chevaux, c'est ce que j'aime. A tort ou à droit, je ne céderai rien de la terre de Haute-Fort : elle est à moi ; et on me fera la guerre tant qu'on voudra.

Bertram de Born avait encore d'autres châteaux près de Limoges, notez ceci, Messieurs. Rien au monde n'est plus ridicule que les prétentions ou les préjugés de pays; et personne ne croit ces plaisanteries dénigrantes, que les habitants des diverses provinces se renvoient les uns aux autres. Certes, je tiens les habitants de Limoges tout aussi spirituels que ceux du reste de la France; et dans cette réunion nombreuse de jeunes gens venus de toutes les provinces, je suis sûr qu'il y a des Limousins qui valent les Provençaux et les Toulousains. Cependant un préjugé contraire a été quelquefois exprimé, d'abord par Rabelais, qui ne respectait rien : vous vous souvenez de cette scène si piquante où Pantagruel, ennuyé du mauvais français latinisé d'un écolier de l'Université, lui dit en le rudoyant : « Tu veux parler comme un Démosthène de Grèce, et tu n'es qu'un Limousin de

Limoges. » Vous savez aussi combien Molière, qui respectait si peu de choses, a quelquefois cherché à jeter du ridicule sur les Limousins. Eh bien, par une expiation anticipée, cette poésie vive, brillante, cet éclat de trompette, ce son de lyre, cette verve, ce génie musical, tout cela vient de la banlieue de Limoges. J'en conclus que les habitants de toutes les parties de la France sont également spirituels, et que peu de pays ont été mieux pourvus par la nature.

Pour choisir aujourd'hui parmi les troubadours (car le nombre est une difficulté de cette étude), nous nous sommes arrêtés à celui qui rend le mieux l'accent guerrier de ce temps, et que l'on peut nommer le *Tyrtée* du moyen âge. La langue qu'il parlait, et qui portait le nom de langue *limosine*, de *provençale*, de *catalane*, était alors à son plus haut degré de perfection poétique, naturelle et forte. C'est la langue qu'ont étudiée Pétrarque et le Dante. Dans cette langue, nous avons à considérer encore plus d'un poëte, célèbre sans être supérieur aux autres ; mais célèbre par des circonstances étrangères à son génie, célèbre parce que Pétrarque l'a nommé, célèbre parce qu'il porte un nom historiquement conservé parmi nous. Il y a beaucoup de familles qui trouveraient leurs plus glorieux ancêtres dans les troubadours de ce temps-là. Il y a une famille entre autres, dont je ne veux pas prononcer le nom, famille très-dévouée à la monarchie, et qui a bien produit le troubadour le plus turbulent, le plus hardi, le plus factieux que l'on ait vu dans le xiie siècle.

QUATRIÈME LEÇON.

Sources étrangères de la poésie provençale; digression à ce sujet. — Quelques traces du souvenir de l'antiquité ; mais surtout imitation de la poésie arabe. — Double influence du génie oriental sur l'Europe, par les deux moyens les plus opposés. — Civilisation des chrétiens, d'abord moins adonnée aux arts que celle des Arabes. — Splendeur des Maures d'Espagne ; leur ascendant sur l'imagination des chrétiens méridionaux ; détails à cet égard. — Caractère de leur poésie. — Ses ressemblances avec la poésie des troubadours ; citations ; rapprochements.

Messieurs,

Nous avons épié le premier réveil de la poésie en Europe. Déjà, dans quelques chants des troubadours, nous avons entrevu la naissante originalité du génie moderne. Il faut revenir sur nos pas, ou du moins nous détourner un moment, par une digression difficile pour moi, mais que je ne puis éviter.

Cette poésie, dont je vous ai déjà fait entendre quelques accents, était-elle entièrement indigène et spontanée ? Le travail ordinaire de notre critique moderne, la recherche des premières origines, la découverte des emprunts qu'une littérature fait à l'autre, ne doit-elle pas nous occuper ici ? cette poésie des troubadours, est-ce un don du ciel de Provence, qui naquit là, comme une fleur des champs? n'eut-elle aucun germe apporté de loin ? L'opinion des savants, et des plus savants, est, à cet égard, fort diverse. Écoutez-vous le docte Andrès, il vous dira que la poésie provençale, imitée par Pétrarque et le Dante, ne tenait rien de l'influence des Arabes [1]. Lisez-vous au contraire des hommes qui ne sont pas plus orientalistes que moi, mais fort savants d'ailleurs, M. Ginguené et M. Sismondi; à leurs yeux la littérature provençale est une perpétuelle imitation de la littérature arabe.

Mais d'abord, la poésie provençale n'a-t-elle pas puisé à quelque autre source ? L'antiquité lui fut-elle aussi complétement inconnue qu'on le suppose ? cette séparation que nous avons indiquée entre les deux civilisations qui se partageaient l'Europe, l'une libre et chantante, l'autre monacale et renfermée, ce divorce du monde et du cloître était-il tellement rigoureux,

---

[1] Egli è vero che nelle composizioni de' Provenzali non si scorge vestigio d'arabica erudizione, ne v'è segno alcuno d'essersi formati i provenzali poeti su le poesie degli Arabi. (ANDRÈS, dell' Origine e de' progressi d'ogni letteratura, t. 1, cap. 11.)

que nul souvenir classique ne parvint aux poëtes en langue vulgaire? M. Ginguené le croit; il a dit que l'on ne rencontrait dans les troubadours aucune trace, aucune réminiscence, même involontaire, de la poésie antique. Cela n'est vrai qu'en partie. Sans doute Bertram de Born, et tel autre poëte chevalier, fut trop occupé de guerre et de coups d'épée pour avoir étudié aucun manuscrit grec ou latin; mais il n'en était pas de même de tous les troubadours : quelques-uns d'entre eux ont appartenu aux deux civilisations, aux deux littératures. Arnaud Daniel, de qui le célèbre Arnaud d'Andilly prétendait descendre, avait beaucoup écrit en latin dans sa jeunesse, et avait composé en langue romane un chant qu'il appelait *les Visions du Paganisme, las Phantomarias del Paganisme*. Voilà un homme qui était arrivé à la poésie populaire, en passant par l'érudition. Tel autre troubadour, dans sa jeunesse, avait été envoyé à Toulouse pour étudier le droit canon; et, après l'avoir longtemps appris, l'avait laissé là pour la *gaye-science*.

La poésie provençale n'est donc pas aussi exempte, aussi pure qu'on le croit, de tout souvenir de l'antiquité, de tout emprunt classique. Dans le petit nombre de poésies *romanes* que j'ai pu étudier, je trouve quelques imitations littérales de l'antiquité et quelques allusions mythologiques. Voici d'abord un exemple minutieux, mais frappant. Ovide avait dit :

> Naso tibi mittit, quam non habet ipse, salutem.
>
> Ovide vous envoie le salut qu'il n'a pas.

Je trouve la même expression, le même jeu de paroles dans un poëte provençal, *envoyant à sa dame le bonjour qu'il n'a pas*. Il y a, je crois, ici plus d'imitation que de rencontre accidentelle. Ailleurs, une strophe élégante d'un troubadour rappelle la fable de Narcisse. Bernard de Ventadour emprunte à Ovide la comparaison de cette lance qui, seule, pouvait guérir les blessures qu'elle avait faites :

> Vulnus in Herculeo quæ quondam fecerat hoste,
> Vulneris auxilium Pelias hasta tulit.

Ce petit nombre de rapprochements permet de croire que l'antiquité classique n'avait pas impunément existé pour l'imagination des Provençaux, et que, soit par tradition, soit autrement, ils en ont reçu quelque influence. Ce ne sont pas, comme nous l'avons dit, leurs plus grands poëtes, ceux qu'animait une verve belliqueuse : ils n'avaient pas le temps de lire. Seulement, on peut croire qu'il circulait dans la poésie provençale quelque réminiscence vive et gracieuse de l'antiquité ; mais elle n'y dominait pas, et devait s'effacer sous le coloris national et contemporain.

Un dernier exemple prouvera bien au delà de mes premières paroles. Il y a tel poëte provençal qui semble presque un érudit pour le temps :

C'est raison et justice (dit ce poëte), tant qu'on est au monde, que chacun apprenne de ceux qui savent le plus. Jamais la sagesse de Salomon, et le savoir de Platon, et le génie de Virgile, d'Homère et de Porphyre, et des autres doctes que vous avez entendu nommer, n'auraient été prisés, s'ils eussent été célés.

Voilà Porphyre, que nous autres hommes de collége lisons à peine, et qui est cité assez mal à propos, mais du moins connu d'un troubadour. Au reste, bien qu'on ne puisse mettre en doute ces réminiscences de l'antiquité, leur influence est médiocre et légère dans l'ensemble des productions qu'on doit à la muse méridionale. Il faut chercher ailleurs ; il faut porter ses regards vers une autre origine, d'autant plus que les analogies entre les littératures ne consistent pas dans un petit nombre d'emprunts accidentels, ou même dans quelques imitations systématiques ; mais surtout dans les rapports de climat, de mœurs, de génie, qui font qu'un peuple est porté naturellement à se modeler sur un autre peuple, une époque sur une autre époque. Or, la poésie méridionale du moyen âge, par son allure vive, libre, hardie, légère, par ses préoccupations habituelles, par son enthousiasme, par la forme métrique qu'elle a adoptée, se rapproche très-peu de l'antiquité ; les influences qui en sont arrivées jusqu'à elle ne l'ont pas pénétrée, ne l'ont pas animée : ce n'est point là son origine et sa famille. La véritable similitude, la parenté de génie n'existe pour elle qu'avec cette littérature de l'Orient, dont il faut vous parler, malgré mon ignorance.

Ma seule excuse dans cette tentative bizarre, faite au reste si souvent qu'on s'étonne moins de la renouveler, c'est que le point de vue dans lequel se place aujourd'hui l'homme qui parle de la littérature orientale, sans savoir un mot de langue arabe, ressemble à celui même où se trouvaient souvent les peuples et les poëtes du moyen âge qui reçurent l'impression de cette littérature étrangère sans l'avoir regardée en face. C'est par mille détours que le souffle de la poésie arabe, le parfum de l'Arabie, est arrivé dans notre Occident, et que cette verve orientale passa jusqu'à nos Méridionaux, qui sont presque des gens du Nord pour les Arabes. Ce n'est pas, en effet, par l'étude et par la méditation des recueils immenses de la littérature arabe que nos Européens du moyen âge ont reçu cette empreinte africaine et asiatique ; c'est par une transmission invisible, par une contagion poétique et populaire. Mariana rapporte que dans le xie siècle, au siége de Calcanassor, un pauvre pêcheur chantait alternativement en arabe et en langue vulgaire une complainte sur le sort de cette malheureuse ville. Le même air s'appliquait tour à tour aux paroles étrangères et nationales. On le voit par cet exemple : en Espagne, la guerre et le commerce fréquent des deux peuples avaient répandu la connaissance de la langue arabe parmi les chrétiens, et l'on ne peut douter que les Arabes à leur tour n'eussent appris la langue vulgaire du peuple conquis : or, cette langue vulgaire, dans la Catalogne, n'était autre que la langue provençale qui recevait ainsi naturellement les impressions de l'esprit arabe. L'idiome vulgaire parlé dans les autres parties de l'Espagne était, nous le croyons et nous le prouverons, distinct et séparé de notre langue romane. Mais, né du latin comme elle, en ayant même gardé davantage les consonnances éclatantes, il était facilement compris de tous les peuples de l'Europe latine, et ne pouvait se charger des teintes de l'esprit arabe sans les communiquer à ces peuples.

Remarquez, Messieurs, l'influence de ce séjour des Maures au milieu de l'Espagne, et de cet intime commerce, de cet échange d'idées, que la conquête, la paix, la tolérance, les guerres et les traités établirent entre les deux races. Oh! quel magnifique lieu commun je pourrais faire en ce moment sur la littérature orientale! Comme il me serait facile, aidé du *Journal des Savants*, de remonter jusqu'à l'époque antérieure à Mahomet, jusqu'aux sept poëmes suspendus dans le temple de la Mecque; puis de retracer cet instinct poétique des Arabes, cette vie pastorale toujours la même dans l'immense étendue du désert, cette imagination colorée des feux du soleil, et qui reproduit, sans se lasser jamais, les trésors d'une nature si riche, et trouve d'inépuisables expressions pour peindre une gazelle, ou un orage! Mais je n'aurais que des impressions qui seraient des plagiats, que des réminiscences de livres, que des souvenirs de la troisième main, que des réverbérations d'enthousiasme : aussi je ne l'essaie pas. Je m'attache seulement à une de ces observations que

tout le monde peut faire, et que vous jugerez.
Remarquons d'abord l'intime analogie entre le
génie hébraïque proprement dit, et le génie
oriental. La Bible, dans sa partie humaine et
poétique, la Bible, lorsqu'elle n'est que sublime,
est arabe. Job est un Arabe. Quand vous lisez
ce poëme dans la traduction si vive, si brusque,
si orientale de saint Jérôme, à cette description
du cheval, si frémissante de poésie, à ces entretiens de Job avec ses amis, à ces paroles magnifiques pour peindre les splendeurs de la
création, vous êtes au milieu des sites, des
mœurs et de l'imagination arabes; vous êtes
dans le désert et sous la tente; vous sentez mieux
cette nature orientale que par aucun récit, aucune recherche profonde.

J'admets, comme le dit le docteur Lowth, que
le sublime du livre de Job ait dégénéré, quand
on le retrouve dans les vieilles poésies purement
arabes. Mais il y a du moins une grande et per-
sistante analogie pour la forme, pour l'audace
des images, la vivacité des tours, les perpé-
tuelles allégories du langage, la personnification
poétique de toutes les parties de la nature : c'est
le caractère arabe-hébraïque. Eh bien, Messieurs, cet esprit européen qui est raisonnable,
sagace, ingénieux, mais qui naturellement n'a

pas ces vives allures d'enthousiasme, et ces débordements de poésie, deux fois à cette époque, tout enseveli qu'il était dans le chaos du moyen âge, il reçut l'ardente et vivifiante impression du génie oriental; d'abord, en allant à la messe, en écoutant les chants de la liturgie et les traditions miraculeuses de la foi. Sans les analyser ici sous le point de vue poétique, comme l'a fait un illustre écrivain, bornons-nous à dire que le génie oriental, la poésie hébraïque y coulent à pleines sources; et que ce sublime religieux et quotidien, cette poésie des prières du matin et du soir, agissaient sur l'imagination des Européens, et devaient leur donner quelque chose de hardi, de vif, que n'avait pas même l'imagination grecque et latine. Ainsi, première influence, influence pieuse et canonique de l'imagination orientale, passant par le christianisme, et allant réchauffer les esprits du Septentrion. Cette influence est, en partie, restée jusqu'à nos jours dans la verve mystique des Allemands, chez qui le premier modèle d'éloquence, en langue vulgaire, fut la version de la Bible par Luther. Elle est également reconnaissable dans Shakspeare, dans cet homme du Nord, qui a chargé son langage de tant d'*orientalismes*.

A côté de cette transmission orientale reçue

par la foi des peuples de l'Europe, il en vient une autre apportée par les infidèles, par les musulmans. C'est une nouvelle secousse donnée à l'esprit européen, une seconde impulsion vers l'Orient. En même temps que la prédication chrétienne, les prières chrétiennes, les paraboles des livres saints, et les vieilles légendes des premiers siècles, nées de la Bible et du génie oriental, agitaient les imaginations grossières et engourdies des barbares occidentaux, voilà que l'invasion des Arabes vient apporter une nouvelle flamme, un nouveau foyer asiatique en Europe. On l'a dit : l'Alcoran est un immense plagiat de la Bible. Il est manifeste, et le savant Hyde l'a démontré, que Mahomet, dans sa grande idée d'enlever l'Arabie aux superstitions idolâtres, et de la reporter vers la croyance d'un Dieu unique, fut inspiré par les Livres saints, depuis longtemps répandus dans l'Orient. Des récits conformes ou faiblement altérés, des allusions fréquentes, des paraboles prises dans le même sens, des imitations de formes et de langage, font reconnaître cette source dans l'ouvrage du prophète arabe. L'Alcoran, porté par les Arabes dans une partie de l'Europe, rappelé sans cesse dans toutes leurs paroles, et connu même des Espagnols qui ne l'adoptaient pas, agita de nouveau les esprits européens dans le sens oriental. Ainsi, les deux influences les plus diverses, les deux forces les plus antipathiques, venaient, du fond de l'Asie, se réunir pour exciter l'esprit de notre Occident, et lui communiquaient quelque chose de ce génie oriental qui a été la source de toute religion et de toute poésie.

Il reste à vérifier si, dans la civilisation particulière des Arabes qui subjuguèrent l'Espagne, dans les communications des Espagnols avec eux et avec les peuples du midi de la France, on peut retrouver les traces d'une influence exercée sur l'origine et les développements de la poésie provençale.

Quand on jette un coup d'œil rapide sur l'Europe du ixe et du xe siècle, il est impossible, même à l'ignorance, de ne pas reconnaître cette primauté singulière du génie arabe, pendant une partie du moyen âge. Oui, dans un coin de l'Italie, dans cette Rome dont le nom était encore la plus grande puissance du monde, au ixe siècle, il y a une source immense de civilisation. Mais ce qui est l'instrument de cette civilisation en est d'abord la seule forme et la seule pensée. Rome n'est encore que théologique. Il y a bien dans sa théologie des prodiges de civilisation à venir, des arts, de l'érudition, du génie; mais tout cela est brut et enveloppé. Rome ne songe pas encore à transporter le dôme du Panthéon, à créer des chefs-d'œuvre; elle n'a ni sculpteurs, ni peintres, ni poëtes. Elle n'a encore que des prêtres; de même que l'ancienne Rome n'avait que des soldats dans les commencements de sa grandeur. Aux XIIe, XIIIe et XIVe siècles, ces grands papes qui ont changé le monde en le dominant, qui le conduisaient insensiblement et involontairement, je le crois, à la supériorité des arts et des lumières, ils ne s'entouraient encore d'aucun des brillants prestiges qui devaient sortir plus tard de cette puissance; ils s'enfermaient tout entiers dans la théologie, parce que la théologie était pour eux la souveraineté. Ainsi donc, la force de civilisation qui siégeait à Rome était grande, féconde; mais elle était bornée dans ses premières formes; elle n'était ni ingénieuse, ni savante; elle s'adressait à l'imagination mystique, et non pas à la pensée multiple et variée par les arts : tandis que (mais quelqu'un ne va-t-il pas m'accuser d'une préférence pour le mahométisme? non, l'absurdité serait trop forte), tandis que cette autre civilisation, cette civilisation mahométane, qui devait si vite se tarir et s'épuiser, qui ne portait pas en elle le même principe de grandeur, roule d'abord par torrents l'imagination et la science.

L'Asie et la côte d'Afrique furent remplies par les Arabes de l'éclat et du luxe des arts. Des villes que l'on croirait barbares, Balke, Samarcande, avaient des universités célèbres, des écoles plus fréquentées que les nôtres. Un souverain arabe imposait, pour tribut, à l'empereur grec de lui envoyer le plus qu'il pourrait de manuscrits antiques. Plusieurs de ces princes qui habitaient les palais enchantés de Bagdad, pendant un long règne, n'eurent pas de soin plus empressé que d'encourager les savants et les poëtes, de rassembler de vastes bibliothèques, et de faire traduire ou composer des ouvrages. Les noms d'Aaroun-al-Raschild et de son fils Al-Mamoum marquent le commencement de cette ère glorieuse qui se continua sous leurs successeurs. Jamais ni Léon X ni Louis XIV ne protégèrent les lettres avec plus de prédilection et de magnificence. Sans doute, à toute cette littérature manquait la vie, c'est-à-dire la liberté. Ne croyez pas, sur la parole de quelques orientalistes, qu'il se soit alors élevé des orateurs comparables à Démosthène : il n'y a pas de grand orateur sous l'empire d'un kalife ; mais, dans les académies de Bagdad et de Cufa, on vit fleurir une éloquence vague et pompeuse, telle qu'elle est permise à l'esclavage. Cette littérature, dans tout ce qui n'était pas le jeu de l'imagination, manquait de grandeur et d'énergie; mais elle était brillante dans sa poésie, savante dans ses formes.

Non-seulement elle eut cette abondance de fictions riantes et de récits poétiques, naturels à la jeunesse d'un peuple d'Orient; mais elle connut aussi tous les travaux des littératures vieillies. Cet âge de la civilisation arabe produisit des grammairiens sans nombre, des professeurs, des commentateurs, des auteurs de dictionnaires et de recueils variés sous toutes les formes. A Fez et à Maroc, on dissertait et on compilait, comme à Paris de nos jours. La littérature arabe prit encore un autre caractère en passant d'Afrique en Espagne. C'est là surtout que nous pouvons l'entrevoir, à travers le voile de la traduction et le reflet de l'imitation populaire. C'est de là surtout qu'elle agit sur l'imagination de nos Méridionaux, avec d'autant plus de puissance et de rapidité, qu'elle leur était analogue. Remarquez-le en effet, Messieurs; ce n'était pas la première épreuve de cette influence naturelle de l'Orient sur le Midi. Dans le beau temps des Romains, n'entendez-vous pas Cicéron accuser souvent ce qu'il appelle *asianum genus*, le genre asiatique, et se plaindre de cette élocution fastueuse et emphatique, qui venait corrompre la pureté de l'atticisme romain? Deux siècles après, d'autres écrivains de Rome imputaient à cette même influence la perte du goût et l'exagération nouvelle du style : *Ventosa ista et enormis loquacitas ex Asia nuper commigravit.* C'était donc une expérience déjà faite, que toutes les fois que l'imagination asiatique venait toucher l'imagination méridionale de l'Europe, elle lui communiquait quelque chose de fastueux et de désordonné. Les peuples espagnols, par leur climat, par leur zèle religieux et leur vie chevaleresque, étaient particulièrement disposés à recevoir cette influence. Et puis, comment voulez-vous qu'il n'y eût pas complaisance, imitation empressée pour le génie des vainqueurs si brillants qui remplirent l'Espagne de la pompe de leurs monuments? Certainement, dès le xiii⁰, et peut-être dès le xii⁰ siècle, les arts chrétiens et occidentaux firent de grandes choses, surtout dans l'architecture. Ceux qui s'y connaissent sont frappés de cette puissance de génie qui, à une époque où la pensée était encore enveloppée et trouvait à peine des formes de langage, bâtissait des idées avec des pierres, et faisait, si l'on peut parler ainsi, des poëmes épiques avec des cathédrales.

Mais, bien avant ce glorieux essor du génie chrétien se manifestant par l'architecture, le génie arabe avait élevé de nombreux monuments. Je n'examine pas quelles objections peuvent s'adresser, sous le rapport de l'art, à cette architecture arabe; mais sa variété, ses coupes hardies et capricieuses, toutes ses pompes devaient puissamment saisir l'imagination des peuples vaincus; et les Arabes, à certains égards, leur apparaissaient comme des maîtres protégés par ces génies heureux de l'Orient, qui les aidaient à construire tant de magnifiques édifices brillants de marbre et d'or. La richesse prodigieuse que les Arabes apportèrent ou firent naître en Espagne est attestée par toutes les vieilles chroniques espagnoles : « Ils nous ont pris notre terre, disaient-elles; mais ils l'ont couverte d'or. » Cette pauvre Espagne, à laquelle ses vainqueurs même ont apporté tant d'or, qui est allée chercher tant d'or en Amérique, et qui est le pays du monde où il y en a le moins!

Figurez-vous, Messieurs, qu'au IXe et au Xe siècle, c'est-à-dire à une époque où nous ne pouvons placer avec certitude aucun monument des arts, parmi les chrétiens, et même au commencement du xie siècle, où la vie des temps féodaux était encore si rude, si barbare, où un riche baron habitait une tourelle fortifiée de murs épais et mal éclairée par quelques lucarnes, Séville, Tolède, Grenade étaient remplies de somptueux palais. Si ces édifices offraient dans leur construction quelque défaut ou quelque irrégularité, ils étaient embellis par tous les artifices d'un art ingénieux, et plus voisin de l'affectation que de la négligence. La magnificence orientale les animait d'un éclat dont les petites cours de l'Europe chrétienne, et même la cour de Charlemagne, ne pouvaient donner l'idée. La vie féodale était étrangère aux Arabes; mais le plus grand luxe du moyen âge, ce cortége de nombreux vassaux, se retrouvait dans la vie arabe. C'était la pompe du patriarche, au lieu de celle du seigneur; c'était l'union de la famille puissante, de la tribu, substituée à la domination du maître et au servage des vassaux. Ces opulentes tribus des *Abencerrages* et des *Zégris* ajoutaient à la magnificence des trônes de Grenade et de Cordoue, et brillaient d'un éclat extraordinaire dans les fêtes. Le pays tout entier était enrichi par l'industrie de ses vainqueurs.

Quelle occupation restait-il, au milieu de

cette prospérité pompeuse, interrompue seulement par des guerres contre d'anciens Espagnols cantonnés dans leurs pauvres petites forteresses, du fond desquelles cependant ils devaient sortir pour vaincre ? Le commerce et la culture des arts et des lettres.

Il existe un catalogue fait par le savant *Yriarté*. En le parcourant, on est étonné du nombre prodigieux d'auteurs arabes nés en Espagne, et de la foule d'ouvrages sur la philosophie, la poésie, l'éloquence, les arts industriels, l'agriculture, qui dorment ensevelis dans la bibliothèque de l'Escurial, et qui furent autrefois présentés aux rois de Grenade et de Cordoue. Il n'est pas douteux que de cette source il ne se soit répandu sur l'Europe plusieurs de ces inventions ingénieuses, qui, vers les xie, xiie et xiiie siècles, se montrent tout à coup, sans date certaine, et sans nom d'auteurs. Cette incertitude même atteste leur origine; et cette origine explique comment elles parurent sur divers points en même temps, et furent importées par plusieurs personnes à la fois. Ainsi, l'usage du papier, la boussole, l'invention de la poudre, semblent être venus de l'Orient par les Arabes, dont le vaste empire, par ses extrémités opposées, touchait à la Chine et à la France.

Mais ce qui nous occupe en ce moment, ce n'est pas cette influence, cette transmission de découvertes, si difficile à constater; c'est surtout le mouvement donné à l'imagination, l'action sur la pensée poétique, sur le développement des lettres en Occident. A cet égard, les faits abondent. A défaut de l'étude, impossible pour nous, des originaux, nous pouvons recueillir des anecdotes répandues dans le moyen âge, et qui attestent cette influence. Au xe siècle, Gerbert, ce savant homme, après avoir étudié dans le monastère d'Aurillac, voulant étendre ses connaissances et s'enfoncer dans les arts profonds de l'Orient, se rend à Tolède. Là, pendant trois ans, il étudia les mathématiques, l'astrologie judiciaire et la magie, sous des docteurs arabes. Revenu de ce docte pèlerinage, il fut supérieur de Bobio, un des couvents du moyen âge qui avait conservé le plus de manuscrits antiques; de là, il devint précepteur du fils de Hugues Capet; puis évêque de Reims, d'où il passa au service de l'empereur d'Allemagne, qui le fit nommer archevêque de Ravenne, et ensuite pape, sous le nom de Sylvestre II. Un pape sorti de l'école des Arabes!

Ce n'est pas tout; lisez les chroniques du temps et les récits des plus graves auteurs, le

Speculum historiale de Vincent de Beauvais, du précepteur de saint Louis, vous y trouverez, à ce sujet, une histoire où se reconnaît toute l'influence arabe, et qui entoure d'une espèce de voile magique la personne mystérieuse de Gerbert. Il est dit que Gerbert, devenu pape, et tenant à Rome les clefs de saint Pierre, possédait encore ces secrets merveilleux, qu'il avait appris en Espagne des sages d'Orient. Un jour, il découvrit dans les ruines de Rome une statue d'airain, d'un travail précieux, qui avait un doigt indicateur tourné vers l'Orient; il s'approcha de cette statue, il la toucha; la statue frappée se fendit, et donna passage. Gerbert descendit dans une avenue souterraine éclairée de mille lampes, et parcourut de vastes salles éblouissantes de lumière et remplies de statues d'or et de marbre, avec des diadèmes enrichis de diamants. Je ne sais pas ce que Gerbert, ou Sylvestre II, fit de ces trésors. Il remonta, et bientôt après mourut. Cette mort est obscure, et enveloppée, dans le récit original, d'une sorte de terreur magique et presque diabolique. Le chroniqueur a l'air de croire que la puissance surnaturelle accordée à ce pape, et qu'il tenait de la science orientale, tourna contre lui.

Qu'est-ce que tout cela, Messieurs? Un conte

arabe, un fragment des *Mille et une nuits*, lié naturellement, par l'imagination des contemporains, au souvenir de cet homme qui était allé étudier à Cordoue les merveilles de l'Orient. Cette légende du moyen âge atteste l'impression des contes orientaux sur l'esprit des gens de France et l'Italie. Les moines ennemis de Gerbert qui, au xi° siècle, racontèrent cette histoire, faisaient, comme nous, de l'arabe, sans le savoir; ils ignoraient la véritable source de ce conte mystérieux qui poursuit Gerbert devenu pape après avoir été disciple des astrologues musulmans. C'est ainsi qu'un grand nombre d'idées se répandent anonymes dans le monde; on n'en sait pas l'auteur, et on subit leur puissance.

. Maintenant cette civilisation arabe, dont les traditions se trouvent ainsi dispersées dans l'histoire anecdotique de quelques hommes célèbres du moyen âge, nul doute qu'elle n'ait agi particulièrement sur les peuples les plus rapprochés de l'Espagne. Les Provençaux et les Catalans étaient sans cesse en communication; des chevaliers provençaux visitaient la cour des comtes de Saragosse. Pendant soixante ans, la même maison gouverna les deux pays. Les chevaliers arabes, c'est l'expression des chroniques, visitaient les cours des princes chrétiens d'Espagne et de Sicile. Quelques-uns d'entre eux étaient, comme les troubadours, poëtes et guerriers. Il savaient les langues des chrétiens méridionaux; et plus d'une fois le chant mêlé du pêcheur de *Calcanassor* se renouvela dans le palais d'un roi espagnol, en présence des chevaliers et des dames.

Quelle était alors cette poésie arabe? Galante, passionnée comme l'Orient, guerrière comme l'islamisme à sa naissance; elle ne se perdait pas en longs récits; elle n'en avait pas la patience. Elle était lyrique. La *gazelle* et la *casside* étaient ses formes favorites. Le nom de *gazelle* semble indiquer et dessiner devant vous cette poésie svelte et gracieuse; rien ne ressemble mieux, pour la forme, aux chants d'amour de la Provence.

Il n'y a pas de poëmes dramatiques chez les Arabes. Leur génie est tout conteur, et ami du merveilleux; mais leurs poésies offrent quelques modèles de dialogue ou de discussion entre un poëte et un amant malheureux, entre deux poëtes rivaux; c'est ce que vous retrouvez dans les *tensons* des Provençaux.

Un autre élément de la poésie moderne, la rime, était orientale. J'ignore si la rime se trouve dans la poésie hébraïque. Saint Jérôme, qui avait appris l'hébreu à Bethléem, où il traduisit les Livres saints, prétendait y retrouver l'hexamètre latin, et n'indique aucun autre caractère du mètre hébraïque. On concevra comment une semblable question a pu rester indécise pour une langue dont la prononciation est perdue, et où les voyelles sont retranchées dans l'écriture. Cependant Voltaire, qui n'est pas à cet égard une grande autorité, affirme que le vers hébreu est rimé. Il cite à l'appui un *rabbin* qu'il avait choisi pour précepteur d'hébreu, et qui lui montra, dit-il, dans le texte saint, deux petits vers qui rimaient.

Quant à la poésie arabe, la question n'est pas douteuse. Les orientalistes disent qu'une grande partie des poésies arabes, sinon toutes, est rimée; que cette rime est quelquefois une assonance; que souvent elle est pleine, redoublée, entrelacée, distribuée par échos; et que la poésie arabe, si hardie dans ses images, si emportée, si capricieuse, est singulièrement savante, symétrique, artiste par la forme.

Tel est aussi le caractère de la poésie provençale. Sous ce rapport, elle ne ressemble nullement aux poésies des *trouvères*, et à d'autres essais des langues naissantes. Vous trouverez dans la poésie provençale tout l'art d'entrelacer les rimes, toute la science de mètre, tout le calcul de consonnances habilement mêlées, toutes les règles quinteuses et difficiles qu'on peut s'imposer à soi-même pour multiplier les effets de l'harmonie. L'art savant et ingénieux des poëtes modernes le céderait aux procédés métriques et aux artifices de style employés, par qui ? par un guerrier, par Bertram de Born. On s'étonne de voir cette rude et vive nature se plier ainsi, et se laisser emboîter dans les formes de versification les plus symétriques. J'imagine que les chants arabes et espagnols avaient pu donner, par la musique même, le type de cette poésie provençale, si rigoureusement asservie dans ses mètres.

Cependant il est une autre origine probable de la rime moderne. On a remarqué combien les consonnances sont anciennes dans la poésie latine. On se souvient de ces vers rapportés par Cicéron :

> Hæc omnia vidi inflammari,
> Priamo vi vitam evitari,
> Aras sanguine fœdari.

Ces désinences uniformes, certainement, ont une intention. Enfin, dans tout le moyen âge, la rime vous arrive par la grossièreté même des poëtes.

Au x⁰ et au xi⁰ siècle, on trouve un grand nombre de vers latins rimés; mais cette rime pouvait paraître alors empruntée de la poésie vulgaire. Les chants d'église en langue latine en avaient, bien des siècles auparavant, consacré l'usage. Les assonances et les consonnes redoublées y prennent parfois une majesté singulière :

> Dies iræ, dies illa,
> Solvet sæclum in favilla,
> Teste David cum sibylla.

Nul doute que, lorsque la répétition fréquente de ces syllabes uniformes était soutenue par la majestueuse lenteur du chant grégorien, elle devait avoir beaucoup d'empire sur les âmes. Et quand un poëte moderne, GOËTHE, a fait de ce chant même un moyen dramatique, un instrument de terreur et de remords qui trouble l'imagination d'une jeune femme, il a parfaitement senti ce que le son de ces finales terribles ajoute à l'émotion religieuse.

Maintenant, Messieurs, pour nous résumer : incontestable supériorité de la civilisation arabe au milieu du ix⁰ et du x⁰ siècle; chef-lieu de cette civilisation en Espagne; influence exercée par le voisinage, la communication des cours, le mélange des peuples; reflet de l'imagination et de la poésie arabe parmi les chrétiens du Midi; nouvel art des vers; application de la rime, dont l'origine est incertaine, double peut-être, mais dont l'emploi savant et calculé chez les Provençaux se rapproche, dit-on, des formes de la poésie arabe.

Essaierons-nous, par quelque exemple, de marquer ou plutôt de conjecturer le caractère de cette poésie arabe, telle que l'Espagne la connut au xe siècle? Prenons le *mot à mot latin* d'un texte arabe, et traduisons-le fidèlement. Ne choisissons pas dans les poëtes les plus anciens et les plus célèbres. Non, c'est la civilisation poétique de l'Arabie espagnole, si l'on peut parler ainsi, que nous voulons montrer. Ce fut celle-là qui devait agir sur les cours chrétiennes de l'Espagne et de la Gaule méridionale. Nous prendrons la description du palais d'un roi maure. Ce luxe des fêtes, cette richesse orientale qui se communiquait à la poésie nous apparaîtra tout entière dans un pareil exemple.

Ces vers ont été faits, par un poëte de cour, en l'honneur d'Al-Mansour, c'est-à-dire le *Victorieux*. C'est le seul mot arabe que je sache.

Al-Mansour était kalife de Cordoue, et l'un de ces princes maures qui ont le plus protégé les arts en Espagne.

Qu'il est beau le palais que tu remplis, et dont la grandeur est illustrée par ta gloire !

Ce palais ! si tu touchais d'un rayon de sa lumière les yeux d'un aveugle, il retournerait clairvoyant à sa demeure.

Il sort de la source de vie le vent de ce palais, et il ranimerait les ossements des morts.

Il fait oublier le breuvage du matin, et la voix des belles chanteuses. Sa hauteur surpasse Cawarnak et Sédir. Pour le bâtir, auraient en vain travaillé ces Perses antiques, qui ont élevé de hauts monuments. Beaucoup de siècles ont passé sur les Grecs; et ils n'ont point fait à leurs rois une demeure pareille ou comparable.

O roi ! tu nous rappelles le paradis, quand tu nous montres ces salles immenses aux voûtes élevées. A cette vue, les fidèles multiplient leurs bonnes œuvres, et espèrent le jardin céleste et les robes de soie. Les pécheurs redressent leurs voies égarées, et font, par expiation, de bonnes œuvres.

C'est un ciel nouveau parmi les sept cieux ; il peut mépriser l'éclat de la pleine lune ; car il voit sur sa sphère lever l'astre de *Mansour*. Je crois rêver dans le paradis, quand je vois dans ce palais la magnificence de ta cour. Quand les esclaves en ouvrent les portes, elles semblent, par le roulement de leurs gonds sonores, souhaiter la bienvenue à ceux qui implorent ta faveur. Des lions mordent les anneaux de ces portes, et murmurent dans leurs gueules : « Dieu est grand. » Ils sont accroupis, mais prêts à dévorer quiconque s'approcherait du seuil sans être appelé.

La pensée, libre du frein, s'élance pour atteindre à tant de grandeur, et tombe accablée de son impuissance.

Le marbre blanc des cours semble un tissu léger, une mosaïque de perles brillantes. Vous croiriez que la terre est de musc; elle en exhale le parfum et la saveur. Quand le jour finit, ce palais peut le remplacer, et ramener la lumière au commencement de la nuit. (Suit une description du jet d'eau.)

La mort de cette poésie, c'est la menace atroce qui se trouve au milieu de ces sons harmonieux. Voilà pourquoi la civilisation arabe portait en elle un germe destructif : une servile terreur s'y mêle aux élans de l'imagination.

Du reste, calculez par la pensée ce que l'éclat de l'expression originale, la science du mètre, les intraduisibles allusions, doivent mettre de charme dans cette poésie. Madame de Staël, d'un esprit si élevé et si fin, avoue que l'imagination, agissant par l'harmonie, avait sur elle une telle force, qu'elle n'entendait pas sans émotion redire ces paroles : *Les orangers du royaume de Grenade, et les citronniers des rois maures.* Un géomètre dirait : Qu'est-ce que cela prouve? Mais si ce charme indéfinissable est attaché à la mélodie de certains sons, combien cette mélodie, quand elle est continue et variée tout ensemble, ne doit-elle pas avoir de grâce et de magie!

Un caractère fréquent de la poésie arabe, qui a passé dans la poésie romane, c'est l'allégorie. On a dit que l'allégorie est une ressource de la peur, et que par cela même elle avait dû naître en Orient. Je ne sais; mais chez les Arabes d'Espagne elle fut parfois ingénieuse autant que hardie. On en cite un exemple qui mérite d'être rappelé.

Le kalife de Cordoue avait voulu agrandir ses jardins, et faire élever un pavillon sur un petit champ qui les bornait, et qui était le bien d'une pauvre veuve. Celle-ci refusa. Le prince alors, ou son ministre, s'empara du petit champ, et un palais tout brillant d'or y fut élevé. La pauvre femme alla se plaindre au cadi de Cordoue. L'affaire était difficile : le cadi, homme de bien, monta sur son âne, et se rendit auprès du kalife, à l'heure même où, entouré de sa cour, ce prince était dans le pavillon. Le cadi portait avec lui un grand sac. Après s'être prosterné devant le kalife, il le pria de lui accorder la permission de remplir son sac avec la terre du jardin. Le roi, qui était bon, y consentit. Le sac plein, le cadi, avec cette familiarité orientale qui se mêle à la servitude, dit au roi : « Ce n'est pas tout; pour achever ton œuvre, il faut que tu m'aides à charger ce sac sur mon âne. »

Le kalife essaie, et trouve le fardeau trop lourd. « Prince, dit gravement le cadi, si ce sac, qui ne renferme qu'une bien petite partie de cette terre, t'a semblé si lourd, comment pourras-tu porter devant Dieu cette terre tout entière que tu as usurpée. » Le roi fut touché de l'allégorie et rendit le champ à la pauvre femme, en lui laissant le pavillon et toutes ses richesses.

Rien n'est plus commun dans la poésie provençale que l'allégorie ; seulement elle est un jeu de l'esprit, au lieu d'être une action.

Il est encore un trait commun à l'imagination arabe qu'on y retrouve également : c'est l'emploi de certains êtres mystérieux. Je ne parle pas des fées si célèbres dans notre Occident, et qui peuvent y être nées ; mais on trouve dans les poésies *romanes* ces fictions arabes d'animaux magiques, de perroquets merveilleux, qui sont les agents d'un récit.

Une autre analogie me paraît plus spontanée qu'imitée. La poésie des troubadours, que l'on suppose frivole, a souvent retracé des sentiments graves et touchants. L'une de ses formes, c'est le chant funèbre sur la perte d'un brave. Cela sans doute appartient à tout peuple guerrier.

Ainsi, je ne supposerai pas que les chants

nombreux des poëtes arabes sur la mort de leurs guerriers aient inspiré les poëtes provençaux. Il y a cependant des rapports remarquables entre quelques-unes de ces poésies.

Mais, sans m'arrêter à ces comparaisons, où la ressemblance ne prouverait pas l'imitation, je me bornerai à un exemple qui dément le préjugé vulgaire sur la poésie des troubadours. On la suppose frivole et licencieuse, ou tout au plus satirique. Je vous la montrerai touchante et religieuse dans l'élégie funèbre.

Ce guerrier sauvage, ce Bertram de Born, dont vous avez entendu le cri de guerre si haineux, si implacable, exprima sa douleur sur la perte du jeune prince Henri, qu'il avait armé contre son père; coupable entreprise, dont le grand justicier du XIIIe siècle, le Dante, a voulu le punir par le supplice allégorique qu'il lui inflige dans l'enfer. Voici du moins comment le guerrier troubadour regrettait la perte de l'ami, dont il avait trop excité l'ambition :

Si tous les deuils [1], et les pleurs, et les regrets, et les douleurs, et les pertes, et les maux, qu'on a vus dans ce

---

[1]   Si tut li dol e'l plor e'l marrimen
        E las dolors e'l dau e'l caitivier

triste siècle, étaient réunis, ils sembleraient trop légers au prix de la mort du jeune prince anglais, dont la perte afflige le mérite et l'honneur, et couvre d'un voile obscur le monde privé de joie et plein de colère et de tristesse.

Tristes et dolents sont demeurés les courtois soldats, et les troubadours et les jongleurs avenants; ils ont eu dans la *mort* une mortelle ennemie; car elle leur enlève le jeune roi anglais, près de qui les plus généreux semblaient avares. Jamais il ne sera pour un tel mal, croyez qu'il ne sera jamais assez de pleurs et de tristesse.

Cruelle mort, source d'afflictions, tu peux te vanter; car tu as enlevé au monde le meilleur chevalier qui fut jamais. Il n'est aucun mérite qui ne se trouvât dans le jeune roi anglais; et il serait mieux, si raison plaisait à Dieu,

> Que hom agues en est segle dolen
> Fosson emsems, semblaran tut leugier
> Contra la mort del jove rei engles,
> Dou reman pretz e jovent duloiros,
> E'l mon escurs e tenhs e tenebros,
> Sem de tot joi, plen de tristor e d'ira.
>
> Dolent e trist e plen de marrimen
> Son remanzut li cortes soudadier
> E'l trobador e'l joglar avinen,
> Trop an agut en mort mortal guerier,
> Que tolt lor a lo joven rei engles
> Vas cui eran li plus larc cobeitos :
> Ia non er mais, ni non crezas que fos
> Vas aquest dan el segle plors ni ira.
>
> Estenta mort, plena de marrimen,
> Vanar te pods, qu'el melhor cavalier
> As tolt al mon qu'anc fos de nulha gen!
> Quar nou es res qu'a pretz aia mestier
> Que tot no fos el jove rei engles;
> E fora miels, s'a Dieu plagues razos,

qu'il eût vécu que maints envieux, qui n'ont jamais fait aux braves que mal et tristesse.

De ce siècle lâche et plein de troubles, si l'amour s'en va, je tiens sa joie pour mensongère; car il n'est rien qui ne tourne en souffrance. Tous les jours, vous verrez qu'aujourd'hui vaut moins qu'hier. Que chacun se regarde dans le jeune roi anglais, qui du monde était le plus vaillant des preux. Maintenant est parti son gentil cœur aimant, et reste pour notre malheur, déconfort et tristesse.

A celui qui voulut, à cause de notre affliction, venir au monde, et nous tira d'encombres, et reçut mort pour notre salut, comme à un maître doux et juste, crions merci, afin qu'au jeune roi anglais il pardonne s'il lui plaît, et le fasse habiter avec nobles compagnons, là où jamais ne sera ni deuil ni tristesse.

Que visques el que mant autre envios
Qu'anc no feron als pros mas dol et ira.

D'aquest segle flac, plen de marrimen
S'amor s'en vai, son joli teinh mensongier,
Que ren no i a que non torn en cozen;
Totz jorns veiretz que val mens huei que ier :
Cascun se mir el jove rei engles
Qu'era del mon lo plus valens dels pros,
Ar es anatz son gen cor amoros,
Dont es dolors e descouort et ira.

Celui que plac per nostre marrimen
Venir el mon, e nos trais d'encombrier,
E receup mort a nostre salvamen,
Co a senhor humils e dreiturier
Clamen merce, qu'al jove rei engles
Perdon, s'il platz, si com es vers perdos
E'l fassa estar ab onratz companhos
Lai on anc dol non ac ne i aura ira.

Rien de plus habile dans ses tours que cette poésie qu'anime une verve de douleur; rien de plus savant que la forme et la distribution des rimes. Je sais que tout cela disparaît dans la traduction; mais il reste le contraste d'un tel langage avec le rude caractère du guerrier.

Maintenant, Messieurs, sur cette mauvaise prose, qui n'a d'autre mérite que la fidélité rigoureuse, matérielle, remettez des sons cadencés et touchants, cette langue mélodieuse et sonore du Midi, une musique expressive et simple, la voix mâle du guerrier poëte attendri par la douleur, et vous aurez retrouvé tout le charme de la poésie, et deviné sa puissance.

CINQUIÈME LEÇON.

Caractère général de la poésie romane. — Difficulté de la traduire. — Combien elle diffère de la poésie moderne. — Genres qui lui ont manqué. — Grand nombre et uniformité de ses poëtes. — Encore Bertram de Born. — Citation remarquable.— Événements politiques où furent mêlés les troubadours; les croisades. — Double point de vue à cet égard. — Anecdotes diverses. — Peu de troubadours présents à la guerre sainte. — Chants de quelques-uns d'entre eux. — Richard Cœur-de-Lion; sa complainte.

Messieurs,

Nous autres, gens du Nord, avec nos étés pluvieux et nos froids hivers, je ne sais si nous sommes bons juges de la poésie méridionale. Ce qu'elle a de brillant et de sonore ne fournit pas assez pour nous à la réflexion. Dans la vie tout extérieure, toute sensitive des peuples du Midi, l'harmonie seule défraye, pour ainsi dire, la poésie. Cette harmonie charme encore un étranger, quand il peut l'écouter dans l'idiome original; mais c'est un son qui s'affaiblit et meurt dans une traduction; et ce qui reste de sentiment et de pensée n'a pas toujours assez de force et de variété pour soutenir l'intérêt. Sous ce rapport, la poésie *romane* ressemble bien peu à celle que, dans nos temps modernes, on a nommée *romantique*. L'étymologie ne prouve pas ici l'origine. La poésie romantique, telle qu'elle se montre dans les écrits des poëtes allemands, est singulièrement rêveuse, réfléchie; elle travaille beaucoup la pensée; elle subtilise le sentiment; elle approfondit les impressions; elle est *alexandrine* bien plus que *romane* et provençale; elle rappelle bien moins la poésie du moyen âge que celle qui se forma dans le Bas-Empire, sous la double influence du christianisme et du platonisme, alors que les imaginations savantes et agitées étaient saisies d'une fièvre mystique. Rien ne ressemble moins à la poésie méridionale des premiers temps; poésie qui est toute à fleur d'âme, et qui plait, comme les accents d'une belle voix, indépendamment des pensées et des sentiments qu'elle exprime.

Ce caractère de la poésie provençale rend plus difficile la tâche que j'ai commencée. Si j'essaye de faire passer sous vos yeux cette succession de troubadours qui charmèrent les petites cours du Midi dans le XIIe et le XIIIe siècle, j'aurai bien de la peine, surtout avec la réserve que je m'impose, à ranimer assez votre attention.

La Provence, la Catalogne, la haute Italie, en tant que les poëtes y parlaient la langue provençale, ont produit plus de cent poëtes, célèbres de leur temps. Il est resté de ces poëtes des recueils immenses, dont la moindre partie publiée forme déjà plusieurs volumes. Dans cet amas de poésies, les sujets et les idées sont peu variés; le mètre l'est beaucoup. Les combinaisons rhythmiques des troubadours sont très-nombreuses; mais, sous cette diversité apparente se cache, il faut l'avouer, non pas la stérilité de l'âme, mais une sorte d'uniformité qui tient au retour fréquent des mêmes impressions. L'amour, la guerre, la croisade et le clergé, voilà les quatre préoccupations qui sans cesse inspirent leur talent, et animent quelquefois leur verve colérique. La *chanson*, la *complainte*, le *lai*, le *sirvente* et le *tenson*, voilà les principales formes qu'ils emploient.

Les grandes compositions des muses modernes leur manquent : point de tragédies, point de drames, malgré les contes qu'avait faits le *moine des Iles d'Or*, qui rapporte qu'un poëte provençal mit en vers toute l'histoire de Jeanne de Naples, à mesure, pour ainsi dire, que Jeanne

exécutait elle-même son histoire. Cette princesse
eut une vie agitée par des malheurs, et même
par des crimes. Sous quelques rapports elle an-
ticipa sur Marie Stuart, et fut peut-être plus
coupable qu'elle. Son premier époux, André de
Hongrie, périt assassiné sous ses yeux, et, on
le croit, avec son aveu. Elle se remaria trois
fois au milieu des révoltes et des guerres. Un
poëte provençal, si l'on en croit le moine des
Iles d'Or, mit en tragédies les principaux événements de cette vie aventureuse et passionnée,
sous le règne même de Jeanne de Naples; mais
cette tradition paraît fausse. La littérature romane n'a laissé ni drames ni poëmes épiques. Je
suppose que la poésie provençale, si savante
dans ses formes, était nécessairement difficile à
manier, que cette difficulté détournait des grands
ouvrages la paresse méridionale, tandis que chez
les *trouvères,* où le mètre était grossier et facile,
on ne se donnait aucune peine pour versifier,
en douze mille petites lignes de huit syllabes, un
grand poëme de chevalerie. Il semble que beaucoup de troubadours provençaux se bornaient
à conter, en prose, des romans de chevalerie, et
qu'ils réservaient la poésie pour de courtes chansons de guerre et d'amour.

Ainsi restreinte dans ses sujets, diversifiée

dans ses formes, multiple par le nombre de ses poëtes, la poésie romane devrait nous occuper longtemps. Nous tâcherons de fixer votre intérêt sur quelques points généraux, au lieu de le disperser sur des noms propres maintenant oubliés. Aujourd'hui, nous considérerons la poésie romane dans son application aux événements politiques et religieux. Nous montrerons sa hardiesse et son influence sur le moyen âge.

Dans ce point de vue, le premier troubadour qui se présente nous est déjà connu. C'est la physionomie la plus expressive parmi les poëtes provençaux. C'est ce Bertram de Born, ce poëte batailleur. Ce que j'en dirai aujourd'hui atteste moins son talent, que les aventures singulières de sa vie, et le secours qu'il tirait de ce talent, au milieu des crises de sa fortune. Auprès de lui, d'ailleurs, viennent se réunir de grands noms historiques, liés au souvenir des croisades, où nous suivrons l'influence des troubadours.

Que votre attention, Messieurs, se reporte un moment sur l'état singulier du teritoire français au xiie siècle. Un roi d'Angleterre, par exemple, était vassal d'un roi de France; et en même temps il s'avançait jusqu'au cœur de la France, il possédait la Normandie, la Guyenne et l'Anjou. Le roi d'Aragon était suzerain d'une partie de la France méridionale. Cependant à l'époque où la couronne de France était si fort échancrée, elle n'était pas portée par un roi faible ou vulgaire : c'était Philippe-Auguste.

D'une autre part, le duc de Normandie, roi d'Angleterre, trouvait dans le nombre même de ses possessions des difficultés nouvelles. L'esprit belliqueux de la féodalité se communiquait dans les familles régnantes, comme il circulait parmi tous les seigneurs. Henri II, roi d'Angleterre, avait dans ses fils, le duc de Guyenne et le comte d'Anjou, des rivaux redoutables. Un homme qui, comme Bertram de Born, ne possédait qu'une petite seigneurie, et, avec des peines infinies, n'avait pu reconquérir son château de Haut-Fort et quatre ou cinq villages, n'avait d'autre moyen de se rendre redoutable que de pousser à la guerre ces puissants vassaux. Il formait des ligues ; il excitait des guerres entre les deux fils du roi d'Angleterre, les animait l'un contre l'autre et contre leur père. Vaincu, il traitait comme il pouvait, et bientôt il recommençait la guerre. Les princes se réconciliaient ; la désertion, la félonie, diminuaient le nombre des confédérés ; Bertram de Born, pour se venger, faisait une chanson contre le vainqueur et contre les alliés infidèles. Quand Richard devint roi d'Angleterre; il fit de son mieux pour le pousser à la guerre contre Philippe-Auguste, et lança des sirventes en guise de *manifestes*.

Ce n'est pas l'intérêt poétique qu'il faut chercher dans ces vers; c'est, avant tout, l'intérêt historique. Rien ne fait mieux concevoir la vie féodale, que cette action d'un homme guerrier et poëte, sur tant de princes ambitieux, ces guerres, ces paix infidèles, ces trahisons, ce sang constamment répandu au milieu des fêtes, des tournois et des chansons amoureuses.

Vous pouvez remuer toutes les chroniques des moines, vous n'y trouverez jamais rien de pareil. Vous pouvez chercher dans l'histoire le caractère de ces barons féodaux, vous ne les connaîtrez jamais, si vous n'entendez pas l'un d'eux. Prenons d'abord la querelle de Bertram de Born avec Richard. Bertram de Born a réuni quelques seigneurs contre Richard, duc d'Anjou; il a été battu; son château est pris, et Richard y met un gouverneur. Le poëte lui adresse un sirvente : c'est une pièce diplomatique du temps.

Malgré mes pertes, j'ai le cœur de chanter. J'ai rendu Haute-Fort au seigneur Richard; mais puisque j'ai paru devant lui, et qu'il m'a fait merci, en m'embrassant, je n'ai plus rien à craindre. Les barons du Limousin et du Périgord, qui m'avaient engagé leur foi, m'ont trahi. Je les abandonne à mon tour. Si le comte Richard veut m'accorder sa faveur, je me dévouerai à son service ; et mon attachement sera pur comme l'argent fin. Sa dignité doit le le rendre semblable à la mer qui semble vouloir garder tout ce qu'elle reçoit, et qui bientôt le rejette sur la rive. Un si noble baron doit restituer ce qu'il a pris sur un vassal qui s'humilie. Qu'il me confie au moins la garde de mon château. Ceux qu'il en a chargés sont mal avec moi. Nous aurons toujours des querelles ensemble. En me le rendant, il ne se fera point tort ; car je suis prêt à l'honorer et à le servir. C'est ce que je n'aurais pas fait, si l'on ne m'eût trahi.

Eh bien, vous entendez un baron de ce temps-là ; vous voyez ce que vous ne trouvez dans aucune histoire, ce mélange de finesse et de rudesse, cet esprit moqueur, hardi, français, dit-on.

Le château fut rendu. Bertram, désormais attaché à Richard, entra dans la révolte de ce prince et de ses deux frères contre leur père, le roi Henri II. Cette entreprise fut traversée par la mort prématurée du jeune prince Henri, si éloquemment regretté par Bertram, dans la complainte que je vous ai lue. Privé d'un si puissant secours, Bertram continua la guerre, mais son château fut pris, et lui-même fut amené devant le roi d'Angleterre. L'entrevue semble touchante et singulière. Le roi lui dit : « C'est donc vous qui vous vantiez d'avoir tant d'esprit? — Je pouvais dire cela dans un temps, repartit Bertram ; mais en perdant votre fils, j'ai perdu tout ce que j'avais d'esprit et d'habileté. » Au nom de son fils, le roi d'Angleterre se prit à pleurer, et s'écria : « Bertram, malheureux Bertram! c'est bien avec raison que vous ayez perdu l'esprit, depuis que mon fils est mort; car il vous aimait uniquement; et pour l'amour de lui je vous rends votre liberté, vos biens, votre château. » Et il lui rendit tout, en effet, et lui donna cinq cents marcs, pour payer les frais de la guerre.

Voilà encore une fois Bertram de Born rentré dans son château. Il y resta quelque temps assez paisible. Enfin, ce pauvre roi d'Angleterre, dont la succession avait été si odieusement disputée de son vivant, mourut; et Richard monta sur le trône, ce brillant Richard, cet aventureux et hasardeux Richard, dont les qualités chevaleresques étaient mêlées à des vices odieux, qui ont disparu sous le coloris romanesque de sa vie. Le souvenir des croisades a particulièrement répandu sur lui cet intérêt poétique. Il partit de bonne heure pour cette grande expédition qui avait déjà vu se renouveler tant d'armées chrétiennes, rapidement moissonnées par le ciel brûlant de Syrie. Pareille entreprise était une carrière ouverte à tous les esprits violents et hardis, à tous les gens querelleurs de l'Europe féodale. Il semble que Bertram de Born devait partir un des premiers; mais il ne se pressa pas du tout. Il en donnait la raison, que je vous dirai un peu plus tard.

Nous avons donc été conduits, par le mouvement de ce récit, au grand événement où vient se concentrer tout l'héroïsme et toute la poésie du moyen âge, aux croisades.

Il n'est pas de sujet sur lequel on ait plus raisonné. Prenez-vous les écrivains du xviiie siècle, ce n'est qu'un concert de paroles méprisantes sur cette folie sauvage qui précipitait tant de peuples en Palestine, et les envoyait mourir sans raison et sans but. Consultez-vous les écrivains de l'âge précédent, et quelques philosophes du nôtre? les croisades sont une œuvre admirable, le plus magnifique exploit de cette féodalité chrétienne dont le pape était le grand suzerain.

Nous ne nous tiendrons pas dans un point mitoyen entre ces deux opinions : l'une nous paraît beaucoup plus vraie que l'autre. Ainsi, pour le dire sans aucun détour, l'opinion philosophique du xviiie siècle, qui a flétri les croisades comme une folie Infructueuse et barbare, ne nous semble nullement conforme à la vérité historique. Soyez frappés d'une chose; le zèle religieux, l'enthousiasme excessif et la prédication étaient la cause immédiate et, pour ainsi dire, violente des croisades; mais ils n'en étaient pas la cause unique : l'état du monde rendait inévitable cette guerre. Depuis cinq siècles deux grands mouvements s'étaient déployés dans le monde, et agissaient en sens contraire, la civilisation chrétienne et la civilisation musulmane, le kalifat musulman, et on peut presque dire le kalifat chrétien, qui avait ce caractère particulier, que, dénué de tout pouvoir matériel, il dominait par la parole et la pensée les forces bruyantes et dispersées de l'Europe féodale. Sous ce rapport, dans les voies ordinaires de la politique humaine, dans la prévoyance vulgaire de ce monde, une sorte d'infériorité semblait le menacer si jamais les deux puissances venaient à se heurter : car, enfin, le kalifat musulman, qui réunissait l'Alcoran et le glaive, avait quelque chose de plus impétueux, de plus irrésistible. Aussi ne vit-on jamais la puissance de l'enthousiasme et de la conquête s'avancer dans le monde avec une plus épouvantable rapidité : du fond de l'Arabie, en peu d'années, le glaive musulman avait subjugué la Perse, la Syrie, l'Égypte, une partie de l'empire grec, toute l'Afrique civilisée par les Romains, la Calabre, la Sicile, l'Espagne, et ne s'était arrêté que devant Charles-Martel. Mais cette exception d'une défaite essuyée dans les plaines de France n'en laissait pas moins subsister l'invasion musulmane en Europe.

Certainement, si la politique humaine eût seule dirigé les conseils des princes d'Europe aux XIe et XIIe siècles, ce motif même seul aurait pu leur inspirer les *croisades*. Dans le dernier siècle, Montesquieu écrivait ces paroles : « Dans les sociétés le droit de la défense naturelle entraîne quelquefois la nécessité d'attaquer, lorsqu'un peuple voit qu'une plus longue paix en mettrait un autre en état de le détruire, et que l'attaque est le seul moyen d'empêcher cette destruction. »

Ce conseil d'anticiper une guerre inévitable, jamais, certes, il ne fut d'une application plus nécessaire, plus raisonnable que dans cette époque du monde où la puissance musulmane enserrait de toutes parts l'Europe divisée.

Je ne dis pas, Messieurs, que toutes ces raisons soient entrées dans l'esprit des peuples du moyen âge ; elles étaient cependant plus contemporaines que les vues d'intérêt commercial alléguées par Robertson. Cette idée d'une guerre préservatrice contre les musulmans n'existait pas, pour le xiie siècle, aussi nettement que nous l'exprimons ; mais elle ne lui était pas inconnue ; elle était précise et déterminée dans quelques chefs, instinctive et confuse dans la foule. Ainsi les plus grands papes, vingt ans avant les croisades, parlaient avec une force singulière du danger de voir le christianisme, déjà banni de l'Afrique, disparaître entièrement de l'Asie. Malgré la haine du schisme, ils s'inquiétaient vivement du péril où se trouvait Constantinople, chaque jour resserrée par la conquête des mahométans ; ils s'alarmaient pour l'Espagne ; ils craignaient sans cesse que de l'Espagne la conquête mahométane ne débordât sur toute la France méridionale : enfin ils étaient plus occupés encore de la domination des Sarrasins en Sicile, et de cet effrayant voisinage, qui pouvait les jeter sur l'Italie et les conduire jusqu'à Rome, où ils avaient déjà paru dans le viiie siècle.

Dès l'année 1074, **Grégoire VII** écrivait à l'empereur Henri : « J'annonce à Votre Grandeur que les chrétiens d'outre-mer, dont le plus grand nombre est affligé par les païens de désastres inouïs, et journellement massacré comme de vils troupeaux, ont envoyé vers moi, dans l'excès de leur misère, me suppliant de secourir nos frères de tous les moyens qui seraient en mon pouvoir, afin que la religion chrétienne ne soit pas, ce qu'à Dieu ne plaise, anéantie de nos jours. »

Le pape Urbain, dans ses célèbres prédications au concile de Clermont, à toutes les inspirations bibliques et religieuses, mêla des paroles politiques.

On voit que la pensée d'un danger continuel qui pesait de l'Asie sur l'Europe entière entra pour beaucoup dans le zèle éclairé des pontifes. Cette guerre sainte était donc la vieille guerre de l'Europe contre l'Asie, disons même de la civilisation contre la barbarie; car le génie des nations d'Europe, bien que grossier encore, renfermait en lui des germes de civilisation que n'avait pas le mahométisme asiatique.

Ainsi, cette disposition déjà visible des peuples de l'Europe, cette tendance de leur culte et de leurs lois naissantes vers l'adoucissement des mœurs, leur inspirait une haine naturelle contre le despotisme musulman, qui reculait vers la barbarie. Ce sentiment se mêlait, on le voit dans Guillaume de Tyr, à l'antipathie religieuse.

Pour lui, les Sarrasins n'étaient pas seulement des mécréants, mais des barbares.

Enfin, l'état de l'Europe, cette multitude de guerriers sans emploi, cette profusion d'une force féodale, qui ne s'exerçait sur elle-même qu'en se dévorant, tout cela précipitait les peuples chrétiens vers quelque grande conquête cherchée au loin. Dans le point de vue historique, l'accusation d'absurdité n'est pas plus raisonnable contre les croisades qu'elle ne le serait contre la guerre de Troie. En effet, la guerre de Troie, ce n'était pas la vengeance de Ménélas et la poursuite d'Hélène; c'était le sentiment instinctif qui armait la civilisation des Grecs, ingénieuse et libre, contre la mollesse servile de l'Orient; c'était l'anticipation naturelle de cette guerre qu'un jour la Perse devait apporter dans la Grèce.

De même que les causes rapprochent ces deux événements, les résultats les assimilent. Comme pour les nations septentrionales du vieux monde, ainsi pour les nations chrétiennes du moyen âge, une grande guerre, poussée au loin, vers l'Asie, fut l'occasion du plus grand développement des courages et des esprits. Le temps des croisades fut, comme la guerre de Troie pour les Grecs, l'âge héroïque des nations européennes. Là, les plus beaux souvenirs de leur poésie ont pris leur source; là, le mouvement social a commencé; là, les gouvernements mêmes ont pris un caractère nouveau; là, les premiers grands hommes ont paru, non plus isolément, dispersés à de longs intervalles, comme du temps de Charlemagne, mais réunis, groupés ensemble, s'animant l'un par l'autre.

Cette fécondité d'une nature jeune et vigoureuse qui, dans les chants homériques, rassemble tant de hardis courages, tant de grands hommes autour d'Agamemnon, se retrouve dans les croisades. Le génie d'un poëte contemporain leur a manqué; mais les événements eux-mêmes ont eu plus de grandeur et de poésie que l'*Iliade*. La croisade a été, pour ainsi dire, une merveille au-dessus de l'imagination des hommes qui l'ont vue, et qui en ont été les acteurs et les témoins. Elle n'a pas suscité un grand génie qui la célébrât. Lorsque, plus de trois siècles après, le Tasse en reçut l'impression, il la reproduisit un peu énervée par la mollesse et le bel esprit de Ferrare; il la renouvela sans doute à sa manière, avec un charme singulier d'imagination et de riant coloris, mais non pas avec la puissance et la rudesse des souvenirs originaux. Mais ne médisons pas d'un grand poëte, bien que ses peintures aient plus d'éclat que de vérité.

Après avoir établi ou rappelé ce qui nous semble la vérité historique; après avoir constaté dans les mœurs, dans l'esprit et dans les intérêts du temps, la grandeur des croisades, il nous reste à chercher parmi les souvenirs de la poésie provençale ce qui porte l'empreinte de ce grand événement. Cette étude nous montrera, dans sa naïveté, le pieux héroïsme du moyen âge. La croisade n'y paraîtra pas toujours une guerre sainte; mille idées profanes se mêleront au zèle religieux. Un seigneur ira à la croisade par un frivole motif que j'ai déjà rappelé, un autre en reviendra bien vite par le même motif; un autre n'ira point par le même motif. Toutes les passions ambitieuses, les haines, les cupidités, les jalousies se déploieront avec une rude et libre franchise.

Combien tous ces mélanges bizarres, tous ces bouillonnements de la civilisation naissante ne devaient-ils pas agiter l'âme du poëte! Je regrette que nous n'ayons guère de poésies romanes faites en Syrie, au milieu de la croisade. Non, c'était surtout en France que les troubadours chantaient la guerre sainte; mais très-peu allèrent en partager les périls. A peine, dans le volumineux recueil de Sainte-Palaye, cinq à six pièces sont-elles indubitablement datées de la Terre-Sainte. C'est en Provence, c'est dans les cours brillantes du Midi, qu'on faisait des vers pour exciter à la croisade et au martyre.

Cependant, Messieurs, soyons justes envers la poésie. Le premier des troubadours qui ait chanté la croisade, se croisa : c'est Guillaume, comte de Poitiers. Il avait grand besoin, sans doute, de ce saint pèlerinage; car il y avait dans sa vie des choses bien difficiles à expier : il en est que je ne puis même rappeler. Il avait enlevé la femme du vicomte de Chatellerault, et l'avait épousée du vivant de son mari. L'évêque de Poitiers, avec cette généreuse fermeté que déploya souvent le clergé dans le moyen âge, le réprimanda dans l'église, et commença contre lui la formule d'excommunication. Le comte tire son épée, et veut frapper le prélat. L'évêque de Poitiers demande un moment de répit, se recueille, et d'une voix forte achève l'anathème : « Frappe maintenant, dit-il, je suis prêt. — Non, dit le comte, je ne veux pas maintenant, parce que je vous enverrais en paradis. »

Comme il ne faut désespérer de personne,

Guillaume, qui avait fait beaucoup de méchantes actions semblables, partit dès les premiers temps de la croisade. Il faut entendre ses adieux à son pays.

Je veux faire un chant, et je prendrai pour sujet ce qui cause ma peine; je ne serai plus attaché au Poitou, ni au Limousin.

Je m'en irai en exil outre mer; je laisserai mon fils en guerre, dans la crainte et le péril; et ses voisins l'inquièteront.

Il m'en coûte de quitter la seigneurie du Poitou; je laisse à la garde de Foulcques d'Anjou ma terre et son jeune cousin.

Si Foulcques d'Anjou et le roi, de qui je relève, ne lui prêtent assistance, la plupart des seigneurs, qui verront un faible jouvenceau, ne manqueront pas de lui nuire.

S'il n'est très-sage et vaillant, les traîtres Gascons et les Angevins l'auront bientôt renversé, quand je serai éloigné de vous.

Fidèle à l'honneur et à la bravoure, je me sépare de vous; je vais outre mer, aux lieux où les pèlerins implorent leur pardon.

Adieu, brillants tournois; adieu, grandeur et magnificence, et tout ce qui attachait mon cœur; rien ne m'arrête, je vais aux champs où Dieu promet la rémission des péchés.

Pardonnez-moi, vous tous, mes compagnons, si je vous ai offensés; j'implore mon pardon, j'offre mon repentir à Jésus, maître du ciel; je lui adresse à la fois ma prière, et en roman et en latin.

Trop longtemps je me suis abandonné aux distractions mondaines; mais la voix du Seigneur se fait entendre. Il faut comparaître à son tribunal ; je succombe sous le poids de mes iniquités.

O mes amis ! quand je serai en présence de la mort, venez tous auprès de moi, accordez-moi vos regrets et vos encouragements ; hélas ! j'aimai toujours la joie et les plaisirs, soit quand j'étais chez moi, soit quand j'en étais éloigné.

J'abandonne donc joie et plaisirs, le vair, le gris et le sembelin (habillements des barons).

Je vous ai dit que Bertram de Born, qui n'avait pas moins besoin d'expiation que le comte Guillaume, ne partit pas pour la croisade. Il plaisante lui-même de son inaction volontaire, tout en accusant celle des autres.

De tous ceux qui se croisèrent, je sais maintenant lequel a le plus de mérite : c'est le seigneur Conrad, le plus parfait de tous, lui qui se défend à Sur, contre Saladin et sa vile bande. Que Dieu accorde son secours à Conrad, car celui des hommes est bien lent ; seul il obtiendra le prix, puisque seul il brave les fatigues et les dangers.

Seigneur Conrad, je vous recommande à Dieu ; je serais allé outre mer auprès de vous, je vous l'assure ; mais j'ai perdu patience quand j'ai vu que les comtes, les ducs, les rois et les princes retardaient toujours ; et d'ailleurs, il est une dame, belle et blonde, auprès de qui mon courage s'est peu à peu attiédi ; autrement je combattrais à vos côtés depuis plus d'un an.

Seigneur Conrad, je connais deux rois qui diffèrent trop de vous aider ; vous entendez qui : le roi Philippe est l'un ; il craint : le roi Richard est l'autre ; il craint aussi. Plût à Dieu que chacun d'eux fût dans les fers des Saladins, puisqu'ils se moquent ainsi de Dieu, puisqu'étant croisés, ils ne se disposent point à partir.

Seigneur Conrad, l'affection que je vous porte inspire mes vers; et je ne considère ni ami, ni ennemi; mais je chante pour blâmer les croisés de ce qu'ils ont ainsi mis le passage et leurs serments en oubli : ils ne pensent pas que Dieu voit avec peine qu'ils vivent dans les orgies et dans les délices, et que vous endurez la faim et la soif, quand ils reposent tranquillement.

Seigneur Conrad, la roue tourne toujours en ce monde, et finit par amener le mal; j'en connais peu qui ne se mettent en souci de tromper ceux qui sont leurs voisins et ceux qui ne le sont pas; mais celui qui perd ne montre pas de joie; or, sachent bien ces hommes que j'accuse d'agir ainsi, que Dieu note ce qu'ils ont dit et ce qu'ils ont fait.

Seigneur Conrad, le roi Richard a un si grand mérite, et je le dis (quoique parfois je parle mal de lui), qu'il s'embarquera bientôt avec autant de forces qu'il le pourra : on me l'assure. Le roi Philippe monte en mer, ainsi que d'autres rois; ils conduisent des secours tels, que nos conquêtes s'étendront jusqu'à l'Arabie.

A l'exemple du belliqueux Bertram de Born, beaucoup d'autres troubadours, sans quitter la France, attaquaient par des *sirventes* amers les envahissements des Sarrasins, la lenteur des seigneurs, les jalousies des rois. Quelquefois la réprimande est si vive, qu'il faut la rappeler comme un trait distinctif de la liberté du temps. Citons un exemple entre plusieurs.

Le marquis de Montferrat s'était croisé comme

tout le monde. Il ne se pressait pas de partir; il restait dans son comté : il ne savait pas qu'un jour il serait roi de Thessalonique. Voici comme un troubadour l'apostrophe :

Marquis, je veux que les moines de Cluny fassent de vous leur capitaine, ou que vous soyez abbé de Cîteaux, puisque vous avez le cœur assez vil pour aimer mieux deux bœufs et une charrue à Montferrat, qu'ailleurs être empereur....

Le royaume de Thessalonique, sans pierrier et sans mengoniau, vous pourriez l'avoir, et maint château que je ne nomme pas.

Par Dieu ! marquis, Roland dit à son frère, et Gui marquis, et Rainaud leur confrère, Flamands, Français, Bourguignons et Lombards, vont tous disant que vous semblez bâtard.

Vos ancêtres, je l'entends dire et rapporter, furent tous preux; mais il ne vous en souvient guère; si vous n'avez soin de changer, vous perdrez le tiers et le quart de votre honneur.

Figurez-vous donc, Messieurs, que tandis que la prédication chrétienne du haut des chaires ranimait le zèle des fidèles, tandis que les lettres apostoliques des papes appelaient les rois, excitaient les peuples, la voix des troubadours, tantôt maligne et moqueuse, tantôt enthousiaste et sévère, inspirait aussi la croisade. C'est même un trait remarquable, que ce concours de deux influences qui souvent se contrariaient.

Dans cette époque du moyen âge, les deux puissances morales, inégales dans leurs effets, bien diverses dans leur origine, c'étaient la religion et la poésie populaire. Souvent elles étaient en guerre; les peuples hésitaient, si j'ose parler ainsi, entre les prédicateurs et les chanteurs; et quelquefois, par la corruption et la frivolité de notre nature, les chanteurs l'emportaient.

Mais dans ce mouvement rapide d'enthousiasme, qui s'entretint et se renouvela si longtemps, presque toujours les troubadours et les prêtres, la poésie et la religion s'accordèrent pour célébrer la croisade, pour appeler à la croisade tous ceux qui portaient un cœur d'homme et une épée, pour avertir les chrétiens d'Europe du délaissement de leurs frères, enfin pour recruter sans relâche cette armée que l'Asie dévorait incessamment. On peut s'étonner que le Tasse n'ait pas songé à placer un troubadour dans sa *Jérusalem*. En effet, le dévouement du comte d'Anjou eut quelques imitateurs parmi des chevaliers troubadours. On a conservé quelques-uns de leurs chants inspirés sous le ciel de la Syrie, au milieu des victoires ou des souffrances de l'armée chrétienne. On peut chercher dans leurs vers quelques traces de ce nouveau contact du génie de l'Europe avec le génie oriental. Cet orientalisme, qui, par l'invasion des musulmans, était arrivé dans l'Espagne, qui de là s'était reflété sur l'Europe méridionale, les chrétiens étaient allés le chercher de nouveau jusque dans les murs de Jérusalem. Mais le troubadour de Provence, exilé en Palestine, gardait toujours l'amour du pays de la *gaye-science*. Nous avons le chant d'un troubadour, dont la vie première avait été frivole et emportée par les délices des cours du Midi. Peyrols, longtemps poëte favori du Dauphin d'Auvergne, exilé par ce prince pour des vers adressés à la duchesse de Mercœur, partit pour la croisade : je ne sais s'il s'en lassa bien vite; mais voici quelques vers qu'elle lui inspira sur les lieux mêmes :

Puisque j'ai vu le Jourdain et le Saint-Sépulcre, ô vrai Dieu, qui êtes le Seigneur des seigneurs, je vous rends grâces de ce qu'il vous a plu de me faire tel honneur que de me permettre de contempler le lieu sacré où vous naquîtes véritablement; j'en ai eu la plus vive allégresse : car si j'étais en Provence, d'un an les Sarrasins ne m'appelleraient Jean.

Que Dieu nous accorde maintenant bon voyage et bon vent, bons navires et bons matelots; car je veux retourner à Marseille : mon cœur y était resté, quoique je fusse vraiment outre mer; je recommande à Dieu Acre et Sur, et Tripoli, et l'Hôpital, et le Temple.

Vous reconnaissez ce goût des troubadours

pour le séjour de France. Je vous ai parlé de ceux qui n'avaient pu la quitter ; en voici un qui est allé sur les bords du Jourdain. Au lieu de toutes les impressions mélancoliques qu'un poëte de nos jours n'aurait pas manqué de trouver dans ces saints lieux, cet homme du XII° siècle souhaite surtout un bon navire, un bon vent et le port de Marseille.

Ailleurs Peyrols parle encore de la croisade, dans une pièce de vers pleine de délicatesse et de grâce : c'est un *tenson*, un dialogue entre lui et l'Amour. Chacun des interlocuteurs donne ses raisons pour et contre la croisade. « Quoi ! dit l'Amour, vous iriez outre mer, quand les rois n'y vont pas ? Voyez comme ils se font la guerre, et comme les barons cherchent aussi des excuses. » Peyrols se laissa convaincre, et ne retourna plus en Terre-Sainte. Cette pièce indique d'ailleurs, vous le voyez, la décadence de l'esprit des croisades. Les gentilshommes s'en lassèrent, comme les rois.

Dans le petit nombre de troubadours qui prirent la croix, il faut cependant compter deux rois, Richard et Frédéric. Richard étant, comme nous l'avons dit, dans sa jeunesse, seigneur feudataire d'Anjou, avait un commerce fréquent avec ces gentils troubadours de la Provence et de l'Auvergne; il parlait et chantait leur langue. Quand il devint roi d'Angleterre, il fut suivi à sa cour nouvelle par un grand nombre de troubadours, qui étaient là comme un cortége d'honneur. Nous remarquerons ailleurs à quel point l'influence des troubadours se retrouve dans les premiers essais de la poésie anglaise. *Chaucer,* au xiv⁰ siècle, était encore un de leurs élèves. Dans ses guerres, dans ses aventures lointaines, Richard garda le souvenir de cette poésie provençale, et la cultiva. Si votre imagination se rapporte aux grands exploits de Richard, malgré ses vices, un intérêt singulier s'attache à ses vers. En effet, ce Richard n'était pas seulement un batailleur, comme Bertram de Born; placez-le dans un autre siècle, ce ne sera pas un prince juste et doux, mais un grand homme; c'est un homme qui réunit à l'audace que montra Charles XII, plus de génie politique et de prudence. Au milieu de ses périlleuses aventures, toujours errant ou combattant hors de ses États, son nom remplit les vieux monuments de l'Angleterre. Peu de rois ont moins habité leur royaume, et y ont cependant laissé une trace plus profonde que Richard.

Richard, après avoir livré tant de combats, tué tant de Sarrasins, revint de la croisade sans armée, et même sans écuyer; mais cela n'effrayait pas un chevalier comme Richard. Débarqué en Europe, sur les côtes de Dalmatie, il entreprit de traverser seul le territoire de l'un de ses plus grands ennemis, le duc Léopold d'Autriche, dont il avait fait une fois abattre l'étendard déjà planté sur une tour de Palestine.

En passant par la Styrie, il fut arrêté par Léopold, et jeté dans une tour; puis Léopold le vendit prisonnier à l'empereur Henri VI, qui le retint dix-huit mois captif. C'était une triste reconnaissance de son héroïsme dans la croisade. Vous savez ce que le roman et le théâtre ont jeté d'ingénieux et de touchant sur cette aventure, vous connaissez cette histoire d'un troubadour fidèle qui s'était mis en quête de Richard, que l'on savait revenu de la Terre-Sainte, et que l'on ne voyait reparaître nulle part. Selon ce récit, le troubadour Blondel, après avoir erré dans beaucoup de lieux, chantant au pied des forteresses qui pouvaient renfermer son maître, entendit du fond d'une tour une voix qui achevait la chanson, et reconnut Richard.

Je ne sais si l'histoire est authentique, si la fidélité du troubadour, si la découverte imprévue de Richard, si ce chant à deux voix du troubadour et du prince captif, si tout cela offre autant de vérité que d'intérêt. Mais nous avons du moins un vestige curieux du talent poétique de Richard, dans les loisirs de sa captivité.

Il s'est conservé dans les deux dialectes des troubadours et des trouvères une chanson, où Richard, prisonnier, se plaint de ses vassaux, de ses amis, qui l'abandonnent, et du roi de France qui profite de ce temps pour envahir son territoire. Je ne ferai qu'une remarque philologique. Cette chanson existe dans les deux langues, celle des troubadours et celle des trouvères.

Avant que l'admirable travail de M. Raynouard eût jeté la lumière sur ces origines de notre idiome, qui sont liées de si près à toute l'histoire du moyen âge, on avait à cet égard des notions si confuses, et on portait tant de négligence dans cette étude, que l'abbé Millot, qui a composé trois volumes sur les troubadours, a traduit tout de travers cette chanson de Richard, et de plus, voulant citer un couplet dans la langue originale, a mêlé les deux textes.

Ce n'est pas moi qui triomphe de cela; mais on peut apprécier le service rendu par l'écrivain qui de nos jours a parfaitement éclairci l'histoire de cette littérature et de cette langue, que ne savaient pas distinguer d'un autre dialecte des hommes de mérite qui faisaient trois volumes sur ce sujet. Mais passons à la chanson, en traduisant d'après le roman provençal ; car il est à croire que Richard la composa dans le dialecte qui était la langue favorite de la poésie, et pour ainsi dire le toscan du siècle : du reste, dans cette chanson, l'intérêt poétique est médiocre. Ce qui doit plaire, c'est l'intérêt anecdotique et la singularité de vers composés par un homme qui a gagné tant de batailles, et qui chante du fond de sa prison.

Déjà, nul homme prisonnier ne dira sa raison bien nettement, si ce n'est en homme qui se plaint; mais, pour réconfort, il doit faire une chanson. J'ai beaucoup d'amis; mais pauvres sont leurs dons : c'est une honte à eux, si pour ma rançon je suis deux hivers prisonnier.

Or, sachent bien mes hommes et mes barons anglais, normands, poitevins et gascons, que je n'ai si pauvre compagnon que je voulusse pour argent laisser en prison. Je ne leur fais aucun reproche ; mais je suis encore prisonnier !

Je sais bien, et je tiens pour vrai, certainement, qu'homme mort ou prisonnier n'a ni amis ni parents, et s'ils m'abandonnent pour or et pour argent, c'est un mal pour moi, un plus grand pour ma nation, qui, après ma mort, souffrira reproche pour m'avoir laissé prisonnier.

Pas n'est merveille si j'ai le cœur dolent, lorsque Monseigneur met ma terre en saccage ; il ne lui souvient pas de notre serment, que nous fîmes pour la sûreté commune : je sais bien de vrai que guère longtemps ne serai prisonnier.

Comtesse, Dieu sauve votre souverain mérite, et garde la beauté que j'aime tant, et par qui je suis déjà prisonnier.

Je m'arrête ici. Dans la prochaine séance nous considérerons d'autres monuments historiques et poétiques de la langue romane, au milieu de la croisade sanglante contre les Albigeois.

SIXIÈME LEÇON.

Utilité historique de la poésie provençale. — Liberté extraordinaire dont elle est la preuve et l'expression. — Chant de *Sordello* sur la mort de *Blacas*. — Poésie satirique des *troubadours*, inférieure à leur poésie amoureuse. — Vie heureuse et douce imagination du Midi troublées tout à coup par une horrible calamité. — Innocent III. — Hérésie des Albigeois; leurs prières en langue vulgaire. — Causes de la croisade contre les Albigeois. — Son influence sur le génie méridional — Chant de vengeance et de haine contre Rome.

Messieurs,

La littérature, telle que nous l'étudions, est tour à tour un objet d'art et un monument historique. Je ne puis, dans cette revue du moyen âge, offrir toujours à votre attention d'heureux fragments poétiques et des beautés inédites. Je suis soumis à la loi accidentelle de mon sujet. Quelquefois, sous les décombres de ces vieux temps, nous découvrirons des choses éclatantes et neuves; plus souvent, nous n'y trouverons que des matériaux informes et bruts. Ce sont de curieux éléments pour l'histoire, et non des spectacles pour l'imagination. Aussi, Messieurs, en parcourant cette littérature des troubadours, dont une portion nous est sévèrement interdite, nous nous attacherons de préférence à quelques singularités de mœurs et d'événements, dont l'intérêt soutienne ou supplée pour nous le talent poétique.

Nous avons indiqué déjà ce caractère libre et hardi de la muse provençale, ce droit de réprimande et de satire qu'elle exerça contre toutes les puissances du moyen âge. C'est un trait distinctif du temps. Cette époque serait mal comprise, si elle ne se présentait qu'avec cette apparence d'ordre et de soumission, que les écrivains de la monarchie ont uniformément répandue sur notre histoire. Presque toujours, par un anachronisme de langage, ils ont attribué quelque chose de l'esprit paisible du xvii⁰ siècle aux temps agités du moyen âge. Si vous étudiez la France du xiii⁰ et du xiv⁰ siècle dans Daniel, il vous semble qu'une sorte de régularité et de subordination en animait et en contenait toutes les parties. Cette illusion était née d'abord de la lecture même des chroniques, rédigées par des moines, dans la paix des monastères. Ils avaient involontairement communiqué à leurs récits quelque chose de la quiétude et du calme de la vie monastique; et les historiens officiels de la monarchie absolue ajoutèrent, plus tard, à ces fausses couleurs, un ton d'étiquette et de gravité.

Au contraire, les monuments immédiats de la poésie populaire, lors même qu'ils ne satisfont pas l'imagination et le goût, ont toute la vivacité, ou plutôt toute la rudesse d'une vérité naïve et historique. Comment croyez-vous, par exemple, qu'au XIIIe siècle on traitait ces empereurs d'Allemagne, ces rois d'Aragon, de Castille, de France, que l'histoire nous montre à la tête de leurs nombreux vassaux, et dans la pompe de leurs cours? Ne vous semble-t-il pas que les papes seuls avaient le droit de les maudire et de les insulter, et que, du reste, tout genou fléchissait devant ces princes? Consultez les troubadours, et vous verrez que ni les puissances de la terre, ni même celles de l'Église n'étaient ménagées par ces hardis interprètes des passions de la foule. Une double vérité naîtra pour nous de cette étude; nous connaîtrons mieux les événements et l'esprit du temps tout à la fois. Vous le concevez, je ne dirai pas la convenance, mais le bon sens ne laisse pour nous, dans ces vieux monuments, qu'un intérêt froidement historique; et si, par exemple, nous empruntons à un troubadour la satire amère des excès de la cour de Rome, la censure violente, excessive peut-être, des abus du pouvoir ecclésiastique ou civil, ce sont des paroles mortes, dépouillées non-seulement de toute allusion, mais de toute vraisemblance dans nos temps modernes.

Un chevalier, un troubadour illustre, Blacas, meurt : voilà les troubadours qui célèbrent en lui le guerrier vaillant, généreux, dont la vertu faisait honte aux plus puissants monarques. Dans la complainte du fougueux Bertram de Born sur la mort du jeune Henri, nous avions admiré la douceur et la mélancolie du langage. Le poëte qui déplore la perte de Blacas, porte dans sa douleur bien plus d'amertume; il la rend outrageuse pour tous les princes de la chrétienté. D'une complainte funèbre, il fait un *sirvente*. Ce poëte, c'est Sordello, né dans l'Italie du Nord, mais poëte de la langue provençale. Le Dante a cru lui devoir cet insigne honneur, de l'invoquer presque à l'égal de Virgile, dont il le fait le compatriote, lorsqu'il le rencontre dans son mystérieux voyage.

Malgré ce singulier parallèle, la poésie de Sordello vous paraîtra bien rude; elle ressemblera pour vous à quelques-uns des chants de la Grèce moderne et barbare. Il est un de ces *chants populaires*, où, par une fiction digne de la férocité des Klephtes de la montagne, la tête coupée d'un guerrier s'entretient avec un aigle qui la dévore : « Mange-moi, dit cette tête; nourris-toi de mon courage. »

C'est le génie rude et farouche du moyen âge, qui, par une exception unique, s'était conservé, jusqu'au xviii° siècle, dans quelques cantons de la Grèce asservie. Un tour d'imagination semblable se retrouve dans les vers de Sordello ; il y a de plus cette libre et séditieuse hardiesse des troubadours, qui gourmandaient tous les princes du temps.

Je ne nommerai pas, comme l'a fait un savant historien, cette liberté des troubadours, *le cri de l'opinion publique*. Une telle puissance n'existait pas alors. La liberté était renfermée dans quelques châteaux; elle voyageait avec quelques troubadours; elle passait vite de la plainte à l'action, de la chanson à la mêlée : il faut lui laisser sa physionomie guerrière. Voici, Messieurs, ce chant singulier, plus remarquable par la hardiesse injurieuse que par le talent :

Je veux, en ce rapide chant, d'un cœur triste et marri, plaindre le seigneur Blacas ; et j'en ai bien raison : car en lui j'ai perdu un seigneur et un bon ami ; et les plus nobles vertus sont éteintes en lui. Le dommage est si grand, que je n'ai pas soupçon qu'il se répare jamais ; à moins qu'on ne lui tire le cœur, et qu'on ne le fasse manger à ces barons qui vivent sans cœur ; et alors ils en auront beaucoup.

Que d'abord l'empereur de Rome mange de ce cœur ; il en a grand besoin, s'il veut conquérir par forces les Milanais, qui maintenant le tiennent conquis lui-même ; et il vit déshérité, malgré ses Allemands.

Qu'après lui mange de ce cœur le roi des Français ; et il recouvrera la Castille, qu'il a perdue par niaiserie : mais s'il pense à sa mère, il n'en mangera pas ; car il paraît bien, par sa conduite, qu'il ne fait rien qui lui déplaise.

Je veux que le roi anglais mange aussi beaucoup de ce cœur, et il deviendra vaillant et bon ; et il recouvrera la terre que le roi de France lui a ravie, parce qu'il le sait faible et lâche.

Et le roi de Castille, il convient qu'il en mange pour deux ; car il tient deux royaumes, et n'est pas assez preux pour un seul : mais, s'il en veut manger, il faut qu'il en mange en cachette ; car si sa mère le savait, elle le battrait avec des verges.

Je veux que le roi d'Aragon mange de ce cœur. Cela le délivrera de la honte qu'il recueille ici, à Marseille et à Milan ; car il ne se peut honorer autrement, en actions ou en paroles.

Je veux aussi que l'on donne du cœur au roi navarrois, qui valait mieux comte que roi ; je l'entends dire ainsi. C'est un mal quand Dieu fait monter un homme à haute puissance, et que le défaut de cœur le fait baisser de prix.

Le comte de Toulouse a besoin d'en manger beaucoup, etc., etc.

Je n'achève pas, Messieurs; ce singulier repas est trop long : cependant la pièce de Sordello fut très-répandue et fort approuvée dans le temps. Ce *thème* d'un cœur mangé parut si beau, que voilà deux ou trois autres poëtes qui le reprennent et le paraphrasent. Ce n'est plus simplement le cœur de Blacas, mais le corps de Blacas tout entier qu'on coupe, qu'on divise, et que le poëte propose d'envoyer à divers peuples de la chrétienté, aux vaillants Poitevins, aux *couards* Anglais, etc. Certes, sous le rapport du goût, si l'on compare ces inventions aux beaux rêves de la poétique Italie, notre Midi paraît encore bien grossier : aussi c'est un exemple de liberté féodale, et non de poésie, que nous avons voulu chercher ici.

Cette poésie des troubadours, en devenant satirique et haineuse, perdait quelque chose de sa brillante inspiration : elle semble née pour chanter le beau ciel de Provence, le printemps, les plaisirs. Quand elle s'arrachait à ce *doux emploi*, comme dit La Fontaine, elle était souvent plus injurieuse qu'énergique. Ce qui fait surtout le charme et l'éclat de cette poésie, c'est l'expression interminable des sentiments délicats du cœur; c'est le langage uniforme de l'amour, soit qu'on l'écoute dans les accents passionnés d'un guerrier troubadour, ou dans les douces paroles de la comtesse de Die : mais nous en sommes réduits à l'intérêt historique. Et, dans les sujets graves, si l'on excepte Bertram de Born, et quelque autre peut-être, le génie manque aux troubadours.

Hors de là, figurez-vous cette longue et ingénieuse chanson qui se fait entendre dans toute la Provence; elle est l'occupation des grands, des preux, des troubadours, des jongleurs. Sans cesse les autres langues de l'Europe, qui commencent à se former, viennent s'y mêler; mais la primauté provençale s'y reconnaît toujours. Il est entre autres une forme singulière, que dans notre civilisation avancée on n'imaginerait pas, qui suppose une communauté, une affinité perpétuelle entre plusieurs langues : c'est ce qu'on appelait le *discort* : ce sont des sentiments de dépit, d'inquiétude, d'espérance exprimés en plusieurs langues à la fois. On faisait une pièce de vers en italien, en provençal, en français, en gascon, en espagnol; on mêlait tout cela suivant son émotion; et quand le poëte avait tout à fait perdu la tête, ce n'était pas seulement de strophe en strophe qu'il changeait de langue, c'était de vers en vers. Il y a plusieurs pièces dans cette forme singulière. Tout cela suppose un grand loisir dans une nation ; ces jeux d'esprit ne trouveraient guère place chez un peuple agité par de graves intérêts : cette douce occupation dura plus d'un siècle. Si la poésie qui en fut l'ouvrage n'est pas digne d'une grande admiration, si on ne place point cette poésie dans les archives de l'esprit humain après ces quatre ou cinq poésies qui font l'enchantement éternel de notre imagination, on s'arrête cependant avec plaisir sur elle, et on y voit le témoignage de la prospérité sociale dont jouit un peuple au milieu des agitations sanglantes de toute l'Europe : mais ce bonheur ne devait pas être durable. Le caractère du moyen âge, qui s'était adouci sous le ciel heureux de la Provence, va reparaître avec son atroce et puissante énergie. Cette contrée, si florissante au milieu du xii⁰ siècle, va recevoir en son sein toutes les horreurs d'une guerre de fanatisme et de pillage ; elle va cruellement expier tout ce qu'elle a eu de paix et de bonheur ; elle va souffrir au delà des autres pays de l'Europe. S'il est un grand contraste entre les occupations de l'esprit et la destinée des hommes, c'est la Provence qui doit l'offrir : ses jeux poétiques, ses *cours* d'amour, sont tout à coup remplacés par toutes les fureurs de la guerre et de l'inquisition la plus impitoyable. C'est encore là, Messieurs, un des grands événements du moyen âge, sur lequel la poésie *romane* peut fournir des pièces historiques.

La croisade des Albigeois! Quelle idée s'en fait-on, soit que l'esprit monacal, soit que l'esprit philosophique retrace seul ces grands souvenirs? Longtemps d'abord le témoignage des victimes avait été supprimé; c'étaient les inquisiteurs qui s'étaient faits historiens; puis le récit des inquisiteurs fut commenté plus tard uniquement par l'esprit philosophique. Tout ce qui avait été fait de violent et d'inhumain dans cette guerre parut tenir à une scélératesse profonde; tandis que le caractère de certaines époques, c'est que de méchantes actions soient commises par des hommes qui tous n'étaient pas méchants. Image fidèle des préjugés et des passions du temps, cri de douleur des vaincus dans cette guerre désastreuse, la poésie des troubadours est un vivant commentaire de ces événements.

En ce moment, deux choses nous frappent : le caractère historique et la forme littéraire de cette poésie. Ce caractère historique ne peut bien se concevoir, sans quelques réflexions rapides sur l'hérésie des Albigeois. Dans la multitude des sectes que les premiers siècles de notre ère avaient vu naître et grandir sur le tronc puissant du christianisme, il en est une dont le nom varia beaucoup, mais qui, dès l'origine, avait, dans la simplicité de ses dogmes, quelque chose d'analogue à la croyance *protestante* réduite à ses formes les plus austères. Au vi° siècle, cette secte avait le nom de *paulicienne;* elle rejetait entièrement l'autorité du pontife de Rome ; elle méconnaissait en général l'autorité du sacerdoce; elle niait le purgatoire et l'efficacité des prières pour les morts. Du reste, elle recommandait des mœurs chastes et pures, de rigoureuses abstinences. Cette secte avait deux caractères singuliers, qu'elle reçut de la diversité de ses fortunes et de ses périls : tantôt elle était purement ascétique, solitaire, pythagoricienne; tantôt elle était guerrière et impitoyable.

Lorsque le mahométisme s'étendit rapidement sur l'Asie Mineure, les pauliciens, qui avaient été persécutés par les empereurs grecs, subirent assez volontiers le joug musulman; mais sous le cimeterre et l'Alcoran, ils gardèrent leur foi, et y mêlèrent seulement quelque chose de l'imagination orientale. Avec les mahométans ils passèrent en Espagne; d'Espagne, ils arrivèrent en Provence, et ils parcoururent ainsi une partie de l'Europe méridionale, à la faveur des victoires de leurs maîtres. On les trouve répandus dès le vmᵉ siècle. C'est dans la première langue du moyen âge, dans cet idiome roman, dont les débris ont été si récemment étudiés, que cette secte énonça d'abord ses dogmes et ses prières. Après les serments de 842, un des plus anciens monuments de la langue romane, c'est la *Noble leçon des Vaudois,* pieuse et simple paraphrase de maximes évangéliques. Là, rien n'indique absolument une hérésie dogmatique; mais on sent un esprit de libre examen et de conscience individuelle. Ces maximes sévères, cette morale pure, cette religion simple et s'exprimant en langue vulgaire, étaient communes à un grand nombre d'habitants du diocèse d'Albi; d'où vint le nom d'Albigeois.

Sous les comtes de Toulouse, grâce à cet esprit de tolérance dont l'Espagne elle-même donnait l'exemple, dans ces guerres sans cesse mêlées de traités de paix, d'alliance, de mariages entre les familles arabes et chrétiennes, cette secte fut tolérée dans presque tout le Midi; elle y prit de grands accroissements; elle s'adonnait au commerce et aux arts; elle augmentait cette richessse et cette prospérité méridionale qui formait un si grand contraste avec la grossièreté rude et militaire de la France du Nord.

Tel était encore l'heureux état de cette secte à la fin du xii° siècle. Le comte de Toulouse la protégeait ; le tuteur du vicomte de Béziers était soupçonné d'en faire partie : les temples des Albigeois étaient fréquentés, leurs hymnes, en langue vulgaire, retentissaient librement ; et leur foi vivait paisible à côté de la foi catholique, dans les mêmes cités et dans les mêmes villages.

Mais alors monta sur la chaire de saint Pierre un des plus puissants génies qui aient jamais existé. On ne peut trouver ces expressions trop fortes, quand on songe que cet homme accomplit tout ce que le plus hardi des papes, avant lui, avait seulement projeté : la grande suzeraineté pontificale, cette ambition, cette théorie de Grégoire VII, fut véritablement mise en pratique par Innocent III.

La chaleur des croisades, l'enthousiasme qui avait inspiré ces grandes expéditions, commençait à s'attiédir. La voix puissante du pontife ne le ranima qu'à demi. Je ne sais si lui-même voulut porter dans l'Orient toute la force de sa volonté, s'il voulut consumer là tout l'empire qu'il avait sur l'âme des hommes. Mais on le voit, en peu d'années, humilier, abaisser, dompter Philippe-Auguste, agiter l'Angleterre, réprimander le roi d'Aragon, le roi de Bohème, l'Empereur, donner ou laisser prendre Constantinople, enfin maîtriser tous les rois de l'Europe, en faire ses vassaux, ses hommes *liges*, au nom de la religion.

Voilà quel était Innocent III.

Ce tableau incomplet de ses desseins et de ses actes n'est pas son apothéose. Dans le grand nombre de ses entreprises, il faut compter l'oppression, l'anéantissement de ce peuple albigeois, disséminé parmi les habitants du Midi. Ce fait a presque disparu dans l'immense activité du pontificat d'Innocent III.

Innocent III, monté sur le trône de Rome, et faisant la revue de l'univers, aperçoit, dans un coin de la France méridionale, ce petit peuple des Albigeois, qui suit des prêches particuliers, qui fait habituellement ses prières en langue romane, et semble ainsi renier la suprématie de la vieille langue religieuse et politique de Rome. On ne disait pas que ce petit peuple fût malfaisant. Lorsque les premiers conseils de mort et de persécution furent donnés, les habitants répondaient : « Nous ne pouvons pas les tuer; nous avons été nourris avec eux; nous avons des parents parmi eux; et nous voyons combien leur vie est honnête. » Cela était humain et sensé; mais voici comment les passions violentes du moyen âge précipitèrent un affreux dénoûment, qui, sans doute, n'était pas dans la première intention du pontife.

Dès l'année 1193, Innocent III avait envoyé dans la province de Narbonne deux légats, pour convertir et accuser les hérétiques. Il leur adjoignit plus tard un prêtre du pays, Pierre de Castelnau.

A cette époque, un légat venu de Rome, c'était plus que ne fut, dans l'ancien monde, un sénateur romain député vers un roi. Vous vous souvenez d'avoir lu dans l'histoire ancienne cette réflexion, que souvent les Romains entreprirent de grandes guerres, firent des siéges mémorables, détruisirent des peuples entiers, afin que l'offense d'un ambassadeur romain ne restât pas impunie. C'était le prestige et la politique de Rome d'attacher un sceau d'inviolabilité au moindre de ses mandataires, et de payer de tout le sang d'un peuple l'insulte qui pouvait leur être faite. A ce prix, il y avait, en quelque sorte, économie de guerres pour elle. En vengeant, par une épouvantable destruction, l'injure de la toge romaine, elle s'éparguait la nécessité de prendre plus souvent les armes. Il en était de même, au moyen âge, pour le maintien de cette succession dictatoriale que Rome chrétienne semblait avoir reçue de l'ancienne Rome; et le pontificat semblait avoir d'autant plus besoin de ce talisman de terreur autour de ses envoyés, qu'il n'avait pas de légions à lui pour les défendre.

Les légats d'Innocent III parcoururent la Provence, aidés de plusieurs moines de Cîteaux; ils prêchaient, discutaient, menaçaient, et rencontraient dans la liberté des esprits une résistance à laquelle Rome n'était pas accoutumée. C'étaient de bien âpres controverses, substituées à l'aimable frivolité des *tensons* et des controverses d'amour. Arrivés dans le palais de Raimond de Toulouse, les légats y trouvèrent grand nombre de troubadours, de musiciens, de jongleurs, et quelques hérétiques; car le comte protégeait à la fois les hérétiques et les poëtes. Les légats, et surtout Pierre de Castelnau, réclament auprès du prince la punition de ses sujets dissidents. Celui-ci promet, hésite, ajourne, et n'ose nier la terrible puissance qu'il tâche d'éluder. Cependant les deux légats, avec ce despotisme apostolique qu'ils portaient en eux, et qui leur permettait, d'après les principes de Grégoire VII, de révoquer arbitrairement les évêques, comme d'excommunier les princes, avaient déposé l'archevêque de Narbonne et les évêques de Toulouse et de Viviers, coupables à leurs yeux d'indulgence et de faiblesse. Il y avait eu, quelques années auparavant, un troubadour ingénieux, célèbre par ses vers passionnés, Foulquet de Marseille. Après la vie ambulante, frivole, capricieuse de la *gaye-science*, après bien des vers adressés aux dames du Midi, Foulquet de Marseille avait été pris tout à coup d'une grande mélancolie; il était entré dans l'ordre de Citeaux. Jeune encore, il avait gardé, sous le cilice, la violence de l'ambition mondaine. Il vint joindre son ardente ferveur au zèle farouche du légat. Le légat le fait évêque de Toulouse. Ainsi, voilà le comte Raimond, qui, jusque dans sa cour, pleine de chevaliers et de poëtes, voit croître contre lui la formidable puissance de l'Église romaine. Chaque jour, nouvel avertissement, nouvelles plaintes, nouvelles menaces, sur la lenteur du comte à punir ses sujets. Pour l'y forcer, les légats s'avisent même d'un étrange moyen.

Le comte était en guerre avec plusieurs barons de Languedoc et de Provence, et quelques-uns de ses vassaux qui lui refusaient le service féodal. Le légat se présente comme médiateur dans le camp des barons, et vient annoncer de leur part la réconciliation et la paix, sous la seule condition que les troupes qu'ils avaient rassemblées serviraient à détruire les Albigeois. Le comte refusa d'ouvrir ses États à ses ennemis, pour tuer ses sujets. Alors le sanguinaire pacificateur le déclara schismatique, rebelle à l'Église, et le frappa d'anathème, puis il écrivit à la cour de Rome. Nul récit moderne n'atteindrait à la réalité pour peindre cette puissance irrésistible de la chaire apostolique : il faut recueillir quelques paroles d'Innocent III. Voici comment le pontife appuyait son légat :

Si nous pouvions, écrivait-il au comte Raimond, ouvrir votre cœur, nous y trouverions, et nous vous y ferions voir les abominations détestables que vous avez commises ; mais comme il est plus dur que la pierre, c'est en vain qu'on le frappe avec les paroles du salut ; on ne saurait y pénétrer. Homme pestilentiel ! quel orgueil s'est emparé de votre cœur, et quelle est votre folie de ne vouloir point de paix avec vos voisins, et de braver les lois divines, en protégeant les ennemis de la foi ! Si vous ne redoutez pas les flammes éternelles, ne devez-vous pas craindre les châtiments temporels que vous méritez par tant de crimes ?....

Le comte plia la tête, fit la paix avec les nobles provençaux suscités contre lui par le zèle du légat, et promit d'exterminer ses sujets hérétiques. Mais il ne se pressait pas d'accomplir cette œuvre. Le légat irrité vient à lui, l'appelle lâche, parjure, tyran, et lui laisse pour adieu une nouvelle et dernière excommunication. Puis, comme ce sénateur romain qui, seul au milieu d'un peuple ennemi, déployait le pan de sa robe, et en laissait tomber la guerre, le légat reprit tranquillement sa route, sous la protection de cette inviolabilité du pontificat suprême. Dans une auberge sur les bords du Rhône, il est rejoint par un gentilhomme du comte de Toulouse, par un de ces hommes qui, dans une cause ou dans l'autre, sont prêts à offrir des crimes pour preuve de zèle. Cet homme l'insulte et l'assassine.

Voilà la majesté pontificale indignement violée, l'épouvantail des peuples et des rois attaqué par un crime.

L'imagination froide de nos temps ne peut se figurer l'horreur et l'épouvante de cette catastrophe dans le moyen âge, la puissance de cette voix d'Innocent III, qui, du haut de la chaire de saint Pierre, retentit dans toute l'Europe, pour demander vengeance du sang de son légat, l'indignation des peuples, l'empressement des seigneurs : c'est une croisade nouvelle. On était las de l'Orient, où l'on mourait trop. Tout ce qu'il y avait de mauvaises et même de bonnes passions, l'ardeur du pillage et le zèle religieux, sont enflammés à la fois. Les seigneurs grossiers et indigents de nos provinces du Nord brûlent de se jeter sur cette riche proie du Midi, que leur désigne du doigt le pontife.

La colère d'Innocent III n'était pas une vaine menace. Déjà des milliers d'hommes s'étaient levés dans toute la France. Là paraissait Simon de Montfort, le sanguinaire héros de cette croisade antichrétienne; Eudes III, comte de Bourgogne, et d'autres grands vassaux de Philippe-Auguste; des archevêques, des évêques, beaucoup de moines de l'ordre de Cîteaux. Lorsque le comte Raimond de Toulouse vit s'avancer vers lui cette force irrésistible armée de ce que tous les hommes regardaient avec respect et tremblement, il fut abattu malgré son courage; il consentit à se mettre lui-même à la suite de la croisade; il s'enrôla contre ses sujets. Nous n'essayerons pas de suivre cette lamentable entreprise. Nous ne pouvons que retracer ce qui tient à la civilisation et au génie du Midi.

Ce ne fut pas seulement le meurtre accidentel du légat qui produisit cette guerre désastreuse.

L'hérésie même des Albigeois n'en fut pas la cause unique. Il régnait depuis longtemps dans le Midi une lutte entre la pensée libre et le pouvoir de l'Église, entre la poésie et la prédication. Sans cesse de ce choc jaillissaient des mots amers et cruels qui blessaient la puissance de Rome, et qui paraîtraient un scandale dans notre temps. La vie désordonnée du clergé prêtait à l'amertume de cette censure laïque. Il y avait bien des années que les saints même se plaignaient de la conduite des prêtres. « Qui me donnera, disait saint Bernard, de voir, avant de mourir, l'Église de Dieu comme elle était dans les premiers jours ? »

Quand nous lisons ces paroles, et d'autres semblables que Bossuet a citées, nous devinons ce que la liberté des troubadours devait dire des vices du clergé ; et nous concevons aussi combien cette liberté devait nourrir de ressentiments et provoquer de cruelles représailles.

Quoique Raimond de Toulouse se fût uni aux *croisés*, la guerre n'en était pas moins destructive. Béziers fut emporté d'assaut, et c'est là qu'on entendit ce mot impitoyable, cette horrible impiété du fanatisme : « Tuez-les tous ; Dieu reconnaîtra ceux qui sont à lui. »

Après le sac et la destruction de Béziers, Simon de Montfort pressa plus vivement le siége de Carcassonne, où était enfermé le vicomte de Béziers. Cette ville fut prise également; le vicomte de Béziers tomba dans les mains de Simon de Montfort, et mourut bientôt. Simon de Montfort fut fait vicomte de Béziers, avec l'approbation du pape.

Maître de cette partie du Midi, le terrible Simon de Montfort marcha bientôt sur Toulouse. Je ne veux pas entrer dans le récit de cette guerre; elle dura vingt ans. La souveraineté de Toulouse fut transférée à Simon de Montfort. Elle lui fut arrachée par la résistance des peuples et le courage de Raimond de Toulouse, qui, tombé du pouvoir, retrouva, pour le reconquérir, l'intrépidité qu'il n'avait pas eue pour le garder.

L'Espagne vint se mêler dans ces luttes sanglantes; elle y parut comme protectrice de la tolérance religieuse, de la liberté de conscience. Veuillez m'entendre comme je parle, et ne jamais songer à notre temps. Mes paroles sont des paroles du xiiie siècle, des paroles gothiques. Au reste, en lisant le récit de cette affreuse guerre, on éprouve une espèce de joie vengeresse à songer que ce sanguinaire Montfort, qui avait si fort outrepassé les anathèmes de Rome, ne profita pas de ses crimes, qu'il perdit cette souveraineté de Toulouse, acquise par tant d'atroces perfidies, et fut tué en guerroyant au pied d'un château.

Par cette mystérieuse alchimie de la Providence, qui tire si souvent le bien du mal, quel fut celui qui hérita du fruit de tant de spoliations et de violences? saint Louis. A la suite de cette croisade impie, de ce sac de Béziers, de cet empoisonnement du vicomte de Béziers, de cette expulsion de Raimond de Toulouse, des trahisons de Foulquet, évêque de Toulouse, qui, deux fois, livra par de faux serments le peuple de son diocèse, ce fut saint Louis, le meilleur des rois du moyen âge, qui recueillit le comté de Toulouse. La maison des comtes Raimond était éteinte : on ne voulait à aucun prix de la postérité du cruel Montfort. La souveraineté de la France avait, par un progrès naturel, une influence irrésistible sur ce Midi, qui avait essayé quelque temps de se donner à l'Espagne : le comté de Toulouse fut réuni à la monarchie française.

Mais dans ce chaos d'événements, qu'était devenue la poésie provençale, et ce génie, premier-né de l'Europe moderne? Faisait-on encore des vers? où en étaient la civilisation, les arts, la *gaye-science?* Tout cela pouvait-il trouver place entre le troubadour Foulquet, devenu si cruel sous la mitre, et le féroce Montfort, qui ne savait pas lire, et tous ces destructeurs qui s'étaient lancés, comme des loups du Nord, sur la Provence? Ce *far niente* poétique était bien loin. On ne pouvait plus aller de château en château chanter des vers, les offrir aux nobles dames; tout était hérissé et ensanglanté par la guerre; les fêtes avaient disparu.

Enfin, l'imagination des hommes n'était plus la même; elle avait été comme submergée dans ces flots de sang. Chose remarquable, et qui montre combien non-seulement le caractère de tout homme, mais le caractère d'une nation peut profondément s'altérer à force de souffrances qui l'effarouchent et le dépravent! lors même que cette lutte terrible est apaisée, la poésie provençale n'a plus sa vivacité gracieuse et légère. Quelquefois encore, en parcourant ces poëtes, on trouve des traces d'une vie plus heureuse; et puis tout à coup ils sont retombés de leurs tournois et de leurs cours galantes aux bûchers et aux échafauds; ils essayent vainement de sourire encore, et de se souvenir de leur première joie. On lit une pièce ingénieuse, un dialogue entre un troubadour et un berger : ce sont des descriptions riantes; mais soudain tout est attristé, ensanglanté; c'est le sac de Béziers, c'est la mort du jeune vicomte, c'est la spoliation de Raimond de Toulouse, c'est l'étranglement de celui-ci, la pendaison de celui-là, ce sont les bûchers dressés dans toute la Provence.

Parmi ces tristes et derniers monuments de la poésie romane, il faut chercher quelque témoignage textuel des passions haineuses et des pensées hardies qui fermentaient dans le cœur des opprimés. C'est un détail historique qu'il serait impossible de trouver ailleurs, et qui vous étonnera. Mais quoi! direz-vous, tout ce qu'il y a de sacré et de puissant sur les imaginations était attaqué avec plus d'amertume et de violence que dans les époques modernes d'irréligieuse anarchie! Cela est-il possible? Songez au massacre de Béziers. On aperçoit de plus, dans ce testament vengeur de la poésie provençale, dans ces derniers chants inspirés par la haine contre Rome, la marque d'un changement social. Les chevaliers troubadours ont péri, sont dispersés, quelques-uns enrôlés sous la bannière des persécuteurs. D'autres poëtes ont succédé; ce ne sont plus des gentilshommes ou de jeunes vassaux élevés par la protection, qui ont apporté la *gaye-science* pour plaire à leur seigneur. C'est le fils d'un tailleur de Toulouse, qui est devenu troubadour, mais troubadour triste, désolé, comme son malheureux pays, vengeur et injurieux comme l'âme d'un opprimé.

Voici, par exemple, un sirvente de Guillaume de *Figueras*, qui justifie toutes ces réflexions. Ce sirvente est un long cri de guerre contre Rome, parce que Rome, c'est dans l'impitoyable Simon de Montfort que les victimes la voient personnifiée.

Figurez-vous vingt strophes qui commencent chacune par ce mot *Roma*; et ce mot chaque fois ramène une suite de reproches outrageux. Le poëte accuse Rome de tout; il l'accuse du sang versé dans la Palestine et du succès des Turcs.

Je veux faire un *sirvente*[1] sur ce ton qui me sied; je ne veux plus le différer. Je sais, sans pouvoir en douter, que j'en aurai malveillance; car je fais un *sirvente* sur ces faussaires pleins de tromperie, sur Rome, qui est chef de la décadence en laquelle périt tout bien.

[1]
>Sirventes vuelh far
>En est son que m'agensa;
>No'l vuelh plus tarzar,
>Ni far longu' atendensa,
>E sai, ses duptar,
>Qu'en aurai malvolensa,
>Car fauc sirventes
>Dels fals d'enjans ples,

Je ne m'étonne point, Rome, si le monde est dans l'erreur, puisque tu as mis le siècle en travail et en guerre; car mérite et miséricorde par toi meurent et s'ensevelissent. Rome trompeuse, conductrice, cime et racine de tous maux, le bon roi d'Angleterre fut par toi trahi.

Rome trompeuse, la convoitise t'égare; à tes brebis tu tonds de trop près la laine; mais que le Saint-Esprit, qui reçut chaire humaine, entende mes prières et brise tes becs, Rome, et je m'en dédis; car tu es fausse et méchante envers nous et envers les Grecs.

De Roma que es
Caps de la dechasensa
On dechai totz bes.

No m meravilh ges,
Roma, si la gens erra,
Qu'el segl' avetz mes
En trebalh et en guerra,
Car pretz e merces
Mor per vos e sosterra :
Roma enganairitz,
Qu'etz de totz mals guitz
E sims e razitz;
Lo bon reys d'Anglaterra
Fon per vos trahitz.

Roma trichairitz,
Cobeitatz vos engana,
Qu'a vostras berbitz
Tondetz trop la lana;
Mas sayns Esperitz
Que receup carn humana
Entenda mos precz,
E franha tos becz,
Roma, e no m'en precz,
Qu'ar yest falsa e trefana
Vas nos e vas Grecx, etc. etc.

Rome, aux hommes niais tu ronges la chair et les os, et tu conduis les aveugles avec toi dans la fosse. Tu transgresses trop les commandements de Dieu ; car ta convoitise est si grande, que tu pardonnes les péchés pour argent ; de trop forte endosse, Rome, tu te charges.

Rome, sache bien que ton lâche trafic et ta folie firent perdre Damiette. Tu règnes méchamment, Rome ; que Dieu t'abatte en ruine, parce que si faussement tu règnes par argent ; Rome, tu es de mauvaise race, et parjure.

Rome, vraiment nous savons très-bien qu'avec la duperie d'une fausse indulgence, tu livras au malheur le baronage (les barons) de France et la gent de Paris. Même le bon roi Louis par toi fut occis ; car par une fausse prédication tu l'éloignas du pays....

Rome, aux Sarrasins tu fais peu de dommages ; mais les Grecs et les Latins tu les pousses à destruction. Dans le feu de l'abîme, Rome, vous avez votre place....

Rome, je discerne bien les maux qu'on ne peut dire ; car vous faites par dérision le martyre des chrétiens ; mais en quel livre trouvez-vous, Rome, qu'on doive occire les chrétiens ? Que le vrai Dieu, le vrai pain quotidien me donne ce que je désire voir des Romains !

Rome, il est vrai, manifeste que tu es trop travaillée de la fougue de tes prédications traîtresses contre Toulouse ; tu ronges laidement les mains, à la manière des serpents enragés, aux petits et aux grands. Mais si le digne comte vit encore deux ans, la France ressentira douleur de tes tromperies.

Rome, tant est grande ta forfaiture, que tu méprises Dieu et ses saints : tant ton règne est mauvais, Rome fausse et trompeuse ! C'est pourquoi en toi se cache et s'abaisse et se confond la tromperie de ce monde ; tant est grande l'injustice que tu fais au comte Raimond !

Rome, Dieu le soutienne et lui donne pouvoir et force, à ce comte qui tond les Français, et les écorche, et les pend, et en fait un pont, lorsqu'avec lui ils font assaut. Quant à moi, Rome, il me plaît fort que Dieu se souvienne de tes grands torts, qu'il plaise à Dieu d'arracher le comte à toi et à la mort!...

Rome, bien souvent on a ouï dire que tu portes tête vide, parce que tu la fais souvent tondre ; aussi je pense, et crois que besoin te serait d'un peu de cervelle : car tu es de mauvais gouvernement, toi et Cîteaux, vu qu'à Béziers vous fîtes faire une si étrange boucherie.

Rome, avec faux appeaux, tu tends tes filets, et tu manges maints mauvais morceaux. Tu as visage d'agneau au simple regard ; au dedans, tu es loup enragé, serpent couronné, engendré de vipère ; c'est pourquoi le diable t'appelle comme sa créature.

Vous voyez l'atrocité réciproque des haines et des vengeances. Cette épouvantable croisade ne fut pas seulement une guerre de fanatisme ; ce n'est pas seulement Innocent III qu'il faut accuser du sang versé : il l'a regretté, il l'a pleuré, et, plus tard, ses bulles frappèrent d'anathème Simon de Montfort, qui ne paraît pas s'en être beaucoup inquiété. Mais il est manifeste, il est visible que les Provençaux haïssaient les Français, et voulaient exister à part. Ces questions littéraires, qui nous occupent, sont liées à une vérité historique : un peuple, une langue ; une langue, un peuple. Si la Provence fût demeurée indépendante, c'était un peuple du Midi de plus, avec son nom, sa langue, ses arts, son génie propre.

Cet accident d'une hérésie, qui devint comme le prétexte d'une guerre d'ambition, ne peut faire méconnaître la cause première de ces événements, où s'accomplissait l'action du Nord sur le Midi, de la France centrale de Hugues Capet sur la petite souveraineté de Toulouse. La devise fut la religion et la vengeance du sang d'un légat; l'instrument fut la colère d'Innocent III et le bras de Simon de Montfort; la cause véritable fut ce besoin, pour la France, de s'agrandir, et d'enfermer dans son sein ces petites principautés du Midi, plus civilisées, plus riches et plus faibles qu'elle. Mais ces vérités de fait ne sont pas des apologies. Ces explications posthumes n'affaiblissent en rien la juste horreur qui, dans la pensée des contemporains, dut s'attacher aux barbaries de cette invasion.

Depuis lors, la poésie des troubadours n'est plus qu'une complainte haineuse et vengeresse; elle n'est plus qu'une protestation contre la perte de la liberté du Midi et l'ascendant toujours croissant de la France : cette pensée se lie à un retour vers les croisades. Ces malheureux troubadours qui voulaient s'absoudre de penser comme les hérétiques, en même temps qu'ils les défendaient, prêchaient la croisade. Plusieurs chants, qui étaient répétés par les soldats du comte de Toulouse, étaient un cri de guerre sainte. Ces impitoyables vainqueurs qui leur arrivaient, ils voulaient les renvoyer sur les bords du Jourdain. Ainsi, ce sanglant et horrible intermède des Albigeois servit à ranimer le zèle des croisades, qui emporta si loin l'héroïsme de saint Louis.

Messieurs, nous avons rapidement esquissé les traits principaux de l'esprit provençal*, qui, d'abord parent de l'esprit français, s'en était séparé, avait brillé d'un vif éclat, et s'affaiblit et s'éteint au moment où les provinces du Midi sont absorbées dans le territoire français.

Maintenant, nous nous rapprochons tout à fait de notre véritable patrie; et nous tâcherons de démêler les premiers caractères, les premiers indices du génie purement français.

---

* Supplément à la sixième Leçon.

La priorité de date n'est pas un avantage dans l'étude du moyen âge, dont les monuments, recherchés avec plus de soin, se multiplient chaque jour. Depuis le temps où nous regrettions de ne pouvoir examiner le génie de la poésie romane que dans des pièces courtes et fugitives, un grand poëme en langue provençale a été traduit et publié. L'intérêt historique, dont nous avons indiqué la trace dans les chants épars des troubadours, fait le fond même et le sujet de ce poëme intitulé *Récit en vers de la croisade contre les hérétiques albigeois*. C'est une sorte d'épopée nationale, qui, d'une manière grave et suivie, retrace tous les événements de cette fatale guerre, depuis l'arrivée des légats du pape et l'assassinat de l'un d'eux sur les bords du Rhône, jusqu'au dernier siége de Toulouse, qui ne sera pas prise, dit le poëte, en finissant :

Car Dieu et le bon droit, et la force, et le jeune comte, et les saints, défendront Toulouse. *Amen!*

La date de cet ouvrage en augmente le prix. Évidemment, le récit est de la même date que les faits ; peut-être, comme semblent le dire les mots que nous venons de citer, fut-il achevé pendant la lutte même. Plusieurs fois le poëte se désigne comme témoin de ce qu'il raconte.

Parle-t-il du vicomte de Béziers, cette première et noble victime de la croisade :

> Je ne le vis jamais, dit-il, qu'une seule fois, alors que le comte de Toulouse épousa dame Éléonore, la meilleure et la plus belle reine qu'il y ait en terre chrétienne ou païenne.

Quelque crédit, du reste, qu'on accorde ou qu'on refuse à ces indices, si la vie du poëte s'est prolongée au delà des temps qu'il décrit, il y avait eu de sa part un instinct vrai, un sentiment élevé à terminer son poëme, comme il le fait, sous une heureuse espérance, et avant que le traité de 1229, en dépouillant le jeune comte d'une partie de ses états, fût venu démentir ou rendre inutile tant de courage et de souffrances.

Si maintenant nous demandons quel est ce poëte, la seule réponse certaine, c'est qu'il ne s'appelle pas Guillaume de Tudela, comme l'avait cru M. Raynouard. Dans le personnage que nomment les premiers vers de l'ouvrage, dans

> Maître Guillaume, qui fut clerc en Navarre, à Tudela nourri, et qui, par la géomancie, avait connu d'avance tous les événements qu'on va lire, et qu'il a écrits de sa main,

on ne peut voir qu'une supposition semblable

à celle des romanciers chevaleresques reportant toujours leurs récits à l'archevêque Turpin. Ce choix fictif d'un nom espagnol s'explique, au reste, assez par l'étroit mélange et la communication assidue qui unissait alors le comté de Toulouse et l'Aragon.

Le nom et la personne de l'auteur véritable demeurent donc cachés sous un pseudonyme. Reste à chercher l'histoire du poëme, c'est-à-dire du manuscrit.

Par là commence le précieux et complet travail que M. Fauriel a fait sur cet ouvrage, avec autant d'exactitude et de soin que de haute intelligence historique et de goût littéraire. Dans les premières pages d'une belle et savante *Introduction*, on apprend que le manuscrit unique du poëme, déposé à la Bibliothèque du Roi (fonds La Vallière, n° 91, autrefois 2708), est un petit in-folio sur parchemin, de 120 feuillets, qu'il contient 9,578 vers, qu'il appartient par l'écriture à la seconde moitié du xiiie siècle, qu'il a été rarement consulté ; mais que, fort anciennement, le récit poétique qu'il renferme avait servi de modèle à une rédaction en prose des mêmes faits, qui s'est substituée à l'original, et a été seule connue des savants historiens du Languedoc. Cette rédaction en prose, allongée et incomplète dans un point considérable, a été plusieurs fois publiée, et elle figure dans le dix-neuvième volume des *Historiens de France*. Cela même peut expliquer pourquoi les savants éditeurs de ce volume n'y ont pas également compris, à la suite de la version prosaïque, l'ancien texte poétique dont ils avaient connaissance, mais qui gagne certainement à être l'objet d'une publication spéciale, où il n'est pas considéré seulement comme document historique, mais étudié sous le rapport de la langue, de la composition et du goût.

Sous ce point de vue, en effet, l'ouvrage offre un piquant et sérieux intérêt aux amateurs de la littérature comparée dans ses origines chez diverses nations. Il jette un grand jour sur le génie et l'influence de cette poésie romane, si habilement explorée de nos jours; et, indépendamment des faits historiques, déjà connus, qu'on y retrouve, il donne indirectement de nouvelles lumières pour comprendre ces faits, par la vivacité des peintures, et par la force, la simplicité des sentiments dont il les anime et les colore.

Si ce poëme fut longtemps oublié des savants modernes, divers témoignages réunis par M. Fauriel attestent que, composé originairement par quelque troubadour ou jongleur toulousain, il avait circulé dans la tradition orale chantée par fragments. La division en strophes, chacune sur la même rime, et avec un refrain distinct, indique cette destination de l'ouvrage; et le poëte l'annonce ainsi dès la seconde strophe :

Seigneurs, cette chanson est faite de la même manière que celle d'Antioche, et pareillement versifiée, et se dit sur le même air, pour qui sait la dire.

Nous avons donc ici les chants d'un Homère provençal du xiiie siècle, qui a pris pour sujet de son *Iliade* la guerre désastreuse que souffrait son pays.

Maintenant, peu importe que son récit soit sans méthode, parfois incomplet, mêlé de circonstances évidemment supposées : l'ouvrage n'en est pas moins vrai pour nous, et de la plus précieuse vérité. C'est une première image et comme un écho de la tradition populaire. Il nous montre comment se fait l'histoire à sa naissance, comment elle se charge d'inventions poétiques, sans nom d'auteur, et par la seule force d'une imagination généralement répandue parmi des hommes crédules et passionnés. M. Fauriel, avec une ingénieuse et profonde justesse, a expliqué le caractère des ouvrages de ce genre, qu'il appelle *une transition de la poésie à l'histoire*, et dont il voit le plus haut et le plus parfait modèle dans la narration d'Hérodote, en même temps qu'il en retrouve des types naïfs dans la *Chronique générale* d'Espagne, dans les *Chants populaires* de la Grèce moderne, et il aurait pu ajouter dans Ville-Hardouin, plus épique vraiment que tous nos essais d'épopée française.

C'est dans l'*Introduction* de M. Fauriel, qu'il faut lire, à cet égard, une suite de considérations liées à l'analyse du poëme provençal, et remplies de cette érudition élevée, de cette critique fine et vaste qui caractérise ses ouvrages. Le naturel heureux du style, quelquefois négligé, mais toujours expressif, la précision des détails et le tour d'imagination qui s'y mêle, donnent un grand prix à ce morceau de littérature, où vous reconnaissez partout l'auteur du beau discours sur les *Chants populaires* de la Grèce moderne, et l'historien si neuf et si vrai de la *Gaule méridionale*.

Comme, dans une partie de cette *Introduction*, M. Fauriel s'attache surtout à faire ressortir les mérites, les caractères, ou, si vous voulez, l'utilité relative de l'ouvrage qu'il publie et qu'il traduit, nous retrouverons ses observations en nous occupant de l'ouvrage même, et en essayant de l'étudier après lui. Le texte qu'il a fallu établir d'après un seul manuscrit ne saurait être discuté par nous, sous le rapport de la philologie provençale. Nous regretterons seulement que l'auteur, qui a souvent rectifié ce texte pour la construction grammaticale et pour l'orthographe, l'ait reproduit sans aucun signe de ponctuation, et ait en cela suivi trop exactement le manuscrit qu'il corrige à d'autres égards. Il en résulte pour le lecteur studieux une petite difficulté sans avantage. Le travail entier du savant éditeur est, du reste, tel qu'on pouvait l'attendre de lui seul, et de sa profonde intelligence de la langue romane. Ce travail est à la fois minutieusement exact et plein de finesse et de goût. Le texte, sauf un petit nombre de passages, est partout intelligible, avec le secours de la version de M. Fauriel; et cette version, qui suit ligne par ligne l'original, est très-claire et très-fidèle, sans manquer parfois d'effet et d'énergie.

Jusqu'à présent on n'a publié aucun grand poëme ou roman de chevalerie en langue provençale. Mais on ne peut douter qu'il n'en ait existé un grand nombre; et les poésies des troubadours sont remplies d'allusions à des ouvrages de ce genre. Ici, nous devons nous attendre à trouver, dans un cadre historique, quelque chose de la forme poétique de ces mêmes romans ; mais elle y est sévère, dégagée de fables et d'amour, et plus marquée par le style que par l'invention. Le récit, qui ne renferme guère que onze années de la croisade, est tout en descriptions de combats et d'assemblées. Nul épisode; peu ou point de merveilleux. Le ton est presque l'impartialité d'un historien. Non-seulement l'auteur n'est pas albigeois, mais certainement il n'a rien de la virulente amertume que d'autres troubadours ont exhalée contre la cour de Rome. On dirait plutôt un catholique, à qui les crimes de la croisade et l'injuste malheur de son prince ont inspiré plus de douleur que de haine contre l'Église. Il y a dans ce livre quelque chose du caractère qu'avait le parti politique du xvie siècle, pressé entre les fureurs de la ligue et les représailles des huguenots. L'auteur, d'abord, admire même Simon de Montfort; il loue ses grandes qualités, et il dépeint, à sa mort, la douleur du camp français aussi bien que l'allégresse des Toulousains délivrés.

Toutefois, cette manière équitable de parler de Montfort et du comte de Toulouse, et d'intéresser tour à tour aux chefs des deux partis, ne nous fera pas supposer que les deux portions de l'ouvrage où chacun de ces caractères domine le plus, aient été composées par des mains différentes. Il y a plus de vraisemblance dans l'ingénieuse explication de M. Fauriel, qui voit, dans les sentiments divers de l'auteur, la transformation même de cette croisade, annoncée d'abord comme ennemie de quelques dissidents, puis devenue contre tous impitoyable et spoliatrice. L'indignation vient à l'âme du troubadour à mesure que les violences et les iniquités s'accroissent; et ses derniers sentiments sont admirablement exprimés dans l'espèce d'anathème qu'il prononce sur Montfort, au moment où il annonce ses funérailles. C'est après avoir cité son épitaphe, où il est dit qu'il est saint, qu'il est martyr, et qu'il doit revivre pour hériter et fleurir dans la joie éternelle, porter la couronne et s'asseoir sur le trône :

Vraiment, s'écrie-t-il, j'ai ouï dire qu'il en doit être ainsi : si, pour avoir occis des hommes et répandu le sang; si, pour avoir perdu des âmes et consenti des meurtres; si, pour avoir cru de faux conseils et allumé des incendies, pour avoir détruit les barons et honni parage (noblesse); si, pour avoir ravi des terres et encouragé la violence; si, pour avoir attisé le mal et éteint le bien, égorgé des femmes et massacré des enfants, un homme peut, en ce monde, conquérir Jésus-Christ, le comte doit porter couronne et resplendir dans le ciel.

Certes, il y a là une chaleur éloquente, une

révolte du sentiment moral qui nous fait comprendre la résistance désespérée du Midi, et comment l'âme du poëte avait dû passer de l'aversion pour les hérétiques à la haine contre les croisés, dévastateurs de son pays.

Un caractère remarquable de ce poëme, monument d'un art grossier et d'une passion vraie, c'est le grand nombre de discours qui s'y mêlent au récit, et qui en rompent la monotonie. On passe sans cesse de l'assaut à la délibération; on se bat et on harangue. M. Fauriel remarque avec raison le naturel et la vivacité de ces discours, et combien la narration y gagne : vous entendez Foulquet de Marseille, autrefois troubadour, devenu austère et persécuteur. Une foi vive respire dans son langage; et on sent, en l'écoutant, qu'il est le maître de Toulouse, d'où il a chassé son seigneur, sous prétexte d'hérésie.

Il faut avouer cependant que la vérité des caractères, les mœurs, le costume, comme on dit de nos jours, sont loin d'être fidèlement observés dans les nombreux discours de cette chronique versifiée. Il suffirait, à cet égard, de citer la plus curieuse de ces scènes oratoires, le débat du concile de Latran, sur la dépossession du comte de Toulouse, et la translation de ses états à Simon de Montfort, son persécuteur. Évidemment, le poëte a tout composé d'imagination, et même dans une sorte d'ignorance de ce qu'était la cour de Rome. Le pape tire les sorts dans un livre, pour se décider ; et il cite pontificalement l'enchanteur Merlin, « qui fut bon devin, dit-il, *que fo bos devinaire.* »

Cependant, malgré ces inexactitudes de troubadour, le tableau entier de la délibération est plein de force et de vérité. Le discours du comte de Foix, qui réclame le premier contre les brigandages de Montfort, ouvre cette grande lutte dont le pape est juge. L'évêque Foulquet répond, et dénonce à son tour le meurtre de tant de croisés qui marchaient pour servir Dieu. Mais un châtelain provençal se lève, Arnault de Villamur, et avoue tout ce qu'il a fait pour la défense de son pays. Le comte de Foix, enhardi par ce témoignage, accuse alors l'évêque Foulquet, qui parle si haut, et qui, grâce à ses vers doucereux, à ses phrases polies et repolies, à son pernicieux savoir, est devenu si haut personnage. Il accable de son indignation ces voleurs et ces traîtres portant la croix qui nous a écrasés, dit-il.

Ce qu'on peut remarquer dans cette scène, c'est la modération singulière attribuée par le poëte au pape Innocent III. Le pontife, qui répugne à dépouiller le vaincu, est sorti de l'assemblée; il s'est retiré dans ses jardins. Là commence près de lui une nouvelle obsession des évêques, pour lui arracher la condamnation du comte de Toulouse. Il résiste longtemps encore; il cède enfin. Mais la manière dont il prononce la sentence a quelque chose d'ironique ou de candide, qui prouve la secrète pensée du poëte.

Barons, dit le pape, c'est chose jugée que le comte est catholique et se conduit loyalement; mais que Simon tienne la terre; oui, que Simon tienne la terre, si Dieu le permet.

> Baro, ditz l'Apostols, faits es lo jutjamens
> Que lo comte ex catolix, es capte leialmens:
>   Mas en Simos tenga la terra.
> Simos tenga la terra, si Deus los a promes.

Et il semble hésiter encore :

C'est merveille, dit-il, que vous ayez exigé de moi que j'assigne la terre au comte de Montfort; car je ne vois pas de droite raison pour laquelle je doive le faire.

La scène continue, avec la liberté d'une diète féodale, plutôt qu'avec la gravité d'un concile. Le pontife est pressé de nouveau par ses ardents conseillers.

Seigneur, dit maître Thédise, la haute fidélité du comte

de Montfort, qui a fait tant de bien en chassant l'hérésie, et en défendant l'Église, devrait lui valoir la seigneurie de la terre. — Maître Thédise, dit le pape, Simon fait le pour et le contre; car il détruit les catholiques, aussi bien que les hérétiques.

Que destrui los catolics en gal dels eretges.

On insiste de toutes parts; et le pape se plaint qu'orgueil et malice ont pris siége dans le concile.

Nous devrions, dit-il, gouverner toute chose par le bon droit; et nous accueillons le mal et faisons périr le bien.

E recebem los mals, e fam perir los bes.

Et alors le pontife, en cédant avec douleur, et en accordant la spoliation du comte de Toulouse, veut au moins ménager les droits de son fils.

Le comte de Toulouse fût-il condamné, ce qui n'est pas, dit-il, pourquoi son fils perdrait-il la terre et l'héritage? Jésus-Christ, le vrai roi et le vrai seigneur, a dit que le fils n'est point puni des péchés du père.

Et il s'attendrit avec bonté sur cet enfant.

Quand les premières croix, dit-il, vinrent dans le Bédarrais, pour détruire la terre, et que Béziers fut pris, l'enfant était si jeunet, une si simple chose, qu'il ne savait pas ce que c'est que bien ni mal; et il aimait mieux un petit oiseau, un arc ou son berceau, qu'il n'aurait fait la terre d'un duc ou d'un marquis[1].

Les implacables insistent ; ils répètent ce terrible mot :

Assignez le pays au comte Simon, et qu'il tienne la terre.

E quel tenga la terra.

Et le pape prononce la sentence, cédant à des passions qu'il ne partage pas, et contre lesquelles il proteste.

Nous connaissons peu de peintures historiques plus vives et plus ingénues. C'est en général le caractère de cet ouvrage. On y rencontre une foule de traits qui doivent exprimer la vérité. M. Fauriel en marque de préférence quelques-uns dans sa belle préface. Le poëte, par exemple, veut-il montrer l'indifférence du jeune roi Louis, lorsque, chef de la croisade, après la mort de Montfort, ce prince assiste, dans sa tente, à une délibération sur le sort de la ville de Marmande ? voici sa manière de peindre :

Les prélats de l'Église se sont rendus auprès du roi, et

---

[1] On peut remarquer ce tour, demeuré dans la belle langue française,

Que no feira la terra d'un duc, o d'un marques.

C'est ainsi que Bossuet dit : « Servez-le donc, ce roi du ciel, qui vous comptera plus un verre d'eau ou un morceau de pain donné en son nom, que les autres ne *feraient* tout votre sang répandu. »

devant lui sont assis les barons de France ; et le roi s'appuie sur un coussin de soie, ployant et reployant son gant droit, tout cousu d'or. Il est là comme muet ; et les autres se parlent et s'écoutent l'un l'autre.

Ce roi qui ne dit mot et joue avec un gant cousu d'or, tandis que ses conseillers décident l'égorgement d'une ville qu'il a prise, le trait serait admiré dans Tacite. Le simple détail des faits fournit quelquefois, il est vrai, aux plus médiocres historiens de tels coups de pinceau.

Suétone dit en finissant son récit du meurtre de César : « Laissé pour mort, et tout le monde fuyant, il resta quelque temps par terre, jusqu'à ce que trois esclaves, ayant mis le corps sur une litière, d'où pendait un de ses bras, le rapportèrent au logis. » *Donec lecticæ impositum, dependente brachio, tres famuli domum retulerunt.* Certes, nulle circonstance imaginaire ne pouvait exprimer avec plus de force que ce *dependente brachio*, l'abandon, la misère où était laissé le corps de César. Et ce détail, indiqué sans doute par quelque témoin oculaire, vaut mieux ici que toute éloquence.

Notre poëte provençal a souvent de ces traits naïfs et frappants, soit qu'il les prenne dans la tradition, soit qu'il les invente ; et, sous ce point de vue, cet ouvrage, quoique fruit d'un art bien grossier, laisse souvent un souvenir durable, et peut plaire aux gens de goût, comme aux amateurs de la philologie provençale.

SEPTIÈME LEÇON.

Nouveaux détails sur l'idiome de la France septentrionale. — Comment l'influence allemande y laissa peu de traces. Faits historiques. — Quelques débris du *roman wallon* au VIII° et au IX° siècle. — Modification apportée par les Normands. — Caractère distinct et développement de cet idiome au XI° siècle. — Conquête de Guillaume. — Premiers écrivains normands; Robert Wace. — Commencement de la littérature chevaleresque. — Ses trois grandes divisions: romans de Charlemagne, de la Table-Ronde et des Amadis.

Messieurs,

Nous sommes obligés d'alterner entre la grammaire et la poésie. Je ne puis séparer les recherches techniques des souvenirs qui flatteraient votre imagination. D'abord entraînés vers le Midi, nous avons suivi la poésie provençale dans ses heureux développements. Il faut maintenant rétrograder vers la France du Nord, et nous enquérir du travail qui s'était fait dans les esprits. Un critique habile, La Harpe, a dédaigné ces études. On ne doit pas en retour les adopter exclusivement, et les préférer à la méditation toujours féconde des monuments éternels du vrai et du beau dans les lettres. Ce serait abandonner la philosophie du goût pour l'archéologie. Mais, bien comprises, ces deux applications de l'esprit sont faites pour s'entr'aider utilement. Les premiers débrouillements d'une langue naissante, les essais d'une littérature informe, examinés au double point de vue de l'histoire et de l'art, peuvent avoir plus d'intérêt que la redite des mêmes admirations pour quelques chefs-d'œuvre connus et accessibles à tous. Seulement, cet intérêt a besoin d'être acheté par un peu d'effort; et il doit nous ramener, mieux instruits du passé, à une étude plus approfondie, à une intelligence plus complète de ces grandes époques, où la langue et le génie d'un peuple ont eu toute leur puissance et leur maturité.

Messieurs, je redescends vers la barbarie; je me dis: Pendant que ce Midi, cette Provence, cette Auvergne, ce Limousin, voyaient naître tant de poëtes ingénieux, tandis qu'une langue sonore et flexible se pliait, avec un art savant, à toutes les impressions de l'âme, et même à toutes les nuances d'un esprit de galanterie parfois subtil et maniéré, la France septentrionale était-elle dénuée de tout instinct poétique? sa voix plus rude n'avait-elle pas aussi des accents qui méritent d'être entendus et notés? sa littérature ne peut-elle pas aussi déposer de son histoire?

Nul doute que, dans le nord, comme dans le midi de la Gaule, il n'y eût très-anciennement une langue vulgaire, formée du latin corrompu; nul doute aussi, je crois, qu'au viie et au viiie siècle, cette langue, touchant à son origine, sortant à peine des types latins, ne fût presque homogène sur tous les points de la France. Plus les altérations étaient récentes, plus elles devaient être analogues, et se confondre, en se rapprochant de la racine commune. Cependant la prononciation seule, l'accent plus grave ou plus aigu, devait introduire déjà dans les mots de nombreuses diversités.

L'existence de cette langue vulgaire est souvent rappelée dans les écrits latins du temps. Saint Germain, évêque de Paris au viiie siècle, étant mort, des miracles se firent sur son tombeau. Un sourd et muet, entre autres, ayant touché la châsse, retrouva sur-le-champ l'usage de la voix, si bien que non-seulement il put parler la langue vulgaire, mais qu'il apprit les lettres latines et devint clerc. Il y avait donc une langue vulgaire. Voilà le seul fait qui résulte pour nous de cette merveilleuse légende du moyen âge.

Mais, dira-t-on, le dialecte teutonique ne devait-il pas dominer dans cette langue vulgaire de la France septentrionale? C'était une invasion allemande qui avait fondé la monarchie française; c'était une seconde invasion allemande qui l'avait agrandie, en la transférant; peut-on supposer que la langue des vainqueurs et des maîtres n'eût pas profondément pénétré dans l'idiome populaire? La réponse est facile. Nous avons déjà rappelé que, dans le mélange de plusieurs peuples, l'influence d'un idiome était proportionnée, non-seulement au nombre, mais au degré de culture de ceux qui le parlaient. La civilisation *gallo-romane* étant fort supérieure à celle des Germains, la langue de ceux-ci exerça peu d'empire; ou plutôt elle exista, pour ainsi dire, à part, au milieu du pays conquis, et se conserva parmi les envahisseurs, sans se communiquer aux indigènes. Dans le VIII⁰ siècle, un décret du concile de Reims prescrivait aux ecclésiastiques, lorsqu'ils avaient prêché en langue latine, de répéter leurs homélies en langue romane rustique, ou en langue théotisque : *In romanam rusticam linguam aut theotiscam.* Ces paroles nous disent que, dans toute la

France, il y avait des hommes qui n'entendaient que la langue allemande. C'étaient les vainqueurs, les colonies militaires, les barons germains auxquels Clovis ou Charlemagne avaient distribué des fiefs. Mais après Charlemagne, et dans le démembrement de son empire, quand il y eut un souverain germanique distinct du roi de France, et que le Rhin fut une limite entre des états séparés, qu'arriva-t-il ? Les princes de la race conquérante, qui restaient en France, au milieu de l'affaiblissement de leur pouvoir et de la caducité prématurée de leur dynastie, se souvinrent peu de l'Allemagne, ou ne s'en souvinrent qu'avec défiance; ils entrèrent dans les mœurs *gallo-romanes;* ils prirent les habitudes et la langue du peuple indigène. Leur politique ne vit pas volontiers des seigneurs qui étaient restés allemands, et qui relevaient de l'empereur germanique par de grandes terres qu'ils avaient dans ses états, conserver aussi des domaines en France. Ils s'occupèrent de les en dépouiller. Ce calcul fut réciproque. Les princes d'outre-Rhin, redevenus purs Germains, travaillaient à déposséder les seigneurs qui, résidant près du roi de France, avaient encore des terres en Germanie; et, d'autre part, les rois de France, bien qu'ils eussent du sang germain dans les veines, s'occupèrent avec persévérance d'enlever les propriétés et les fiefs aux Allemands de pure race, sujets d'un autre empire.

C'est par là que l'on peut expliquer comment l'idiome des vainqueurs laissa si peu de traces sur le territoire français. D'abord l'invasion n'avait pas pénétré dans le peuple, qui, beaucoup plus nombreux et plus civilisé que ses vainqueurs, résistait et gardait sa langue et ses mœurs : puis l'influence de la cour conquérante et celle de la féodalité germanique s'affaiblirent, l'une par l'action du peuple sur ses souverains, l'autre par la politique même des rois de France, qui s'occupèrent constamment, depuis Charlemagne, de fermer la France à leurs anciens compatriotes, et de ne pas laisser de fiefs allemands parmi nous. Ainsi, en deux siècles, comme l'a très-bien montré M. Bonami, savant académicien dont vous n'avez peut-être jamais entendu parler, on voit disparaître de France l'idiome *Théotisque*, ou *Thiois*.

Il resta quelques mots d'origine teutonique çà et là répandus dans notre vocabulaire, presque entièrement formé de termes latins; et sous ce rapport, le roman *wallon*, le français du Nord, ne différa nullement du roman méridional : il est également héritier direct et universel de la langue latine. Mais nul monument de quelque étendue, nul poëme, nul chant n'atteste le premier état du *roman wallon* dans une époque contemporaine des plus anciennes poésies provençales. A l'exception des fameux serments de 842, on n'a pas, je crois, publié jusqu'à ce jour de texte *wallon* antérieur à l'an 1000. Sous cette époque reculée on ne trouve que des mots isolés de ce dialecte épars dans les chroniques latines, mais pas une phrase entière. Ainsi, je lis dans une chronique de Mortagne, au viiie siècle, qu'un homme périt d'une mort très-odieuse, que vulgairement on appelle *murt*. Ailleurs, je vois que les Normands remontaient sans cesse la Seine, et arrivaient jusqu'à Paris sur des navires nommés *bargas* dans la langue du lieu : *Navibus, quas nostrates* bargas *vocant.* Voilà un échantillon du français au ixe siècle ; voilà tout ce que j'en sais. Hincmar, évêque de Reims, parle de dispositions militaires, qui s'appellent *scaras* en langue vulgaire: *Bellatorum acies, quas vulgari sermone* scaras *vocamus.* Voilà un mot du roman méridional qui appartenait au roman wallon. Une recherche minutieuse et une investigation microscopique n'a découvert, comme monument de la langue française septentrionale vers les vɪɪɪ^e, ɪx^e et xe siècles, que des mots, quelquefois des noms propres, qui sont aussi des indices, *Cellas Ferrerias, Valcresson,* etc.

Voilà des traces bien fugitives. Comment établir quelque fait général sur de si faibles échantillons ? comment supposer que cette langue ne fût pas écrite, puisqu'elle était certainement parlée dans l'usage vulgaire ? comment affirmer qu'elle était écrite d'une manière identique au roman méridional, qui, avant le xe siècle, avait, comme vous le savez, une forme complète et régulière ?

La conjecture la plus savante et la plus ingénieuse ne peut jamais ici devenir une certitude. Cependant il est manifeste que dans cette langue de la **France** centrale, dans ce roman *wallon* du ɪx^e siècle, dont il reste si peu de traces, il s'opérait un travail de formation constant et progressif. En voici la preuve : le *roman* du Midi, au xɪɪ^e siècle, lu devant vous, serait inintelligible ; il vous paraîtrait peut-être plus éloigné de notre langue que l'italien. Ce ne serait pas seulement la prononciation, ce serait le système des constructions, la forme savante des phrases, tous les procédés de la langue enfin qui vous feraient obstacle, à moins d'une étude attentive de quelques mois. Au contraire, le dialecte de

Rouen au xiie siècle, le français du roman *de Rou*, serait généralement compris. L'orthographe, quelques mots durs et singuliers, vous arrêteraient à peine ; et une attention un peu pénétrante démêlerait dans le français parisien ou normand du xiie siècle les germes et les formes primitives de notre langue actuelle. Il est donc manifeste, quelle que soit la similitude ou la diversité du point de départ, qu'un grand progrès, dont la trace n'a pas été retrouvée, s'était accompli dans le roman *wallon*, et l'avait insensiblement conduit vers le type qui devait rester national en France. Il est manifeste qu'à dater de ces serments de 842, une différence très-forte s'était marquée entre la langue *romane* du Midi et celle du Nord.

Quelle a pu être la cause et la date de cette révolution ? On la reporte à l'invasion des Normands.

Au viie et au viiie siècle, c'était en latin qu'on écrivait même les chansons. Dans la France du Nord, quand Clotaire II remporta une grande victoire, cette victoire fut célébrée dans son armée par une chanson latine. Ces chansons étaient rimées, à la vérité ; c'était le cachet moderne mis sur l'idiome antique. A Paris, qui était déjà la capitale du royaume du Nord, la prédicat n était également latine. On conçoit qu'avec de pareilles habitudes, avec cette persistance de la langue latine appliquée à tous les actes de la vie civile, et employée même à l'expression des sentiments populaires, la langue usuelle ne devait être qu'un idiome rarement écrit qui subissait un développement insensible. Cet idiome, nous en demandons pardon à notre illustre maître en langue romane et en littérature, dut avoir, dès le premier jour, un caractère distinct de celui des idiomes de la France méridionale. Supposez le patois naissant de chaque partie des Gaules aussi rapproché qu'il est possible du latin; n'y voyez dans l'origine qu'une variante populaire de cette langue ancienne, il n'importe; la variante de Caen et de Paris n'a jamais pu ressembler à celle de Toulouse et de Pau : la dégénération s'est diversement opérée sous deux climats différents : la prononciation, plus rude ou plus sonore, suffisait seule pour introduire deux manières opposées d'altérer les types latins. Les différences nombreuses de mœurs et d'usages entre les populations du nord et du midi de la France, et la durée tenace de ces différences, avant l'action d'une civilisation uniforme et rapide, ont dû créer et maintenir ces variétés primitives des dialectes locaux qui naissaient des débris de la langue romane.

Une influence nouvelle vint de plus agir sur toute la France centrale et septentrionale. Les Normands débarquent ; leurs invasions se renouvellent pendant cinquante ans ; ils s'établissent enfin ; ils s'emparent d'une des plus riches provinces de France, et y fondent un état nouveau. On vit alors se reproduire ce qui avait marqué la première conquête allemande. Les vainqueurs adoptèrent la langue des vaincus ; mais ils y mirent quelque empreinte de la leur et de leur génie national. Dès le commencement du xie siècle la Normandie paraît non pas poétique, comme la Provence, mais docte et lettrée pour le temps. Il y avait des écoles nombreuses où l'on enseignait le latin et la langue vulgaire, le *roman*, qu'on appelait aussi le *normand* : ce soin des étrangers, pour l'apprendre, dut servir à le perfectionner. Les princes de race danoise qui régnaient en Normandie avaient un esprit singulièrement politique. On voit Rollon et ses descendants, aussitôt qu'ils sont établis dans la Normandie, éloigner d'eux les sujets danois, les renvoyer sur les bords de la mer, en faire des garnisons pour maintenir le pays vaincu, et vivre eux-mêmes au milieu de leurs nouveaux sujets, dont ils prennent la religion, la langue et les mœurs. Cette influence fut si rapide, qu'à Rouen, capitale des nouveaux conquérants, on ne parlait que la langue romane. Le successeur de Rollon, Guillaume I*er*, voulant que son fils n'ignorât point la langue danoise, fut obligé, ainsi qu'il le dit, de l'envoyer à Bayeux, poste avancé où abordaient souvent de nouvelles recrues d'hommes du Nord : tant l'intérieur même du pays était demeuré tout *roman* et tout français !

Malgré cette pleine victoire de l'idiome indigène, on ne peut douter que le mélange des races, que l'influence des conquérants ne modifiât le langage même qu'ils adoptaient. Si, jusque-là, les syllabes sonores, empruntées à la langue latine, avaient encore gardé quelque place dans le *roman* du Nord, vers cette époque, on les voit devenir moins fréquentes. Une différence notable, qui va paraître minutieuse, c'est la substitution des *e* aux *a*, d'une voyelle sourde à une voyelle éclatante. Quand la langue latine était morte, et qu'on s'était partagé ses dépouilles, de *charitas, charitatis*, on avait fait *charitat* ou *charitad*; d'*amatus*, on avait fait *amato, amad*. Le français normand prononça *charité, amé* ou *amed*.

Ainsi, à dater du xᵉ siècle, révolution peut-être insensible chaque jour, mais visible au bout de quelques années dans la langue *wallonne;* sons durs qui prédominent; syllabes sourdes et nasales; séparation plus grande d'avec la souche latine; forme moderne qui commence à paraître; caractère tout à fait identique, homogène au français actuel. Cela peut se reconnaître dans le dialecte parisien et normand du xɪɪᵉ siècle.

Une influence glorieuse fut dès lors réservée à ce dialecte. Si les Normands l'avaient tout à la fois appris et modifié, bientôt ils le portèrent en Italie, en Angleterre, en Grèce. Plus tard, cette même langue fut parlée dans les *Assises* de Jérusalem. Guillaume, maître de l'Angleterre, eut la politique des Romains; il imposa la langue franco-normande à ses gens d'affaires et à ses tribunaux. De même qu'il établit la loi du *couvre-feu,* il établit la loi du français. Le français devint, pour ainsi dire, le latin de l'Angleterre, la langue savante qu'il fallait étudier pour toutes les transactions civiles. Un décret de Guillaume ordonne que, dans les couvents qui renferment des écoles, on apprenne d'abord le français, et ensuite le latin, si on avait le temps. Vous ne pouvez douter que cette importance donnée par le conquérant à une langue qui, de l'autre côté de la mer, était vulgaire et dédaignée, ne servit au développement de cette langue. C'est par là que l'on s'explique comment nos plus anciens monuments de roman *wallon*, de français parisien, ont été rédigés par des Normands en Angleterre. C'est qu'en Angleterre, le français populaire prenait, sous l'influence et par l'épée de Guillaume, un crédit, une autorité qu'il n'avait pas même à Paris; il était la langue des maîtres et des savants. Quand il s'agira des premiers écrivains français, de ceux qui ont bégayé la langue que vous parlez, vous me demanderez pourquoi je vous nomme Robert Wace, et vous parle de gens qui sont nés dans l'île de Jersey; c'est que, par l'influence de Guillaume et de la conquête, le français eut, en Angleterre, une importance presque classique, qu'il devint un objet d'étude et d'émulation pour les écrivains, et que, dès lors, il dut prendre plus vite une sorte de consistance et de maturité.

A l'appui de cette conjecture, je vais citer un passage de vieux français normand. C'est pour la première fois qu'un fragment de notre ancien idiome aura pu paraître intelligible à cet auditoire. Vous allez reconnaître distinctement votre langue. Je choisirai quelques détails du grand exploit que la poésie normande devait

célébrer avec ardeur, la *Conquête de Guillaume*.
Ce sont des vers du roman *de Rou*, chronique
où Robert Wace raconte les actions de Rollon
et de ses successeurs.

> Taillefer, ki mult bien cantout,
> Sor un cheval ki tost alout,
> Devant li Dus alout cantant
> De Karlemaine è de Rollant,
> E d'Oliver è des vassals
> Ki morurent en Renchevals[1].
> Quant il orent chevalchié tant
> K'as Engleis vindrent aprismant[2] :
> Sires, dist Taillefer, merci,
> Jo vos ai lungement servi,
> Tut mon servise me debvez;
> Hui se vos plaist me le rendez.
> Por tut guerredun[3] vos requier,
> E si vos voil forment préier :
> Otréiez mei, ke jo n'y faille,
> Li primier colp de la bataille.
> E li Dus respont : Je l'otrei.
> E Taillefer point à desrei[4],
> Devant toz li altres se mist;
> Un Engleiz feri, si l'ocist;
> De soz le pis[5] parmi la pance
> Li fist passer ultre la lance;
> A terre estendu l'abati,
> Poiz trait l'espée, altre féri,
> Poiz a crié : Venez, venez;
> Ke fetes-vos ? férez, férez.

[1] Roncevaux.
[2] Approchant.
[3] Récompense.
[4] Pique au galop.
[5] La poitrine.

Ce n'est plus là, Messieurs, du *roman* ou du provençal ; la langue française est trouvée.

Le progrès et l'influence de l'idiome français continuèrent longtemps d'être favorisés par la politique des successeurs de Guillaume, occupés d'un double intérêt. Ce calcul d'un souverain qui se dépouille lui-même de sa propre nationalité, lorsqu'il est appelé à gouverner une nation étrangère, n'était pas applicable à ces princes normands, restés ducs de Normandie et devenus rois d'Angleterre. Ils voulaient se maintenir Normands : de là cette protection si magnifique qu'ils accordèrent aux chants des trouvères, et ce soin empressé d'introduire la langue française dans les tribunaux. La trace s'en conserve encore aujourd'hui. La procédure anglaise est remplie de termes du vieux français. On y reconnaît l'empreinte du conquérant, et comme le coup de son gantelet de fer sur la nation vaincue. Mille anecdotes, qu'il serait facile de recueillir, attestent à cet égard la politique des rois anglo-normands. En 1093, Wistan, évêque et homme d'état célèbre, fut écarté des conseils du roi d'Angleterre, parce qu'il ne savait pas le français : *quasi homo idiota, quia linguam gallicam non noverat.*

Ce crédit de l'idiome français ne se bornait

pas à l'Angleterre. Les aventureuses expéditions des Normands l'avaient porté dans la Calabre et dans la Sicile. A Naples, Henri, appelé au trône par les seigneurs qui s'étaient révoltés contre son frère Guillaume Ier, refusa, par la raison qu'il ignorait la langue française, qui était nécessaire à la cour : *quæ maxime necessaria esset in curia.* Sans rivaliser avec l'influence poétique et chantante du *roman* méridional, le français du Nord, le dialecte parisien-normand avait donc, dès la fin du XIIe siècle, une véritable prépondérance. La conquête l'avait porté à Naples, en Sicile et en Angleterre ; et la politique des conquérants l'y maintenait, comme un signe et un attribut de leur puissance. Ce fait incontestable nous servira de lien pour réunir les diverses parties du tableau littéraire de l'Europe latine au moyen âge. C'est ainsi que nous avons dû naturellement y placer l'Angleterre. Dans ce mouvement des idiomes nouveaux, nés de la chute de l'empire romain et du renouvellement des races, l'Angleterre a reçu l'influence de la France. A la longue, le caractère allemand et saxon a prédominé, ou plutôt il s'est formé en Angleterre un peuple mixte, qui tient à la race teutonique par le fond de sa langue et de son génie, mais qui conserve encore plusieurs traits empreints sur lui par la conquête de Guillaume.

Cette action de l'idiome et de l'esprit français au milieu de l'Angleterre est surtout visible dans les temps qui suivirent l'invasion normande, à laquelle étaient associés des Angevins, des Poitevins, des Français du centre et du Nord. De là, Messieurs, la première littérature, la première poésie nationale de l'Angleterre a reçu un cachet qui la rapproche de l'Europe latine. Voyez les poëtes anglais de la fin du xiiie siècle; ils sont Français par le caractère des inventions et des formes. Cette influence a été si puissante, que bien qu'elle n'ait pu déraciner les vieux mots, elle a placé dans ces vieux mots d'autres idées. Si vous suivez plus tard le développement de la littérature anglaise, vous reconnaîtrez la trace de cette influence primitive dans la singularité qui fait que l'Angleterre, presque allemande par les origines de sa langue, est beaucoup plus française qu'allemande par les allures simples et le tour naturel et libre de son génie. Les nuances du caractère intellectuel des peuples seraient souvent inexplicables, si on n'allait les chercher, les surprendre dans leur origine.

Dès le commencement du xive siècle, nous

trouvons Chaucer, élève des *trouvères* et des *troubadours*, et qui cependant parle un anglais entièrement éloigné de notre langue : il a pris nos idées ; mais il a gardé le vieil idiome anglo-saxon.

Or, nous le redisons, parce que d'excellents esprits ont, sans motif, allégué le contraire, notre langue est de race latine, et nullement de race teutonique. Le savant Ginguené a écrit que la langue *théotisque* est la source de la nôtre, et il cite comme échantillon quatre vers rimés, dont tous les mots sont encore aujourd'hui allemands ou anglais, mais étrangers à notre langue.

Nous avons constaté un premier fait historique : c'est, après un débrouillement plus ou moins obscur, l'existence, à la fin du xie siècle, d'un idiome séparé de l'idiome provençal, dérivé de la même source, mais distinct dans ses formes, et offrant déjà l'analogie la plus remarquable avec notre langue du xve, du xvie et du xviie siècle. Nous n'avons pu suivre la naissance de cette langue nationale; mais nous avons marqué son premier âge. Jusque-là les monuments manquaient. Tout à coup ils abondent et se multiplient sous toutes les formes. Faut-il supposer qu'alors seulement l'esprit français eut sa vigueur et son originalité ? Non, sans doute ;

mais il le renfermait dans la langue latine. Un Abeilard, un saint Bernard, ces hommes si admirés de leurs contemporains, et qui, dans un siècle plus heureux, auraient été de beaux génies durables, ne se servaient de la langue vulgaire ni dans leurs lettres, ni dans leurs discours publics. On croit cependant qu'Abeilard en fit usage dans les chansons qui rendirent sa passion trop fameuse, et dont il atteste lui-même la vogue populaire : *Si qua invenire liceret carmina, essent amatoria, non philosophiæ secreta. Quorum etiam carminum pleraque adhuc in multis frequentantur et decantantur regionibus, ab his quos similis vita delectat.* Mais la personne la plus intéressée dans ces vers les a rappelés par des paroles qui mettent les érudits en doute : « La plupart des vers que tu a laissés, écrivait-elle, furent des chants d'amour, en mètre ou en rhythme. Ces vers, par la douceur, hélas! trop grande de l'expression et du chant, mettaient ton nom dans toutes les bouches, et en même temps le nom d'Héloïse. Toutes les places, toutes les maisons retentissaient de moi. » *Pleraque amatorio metro vel rhythmo composita reliquisti carmina; quæ pro nimia suavitate tam dictaminis, quam cantus, tuum in ore omnium nomen tenebant.... Me plateæ omnes, me domus singulæ resonabant.*

De savants hommes ont prétendu que ces paroles *metro et rhythmo* n'étaient pas applicables à des chansons en langue vulgaire, et désignaient des vers latins, ou mesurés ou rimés, selon l'usage du temps. Mais alors il faut supposer que le latin était encore entendu sur les places publiques; et cela même expliquerait la longue infériorité et la disgrâce de la langue vulgaire.

Ainsi donc, avant ces auteurs anglo-normands, nulle trace bien marquée du développement de l'idiome national; et d'autre part, sous l'influence de ces auteurs, de longs poëmes, de grands récits, des suites d'ouvrages en vers prosaïques. A cet égard, le *roman wallon* semblerait avoir une supériorité sur le roman provençal qui nous a transmis peu de grands ouvrages et de poëmes narratifs. Ils abondent, au contraire, dans cette langue plus rude et moins heureuse de la France septentrionale. C'est là que nous trouvons la grande création du moyen âge, l'imagination du moyen âge personnifiée, la chevalerie.

Ici nos recherches devraient s'animer d'un intérêt nouveau. S'il est dans le moyen âge un souvenir gracieux, s'il est un beau rêve de la pensée humaine, une espèce d'épopée à laquelle tout le monde travaille à la fois, qui se renouvelle et s'étend sans cesse, c'est l'histoire de la chevalerie.

Quelle en est l'origine? où commence-t-elle? quelle est la vérité sur laquelle on a brodé cette riante fiction? à quelle partie de l'Europe faut-il l'attribuer? vient-elle du Midi? vient-elle des Arabes, comme on l'a cru? est-elle née du reflet des croisades? est-ce la légende des croisades, si l'on peut parler ainsi?

La vérité est la racine de toute poésie. L'esprit de l'homme, on le dit en philosophie, on l'éprouve en littérature, n'invente rien d'une manière absolue, même quand il combine les fables les plus chimériques. C'est avec des débris de vérités qu'il fait une fiction. Ainsi, quelque grand événement, quelque spectacle extraordinaire avait agité les imaginations humaines, pour les porter à ce rêve de la chevalerie, qui devint la pensée commune dans une partie de l'Europe. Nul doute que c'est à Charlemagne qu'il faut reporter cette première influence. Songez en effet combien les hommes avaient l'imagination vive et facile à ébranler dans ces temps du moyen âge. Puis, figurez-vous Charlemagne, avec tout ce qu'il réunissait de majestueux, d'éclatant, d'inattendu; ses grandes entreprises, ce voyage de Rome, ce couronnement mystérieux, ses guerres d'Allemagne, ses guerres d'Espagne, ses luttes contre les Maures et contre les Saxons; puis cette magnificence, ces fêtes, ces tournois, cette cour d'Aix-la-Chapelle, qui semblait une merveille à l'Europe barbare; la personne même de ce prince, telle que nous l'ont représentée l'archevêque Turpin et la chronique de Saint-Denis; et maintenant doutez-vous que, du vivant de ce héros et lorsqu'il fut mort, toutes les imaginations et des reclus et des laïques n'aient incessamment travaillé sur ce grand souvenir, et n'aient fait de Charlemagne et de ses pairs le premier type de ces chevaliers dont la force surnaturelle était une féerie? L'ignorance aidait la poésie; on faisait des histoires merveilleuses dans lesquelles le héros arrivait de plain pied de la terre sainte en Irlande. Je ne doute pas que la surprise donnée aux imaginations par cette puissance extraordinaire de Charlemagne, ses victoires, ses voyages perpétuels qui le montraient magiquement à tous les bouts de son empire, n'aient préparé les esprits à faire, à comprendre, à goûter toutes les fictions chevaleresques.

D'autres éléments venaient s'y mêler. Un des caractères de ces récits, c'est un esprit presque religieux de galanterie, un culte idéalisé pour les femmes. Vous retrouvez là une trace germanique. Tacite, opposant la simplicité des peuples germains aux vices de Rome, nous dit qu'ils croyaient trouver dans les femmes quelque chose de prophétique et de divin : *Inesse quin etiam fœminis sanctum aliquid et providum putant.* Du génie chaste et rêveur de ces peuples, d'une sorte de générosité empreinte dans leurs mœurs même barbares, était sorti ce sentiment d'adoration pour un sexe faible que le christianisme vint émanciper et ennoblir. De là, sans doute, il a passé dans les romans de chevalerie.

A cette manière abstraite de voir dans Charlemagne le type de la chevalerie, nous pouvons ajouter un témoignage authentique. Le plus ancien roman de chevalerie, c'est la *Légende du voyage de Charlemagne*, par Turpin. Tout est gigantesque dans ce récit. Ce n'est plus l'héroïsme des guerriers d'Homère, cet héroïsme qui s'accommodait de la fuite et du pillage; c'est le merveilleux des miracles, et la pureté des vertus chrétiennes. Roland abandonné veut briser son épée, pour qu'elle ne tombe pas dans les mains des ennemis de la foi; à chaque coup qu'il porte, il fait sauter des rocs énormes. Il appelle Charlemagne; le son du cor qu'il fait vibrer retentit jusqu'à Saint-Jean-Pied-de-Port. Charlemagne ne vient pas, parce que le traître Gannelon l'en empêche. Roland redouble, et enfin les veines de sa poitrine se brisent sous l'effort de sa voix; il est vaincu par lui-même; il tombe.

Voilà le premier roman de chevalerie, quel qu'en soit l'auteur, Turpin ou un moine obscur. C'est le souvenir de Charlemagne qui a créé cette vaste épopée, prolongée pendant plusieurs siècles. Les douze pairs de Charlemagne deviennent les arcs-boutants de la chevalerie, et leurs noms inspirent de longs poëmes.

Bientôt les souvenirs mêmes de l'histoire ancienne, quelques grands noms grecs ou romains qui avaient surnagé dans l'imagination confuse du moyen âge, deviennent les sujets de romans de chevalerie. C'est le sort d'Alexandre. Deux poëtes du XIIe siècle célèbrent le héros macédonien dans un poëme en grands vers, rempli de tournois, de féeries et d'allusions à Philippe-Auguste. Comme le monarque français avait rançonné les juifs de son royaume avant de partir pour la croisade, de même Alexandre met à contribution les usuriers de la Macédoine; il ne manque pas non plus de créer douze pairs, comme avait fait, dit-on, Charlemagne.

Cette puissance de l'anachronisme, ces esprits

qui sont submergés dans les mœurs de leur temps, qui reçoivent avec candeur quelques grandes traditions historiques, et les affublent du manteau qu'ils portent eux-mêmes : tout cela est singulièrement favorable à l'invention, à la poésie.

Quand on est, comme nous, *éclectique*; quand on peut discuter, avec une justesse d'érudit, ce qui convient à chaque époque, on n'est pas soi-même sous la séduction de ses propres paroles ; on n'est pas trompé, on ne trompe pas ; on est difficilement poëte. Mais à certaines époques, c'est l'imagination publique, courante, qui est poëte; et personne en même temps n'est grand poëte, et ne réalise à un plus haut degré cette pensée, pour ainsi dire, vulgaire. Voilà ce qui arrivait au xiie et au xiiie siècle, dans la France du Nord. Beaucoup de gens racontaient, versifiaient ce que tout le monde croyait ; c'étaient d'interminables histoires des paladins de Charlemagne, des géants et des fées. Une autre source de romans de chevalerie venait de s'ouvrir. Ces Normands qui, devenus Français par la langue et les mœurs, allaient conquérir l'Angleterre, avaient fait auparavant de bien grandes choses dans le monde. Longtemps, par leurs courses, ils avaient ravagé toutes les côtes de la Baltique et de la Méditerranée ; ils avaient traversé la

Russie, pénétré jusqu'à Constantinople, offert leur secours au faible empereur grec; par leur héroïsme aventureux, ils avaient été les précurseurs des croisades. Quelques-uns des leurs (ils étaient nombreux, ils étaient quarante), en revenant de la terre sainte, où ils protégeaient les pèlerins, avaient délivré Salerne d'une armée de Sarrasins, puis l'avaient conquise et gardée. Enfin, Guillaume prenait l'Angleterre, tandis que Guiscard envahissait la Grèce et menaçait Constantinople. Ils étaient Charlemagne à eux tous; ils ébranlaient de même l'imagination; ils avaient également offert au monde européen un spectacle de puissance et d'héroïsme.

Nouvelle date pour la poésie, nouvelle origine pour les créations de l'esprit humain : aussi vous voyez surgir, à la suite des Normands, une foule de fictions et de poëmes, sans autre génie qu'une singulière hardiesse d'invention; c'est toute la chevalerie de la Table-Ronde. Le premier modèle est l'auteur du roman *du Brut*, qui écrivait vers l'an 1155; il rapporte l'histoire fabuleuse des premiers rois d'Angleterre, en remontant jusqu'à Brut, fils d'Ascagne et petit-fils d'Énée. Ce Brut fait de longs voyages, rencontre des îles enchantées, des palais merveilleux, et enfin trouve l'Angleterre, où il établit sa famille qui règne glorieusement. Là figure l'institution de la Table-Ronde et l'enchanteur Merlin, un des personnages les plus populaires du moyen âge. Et voilà toute une série de fables, vraiment ingénieuses, qui sort de cette secousse donnée à l'imagination humaine par les grands exploits des Normands.

Ces poétiques souvenirs conservaient tant de force, que Milton, dans sa jeunesse, avait imaginé d'y consacrer un poëme épique, par lequel il se promettait d'immortaliser son nom. Il l'avoue quelque part dans des vers latins :

> . . . . . Indigenas revocabo in carmina reges
> Arthurumque etiam sub terris bella moventem,
> Aut dicam invictæ sociali fœdere mensæ
> Magnanimos heroas; et, o modo spiritus adsit !
> Frangam saxonicas Britonum sub Marte phalanges.

Et ailleurs, en exhumant tous les vieux noms de la *féerie* britannique :

> Dicam, et Pandrasidos regnum vetus Inogeniæ
> Brennumque Arviragumque duces priscumque Belinum,
> Et tandem Armoricos Britonum sub lege colonos,
> Tum gravidam Arthuro, fatali fraude Iogernem,
> Mendaces vultus, assumptaque Gorloïs arma,
> Merlini dolus.

Il a bien fait d'abandonner ce sujet pour le plus grand de tous, et de sacrifier l'enchanteur Merlin au *Paradis perdu*. Mais on voit par cette première tentation, cette velléité du génie, combien il y avait de charme et de vie poétique dans ces vieux souvenirs. Arioste avait déjà fait pour les romans de Charlemagne ce que Milton rêvait pour ceux du roi Artus. Mais, avec son goût exquis, Arioste n'avait pas pris au sérieux les contes du xiie siècle ; il les renouvela en n'y croyant plus, seule manière de se servir encore des fictions naïves d'un autre âge.

Au risque de faire une division symétrique ou systématique, je continue, et je trouve encore dans une troisième classe de romans l'influence de la réalité sur la fiction. Charlemagne et les Normands avaient fait naître deux générations de chevaliers. Une autre va sortir du plus grand homme de l'Espagne, du Cid. Le Cid à la fin du xie siècle, le Cid au siége de Tolède ; les combats corps à corps livrés entre les chefs des deux armées ; cette diversité de mœurs, de costumes, d'armures ; ces hommes du Nord, du Midi, accourus de toute la chrétienté pour servir sous le drapeau du Cid ; ce grand homme dont la gloire prédomine ; sa vie pleine d'aventures et de périls, sa générosité : tout cela, diversement reproduit dans les chants populaires, devait donner naissance à un nouvel ordre de compositions romanesques.

Au contre-coup de ce grand nom, je rattacherai les *Amadis*, ces fictions dont l'auteur immédiat n'est pas connu, et que plusieurs nations se disputent. Dans le Cid, c'est moins la grandeur des événements que la grandeur de l'homme qu'il faut considérer. Il n'est pas, comme Charlemagne, Guillaume, ou Robert Guiscard, conquérant d'empires; c'est l'héroïsme luttant sur l'étroit territoire de l'Espagne, ne gagnant pas de couronnes pour lui-même, mais les donnant. Aussi les romans de chevalerie espagnols semblent porter l'empreinte de ce dernier caractère. On y trouve plus de générosité, plus de délicatesse, un point d'honneur plus élevé.

Dans les romans qui appartiennent aux Normands, dans les romans de la Table-Ronde, on trouve le goût des aventures extraordinaires, les courses lointaines, les grandes conquêtes, les grandes entreprises. Il est peu de chevaliers qui ne deviennent rois, et pas d'écuyer qui n'obtienne une île, comme le souhaitait Sancho Pança : c'est l'esprit aventureux, mais intéressé des Normands, qui veulent, à travers les batailles et les coups d'épée, arriver à quelque chose de sûr et de profitable. Dans les romans qui tiennent à l'école de Charlemagne, vous trouvez une ambition moins étendue; tout le monde ne croit pas pouvoir aspirer si haut ; on sent que la première place est prise; et personne ne la dispute. Ainsi, ces pairs de la cour de Charlemagne font très-honnêtement leur métier de chevaliers ; ils ont beaucoup d'aventures, donnent ou reçoivent grand nombre de coups de lance : mais je ne vois pas qu'ils fassent une très-haute fortune, à l'exception du bon Ogier le Danois, qui n'épouse pas une reine, mais une fée, et devient immortel par ses enchantements. Quant aux romans nés du Cid, ils ont un caractère tout particulier : vous y apercevez le reflet de la vie arabe et de la vie espagnole. C'est là que le culte pour les femmes prend une ardeur de passion et une délicatesse de jalousie qui rappelle les mœurs de l'Orient. L'ambition y tient moins de place que l'amour.

Ces trois ordres de romans sont trois suppléments à l'histoire; ils la rendent, ils l'expriment souvent avec plus de vérité que l'histoire ne s'exprime elle-même; ils racontent ce qu'elle oublie; enfin ils attestent surtout par contrecoup la disposition générale des esprits; car, sachons-le bien, au XIIe et au XIIIe siècle, ils n'étaient pas reçus pour romans. Je ne suis pas convaincu que celui qui les écrivait ne les prît pas lui-même pour histoire véritable; certainement beaucoup de lecteurs s'y trompaient.

Si nous parcourons quelques chansons de troubadours, on voit que les noms et les aventures des principaux personnages de la chevalerie étaient en quelque sorte historiques, que l'on y faisait de fréquentes allusions, comme à des faits reconnus. Désigne-t-on les études nécessaires à un jongleur, il doit savoir l'histoire du roi Artus, de la belle Yseult, etc.; ce sont des choses qu'un jeune homme bien élevé ne peut pas ignorer : avec cela on connaît le monde, on sait l'histoire.

Voilà quelle était la disposition du moyen âge, et comment les esprits, frappés d'abord par le spectacle réel de grands événements et de grands hommes, avaient créé des fictions qui étaient devenues la vérité elle-même, et remplaçaient pour eux le monde de la nature et de l'histoire.

Cette illusion naïve des imaginations explique une foule de faits singuliers qui remplissent les annales du moyen âge. Tant de légendes merveilleuses et si attestées, tant de miracles ont existé pour les contemporains, comme ces histoires chevaleresques dont ils se nourrissaient uniquement! L'habitude et l'attrait de la fiction avaient rendu l'esprit incapable de croire et d'aimer autre chose, et le surnaturel était devenu en tout l'explication la plus simple.

Pour qu'un autre intérêt s'attache à ces productions, dans notre siècle d'analyse, il faudra tantôt y chercher le caractère et le progrès de la langue, tantôt l'esprit du temps, tantôt l'œuvre du talent, c'est-à-dire mettre quelque étude à distinguer ce qui était la pensée commune, et ce qui fut la pensée poétique d'un homme. Nous dirons parfois : Voici des inventions ingénieuses et délicates qu'un esprit du xiie siècle a trouvées ; en quoi cet homme ressemblait-il à ses contemporains ? en quoi leur était-il supérieur ? Nous chercherons pourquoi cette littérature si féconde n'a pas produit quelque œuvre de génie. Les génies supérieurs sont-ils distribués de telle façon que nulle circonstance heureuse ne puisse en développer un de plus, s'il n'est pas sorti par une destination providentielle ? Quelquefois, dans ces ouvrages, nous reconnaîtrons de singuliers hasards de talent, qui semblaient promettre qu'un homme comme le Dante serait né plus tôt, et serait né ailleurs.

Aujourd'hui, je ne prolongerai pas davantage cette revue. Nous avons marqué comment le langage français se forma ; nous avons indiqué

les origines de la mythologie du moyen âge ;
nous avons expliqué cette puissance d'imagination, qui n'était, pour ainsi dire, qu'une puissance de crédulité. Maintenant nous chercherons le talent ; nous serons moins heureux peut-être à le trouver.

HUITIÈME LEÇON.

Réalité de la chevalerie fidèlement décrite dans les romans du moyen âge. — Éducation et devoirs des chevaliers. — Fabliau de Saladin, ordonné chevalier. — Cour de Philippe-Auguste. — Grand nombre des productions littéraires. — Chrétien de Troyes; ses principaux poëmes. — Commencements de la prose française. — Villehardouin; sa langue et son style.

Messieurs,

La littérature romanesque du moyen âge ne devrait pas nous occuper plus longtemps, si elle n'était pas aussi vraie que fabuleuse. Mais sous ces histoires extravagantes, sous ces imaginations singulières qui remplissent tant de romans versifiés du xiie et du xiiie siècle, se cache, ou plutôt se montre une imitation fort expressive de la vie contemporaine. On a dit que la chevalerie était tout entière une fiction; le caractère factice des invocations qu'on lui adresse dans nos temps modernes a fait douter d'autant plus de son existence dans le passé. Cependant la chevalerie est un événement réel de l'histoire, une grande institution du moyen âge. Son image est reproduite dans ces romans remplis d'enchanteurs et de géants. Tout ce qu'on y voit, les mœurs, les détails, les costumes, les usages de la vie, les aventures même, dans ce qu'elles ont de naturel et d'humain, sont l'expression exacte et fidèle du temps. A cet égard, les romans de chevalerie peuvent s'appeler une chronique du moyen âge, non moins vraie que la chronique même de Saint-Denis.

Nous l'avons dit d'abord ; bien que poëte signifie faiseur, et que troubadour ou trouvère soit synonyme d'inventeur, jamais poëte ne fait ou n'invente que l'idéal des événements ou des croyances de son temps. L'imagination n'est qu'un souvenir plus vif; parfois elle imite seulement une copie. On l'admire, quand elle renouvelle la réalité.

Qu'est-ce que la chevalerie? C'est la vie du moyen âge mise en action ; c'est la garde d'honneur de la féodalité. On ne pourrait concevoir la durée de la vie féodale sans ce cortége de guerriers qui la soutiennent, sans ces passions, ce point d'honneur, cet enthousiasme qui l'animent et l'embellissent.

Aussi, un très-savant homme, M. de Sainte-

Palaye, voulant établir tous les caractères de la chevalerie, considérée comme institution militaire et religieuse, les a tout simplement cherchés dans les romans du moyen âge; et ce n'est point erreur ou système de sa part. Les auteurs des romans de chevalerie ont, en effet, mêlé aux fictions les plus bizarres l'imitation fidèle de ce qui se trouvait inscrit dans le rituel des chevaliers.

Voyons, d'après ces témoignages, quelle était la vie d'un chevalier.

Quand un enfant avait le bonheur de naître fils de gentilhomme, et que cet enfant était vif, alègre, on le tirait à sept ans des mains des femmes, et on commençait son éducation. Il n'avait guère autre chose à faire que de courir, et de s'exercer au saut et à la lutte. Bientôt il devenait *damoisel, varlet* ou *page*, qualités à peu près semblables, que l'on a confondues ou distinguées selon les temps. Alors il était presque toujours éloigné de la maison paternelle, et mis chez quelque haut baron ou seigneur du voisinage. Il y servait le maître, ou souvent la dame du château, suivait sa haquenée, portait ses lettres, quand elle savait écrire. Mais il faisait aussi l'apprentissage de la chasse et de la guerre, lançait et rappelait le faucon, maniait la lance et l'épée, s'endurcissait à la fatigue et aux plus périlleux exercices; surtout il était sans cesse entretenu d'exploits de guerre. La grande salle du château était une école où se réunissaient écuyers et chevaliers, et où se formaient les jeunes pages en entendant parler, dit Froissart, de faits d'armes et d'amour.

Dans ces études, plus amusantes que le grec et le latin de nos jours, il gagnait quatorze ou quinze ans. Alors il était fait écuyer. Il y avait plusieurs ordres d'écuyers : écuyer de corps ou d'honneur, c'était celui qui montait à cheval et marchait à la suite du chevalier ou de la dame du château; écuyer tranchant; écuyer échanson ou pannetier; toutes formes de domesticité. Mais vous savez que, d'après un usage venu des forêts de Germanie, ou peut-être emprunté au Bas-Empire, certains offices domestiques étaient nobles, devenaient des titres et des grades d'honneur. Le jeune homme que l'on faisait écuyer était présenté à l'autel; et là commençait l'intervention des cérémonies religieuses, souvent renouvelées dans la suite; car la chevalerie, c'était la réunion des deux choses qui occupaient le moyen âge, la religion et la guerre. Écuyer, le jeune homme continuait à se former par la conversation et l'action, beaucoup plus que par aucune étude régulière. Puis il devenait archer ou homme d'armes. Là, surtout, l'éducation militaire était appliquée dans toute sa rigueur, et faisait des prodiges supérieurs à toute la gymnastique des anciens. L'homme d'armes, sous le poids de son harnais, s'élançait, franchissait des fossés.

Lorsqu'au milieu de tous ces exercices, le jeune gentilhomme avait atteint vingt et un ans, arrivait le moment de le faire chevalier. Remarquez bien que, dans les idées du temps, mélange de liberté sauvage et de dévotion austère, une pareille cérémonie était une initiation. Les veilles d'armes dans l'église duraient plusieurs nuits. L'aspirant à la chevalerie était amené à l'autel par son père et sa mère, ou par ses parrains, qui portaient des cierges. Le prêtre, après avoir célébré la messe, prenait sur l'autel même l'épée et le baudrier, et en ceignait le jeune chevalier. Une foule de cérémonies symboliques avaient précédé : c'étaient le bain, les vêtements de lin blanc, la confession, souvent à haute voix, la communion, le serment, qui exprimait tous les sacrifices et toutes les vertus imposés au chevalier. Enfin, on amenait un cheval de bataille à la porte de la chapelle; le jeune initié, bondissant de joie, s'élançait tout armé sur ce cheval, le faisait vivement caracoler, et tout le monde reconnaissait un bon chrétien et un excellent chevalier.

Certes, entre ces faits et l'histoire de Tristan ou de Gauvain, il n'y a de différence que le merveilleux. Du reste, ils ont passé par ces épreuves; ils furent armés ainsi : la religion, la guerre et l'amour se sont également mêlés dans leur pensée.

La prodigieuse influence que cette chevalerie exerça dans le moyen âge est-elle douteuse? Non. Cette chevalerie était tantôt la force des rois, tantôt l'indépendance des barons; cette chevalerie maintenait tout ce grand édifice de la féodalité que supportait le peuple; cette chevalerie gardait même sur le champ de bataille les préjugés de son noviciat avec une force vraiment inconcevable. Ainsi, dans un mémorable combat, où de pauvres paysans en révolte se présentaient avec d'énormes bâtons et des hoyaux, on vit de brillants escadrons de chevaliers, tout bardés de fer, se laisser assommer sans se défendre, plutôt que de tirer l'épée contre des vilains sans armes. C'est le scrupule dont s'est moqué Cervantes, et qui scandalise si fort Sancho, lorsque, battu par des muletiers, il se voit abandonné par son maître, qui ne veut pas déroger jusqu'à le défendre contre de tels assaillants. Cette caricature du point d'honneur chevaleresque est rigoureusement vraie; la tuerie de ces chevaliers du Hainaut l'atteste.

Au reste, Messieurs, pour abréger et suppléer à cet égard les détails historiques, nous citerons un fabliau du XIIe siècle. Là vous trouverez les formes de la chevalerie soigneusement retracées dans un récit des croisades. Ces deux choses se touchent. En même temps que l'institution politique développait la chevalerie, la guerre sainte d'Orient lui ouvrait le plus vaste champ, et permettait à l'imagination de tout rêver dans ces lointains et merveilleux pays. Ces conquêtes de royaumes et d'empires qui remplissent nos romans du moyen âge, c'était la réalité prise sur le fait; c'était le marquis de Montferrat devenu roi de Thessalonique, ou Baudouin empereur de Constantinople.

Revenons à notre fabliau, considéré comme témoignage historique. Il nous montre *Saladin*, armé chevalier. Ce premier fait étonne d'abord, et semble un de ces grossiers anachronismes de mœurs communs dans les écrivains du moyen âge. Saladin, le héros de l'islamisme, le destructeur du royaume chrétien de Jérusalem, soumis à tous les rites pieux de la chevalerie! cela ne peut se concevoir. Toutefois les chroniques latines attestent qu'en effet Saladin voulut être armé chevalier par un Français. Sur cette anecdote, le trouvère a fait un récit que nous ne donnons pas pour une œuvre de poésie, mais pour un procès-verbal fort exact d'une réception, selon le rituel de la chevalerie.

Il me convient de rimer un conte, que j'ai ouï conter, d'un roi qui, en terre païenne, fut jadis homme très-puissant, et très-loyal Sarrasin; il eut nom Saladin. Il fut cruel, et fit maintes fois beaucoup de mal à notre loi, et maints dommages à notre nation par son orgueil et sa violence. Une fois advint qu'à la bataille fut un prince qui avoit nom Hugues de Tabarie. Avec lui était grande compagnie des chevaliers de Galilée; car il étoit seigneur de la contrée. Assez de faits d'armes ils firent ce jour; mais il ne plut au Créateur, qu'on appelle le Roi de gloire, que les nôtres eussent victoire; car là fut pris le prince Hugues, et il fut mené le long des rues droit pardevant Saladin, qui le salue en son *latin* (en sa langue); car il le connoissoit fort bien : « Hugues, j'ai grande liesse, quand je vous tiens, dit le roi, par Mahomet; et une chose je vous promets; c'est qu'il vous faudra mourir, ou venir à grande rançon. » Le prince Hugues répondit : « Puisque vous m'avez partagé le jeu, je choisirai la rançon, si j'ai de quoi la payer. — Oui, dit le roi; cent mille besans tu me compteras. — Ah! sire, je ne pourrois y atteindre, quand je vendrois toute ma terre. — Vous le ferez bien. — Sire, comment? — Vous êtes de grand courage et plein de chevalerie; et nul preux ne vous éconduira, si vous lui demandez rançon, sans vous donner un beau don; ainsi vous pourrez vous acquitter. — Maintenant, je veux vous demander comment je partirai d'ici? » Saladin lui répondit : « Hugues, vous m'attesterez sur votre foi que vous reviendrez, et que, d'ici à deux ans sans faute, vous aurez rendu votre rançon, ou que vous rentrerez en prison : ainsi, vous pourrez partir. — Sire, reprit-il, votre merci; et tout ainsi je le promets. » Alors il a demandé congé, et veut s'en aller en son pays. Mais le roi l'a pris par la main, et en sa chambre l'a mené, et l'a prié fort doucement : « Hugues, dit-il, par cette foi que tu dois au Dieu de ta loi, instruis-moi; car j'ai envie de bien savoir comment on fait les chevaliers. — Beau sire, dit Hugues, je ne ferai; et je vous dirai pourquoi. Le saint ordre de chevalerie seroit en vous mal placé; car vous êtes de la mauvaise loi, et n'avez baptême, ni foi; et je ferois grande folie si je voulois vêtir un fumier de drap de soie. Je ferois méprise si sur vous je mettois un tel ordre, et je n'oserois l'entreprendre; car j'en serois blâmé. — Là, Hugues, dit-il, vous ne le ferez pas? Il n'y a point de mal à vous de faire ma volonté; car vous êtes mon prisonnier. — Sire, puisque je ne puis m'y refuser, je le ferai sans retard. » Lors, il commence à lui enseigner tout ce qui lui convient de faire, lui fait bien arranger les cheveux, la barbe et le visage, comme il convient à nouveau chevalier; puis le fait entrer dans un bain. Lors le soudan commence à demander ce que cela signifie. Hugues de Tabarie répond : « Sire, ce bain où vous vous baignez signifie que, comme l'enfant, pur de péchés, sort des fonts, quand il vient du baptême, ainsi devez sortir de là sans nulle vilenie, et prendre un bain d'honneur, de courtoisie et de bonté. — Ce commencement est très-beau, dit le roi, par le grand Dieu! » Après qu'on l'a du bain ôté, il se coucha dans un beau lit, qui étoit fait à grand plaisir. « Hugues, dites-moi sans faute la signifiance de ce lit. — Sire, ce lit veut dire qu'on doit par sa chevalerie conquérir en paradis la place que Dieu octroie à ses amis. C'est là le lit de repos ; qui n'y sera pas sera bien sot. » Quand il fut resté un peu dans le lit, il se vêtit de draps blancs qui étoient de lin. Lors Hugues lui dit en son latin : « Sire, ne tenez pas à mépris ces draps blancs ; ils vous donnent à entendre que chevalier doit tendre à conserver sa chair pure, s'il veut arriver à Dieu. » Après, il lui remet une robe vermeille. Saladin s'étonne fort pourquoi le prince fait cela. « Hugues, dit-il, que signifie cette robe? » Hugues de Tabarie répond : « Sire, cette robe vous donne à entendre que votre sang devez répandre pour sainte église défendre, afin que nul ne puisse lui mal faire ; car chevalier doit faire tout cela, s'il veut plaire à Dieu. » Après il lui chaussa des souliers d'étoffe noire, et lui dit : « Sire, sans faute, cela vous avertit, par cette chaussure noire, que vous ayez toujours en mémoire la mort et la terre où vous serez gisant, d'où vous venez, et où vous irez. Vos yeux doivent la regarder, pour que vous ne tombiez en orgueil ; car orgueil ne doit pas régner dans un chevalier ; il doit toujours tendre à la simplicité. — Tout cela est fort beau à entendre, dit le roi ; il ne me déplaît pas. » Après se leva debout, puis se ceignit d'une ceinture blanche ; ensuite Hugues lui mit deux éperons à ses deux pieds, et lui dit : « Sire, tout ainsi que vous voulez que votre cheval soit animé à bien courir, quand vous frappez des éperons, ces éperons signifient que vous devez avoir dans le cœur de servir Dieu toute votre vie. »

Après, il lui ceignit l'épée, etc.

Ce n'est qu'un très-petit extrait que je vous donne. La cérémonie symbolique se continue. Enfin, Hugues dit : « Maintenant je suis votre ami; et puisque je suis votre ami, j'ai le droit de vous emprunter : je vous emprunte ma rançon. » Il y avait là cinquante émirs qui étaient chevaliers, tant bien que mal : ces cinquante émirs s'empressent de contribuer. Hugues reçoit tous ces présents, et les offre à Saladin, qui les lui rend avec la liberté.

Vous voyez comment nos trouvères exploitaient les usages de la chevalerie et les souvenirs des croisades; nulle imagination poétique, nulle harmonie, nul talent; mais une bonhomie maligne, une fidélité minutieuse à raconter tout ce qu'ils voyaient devant eux, en y mêlant un peu de merveilleux pris à la croisade ou à la féerie.

Cette littérature était-elle féconde, était-elle variée? C'est par milliers que se comptent à la Bibliothèque du roi les manuscrits du moyen âge. La vie entière du temps est là; il ne faut que de la patience pour tirer de ces ruines la statue complète du passé. Mais ce qui doit occuper l'historien, nous ne pouvons l'essayer dans ces revues littéraires. On ne saurait entreprendre l'analyse de cette foule d'ouvrages encore inédits, ou publiés par fragments. Nous nous bornons à rappeler ce grand nombre de monuments [1], comme une marque de la singulière activité des esprits et du développement qu'ils avaient reçu.

[1] Depuis quelques années la curiosité savante s'est portée avec une grande ardeur sur la poésie française du moyen âge; beaucoup d'anciens poëmes *inédits* ont été publiés et classés sous les titres de *Chansons*, de *Gestes* et d'*Épopées carlovingiennes*. Les étrangers même nous ont donné l'exemple de cette prédilection pour notre vieille littérature; et quelques-uns des ouvrages français du XIIe et du XIIIe siècle, qui restaient ensevelis dans les liasses des manuscrits, ont été reproduits avec un grand luxe par les presses de Londres, de Berlin, de Florence. L'esprit systématique s'est un peu mêlé de cette tardive résurrection : tel savant étranger qui dédaigne les belles époques de notre littérature, s'est épris d'admiration pour *l'art confus de nos vieux romanciers;* et nous accordant ce qu'on nous a si longtemps refusé, il déclare que le génie français a produit de magnifiques épopées dans le XIIe siècle. Une révolution dans les arts du dessin, un retour très-juste d'enthousiasme vers l'architecture du moyen âge a favorisé ce paradoxe littéraire. On a supposé qu'il pouvait, qu'il devait exister quelque rapport entre le génie de nos vieux conteurs en vers et l'art si hardi et quelquefois si délicat qui avait formé les flèches et les ogives de nos églises gothiques. La poésie même du moyen âge ayant célébré ces chefs-d'œuvre, on a été tenté de croire qu'elle les égalait, et que le pinceau du poëte valait, dans ces temps de naïve ignorance, le ciseau de l'architecte. De là ces *Iliades* retrouvées, dit-on, dans les vieux romans du *Saint-Graal*, des *Douze Pairs de France*, d'*Artus*, de *Guillaume d'Orange*, et dans tant d'autres, que l'*Histoire littéraire de France* avait cités par fragments, pour donner des échantillons du vieux goût et de la vieille langue, sans y supposer ce grand génie qu'on a découvert plus tard. A l'appui de cet enthousiasme, on a cité l'exemple d'autres nations, dont la poésie la plus ancienne est demeurée la plus belle. La vérité cependant, c'est qu'il n'y a pas de loi générale à cet égard, et que de la gloire ancienne et continue d'un grand poëte comme le Dante, on ne peut pas conclure qu'il doit y avoir quelque grand génie caché dans les origines de chaque littérature.

Tout ce qu'on peut lire de nos trouvères du XIIe et du XIIIe siècle nous parait, sauf erreur, dénué de cette poésie d'expression qui frappe et saisit d'abord dans les vers du Dante. Rien, pour ainsi dire, ne différencie ces longues narrations en lignes de huit syllabes et en monorimes plus

Fauchet, érudit du xvie siècle, a fait une biographie des poëtes français antérieurs à l'an 1300 : il en compte plus de cent. Chrétien de Troyes, le plus fécond d'entre eux, a mis en vers plusieurs grands romans de chevalerie. Beaucoup d'autres poëtes, dont le nom seul ne vous apprendrait rien, furent contemporains de Chrétien de Troyes; et, bien qu'écrasés par sa brillante renommée, ils obtinrent aussi faveur et succès à la cour des princes. Philippe-Auguste, ambitieux et politique, fut grand protecteur des arts et des lettres; pour le temps, il était magnifique comme Louis XIV; il aimait, à sa manière, les plaisirs de l'esprit. Ainsi, après un tournoi, on se réunissait dans la grande

ou moins prolongées. Évidemment cet art était trop facile pour être un art; évidemment aussi, la langue n'était pas assez faite pour aider le talent. Reste cependant cette variété d'inventions, ou, si vous voulez, de redites populaires, qui se soutient dans un long récit, presque toujours sans force, sans pathétique, sans éloquence, mais avec une inépuisable facilité. De tels ouvrages attestent l'imagination répandue, pour ainsi dire, dans un siècle. On ne peut aujourd'hui trop remercier les archéologues français qui les éclaircissent et les publient. Nous ne croyons pas qu'il y ait là chance de découvrir des chefs-d'œuvre oubliés et des hommes de génie perdus depuis plusieurs siècles; mais il y a certainement quelques chaînons précieux à rétablir dans la filiation de l'esprit français; il y a des faits nouveaux à recueillir sur la forme de cet esprit au moyen âge. Ce qu'on a lu de la *Chanson des Loherains* fait vivement désirer que d'autres récits semblables soient publiés avec le même soin. Si ce ne sont des trésors de poésie, ce sont des matériaux pour l'histoire de la langue et des mœurs; et une collection ainsi faite serait le meilleur et l'indispensable commencement de cette histoire.

salle du palais pour entendre les poëtes et les chanteurs : on applaudissait les vers de Chrétien de Troyes; on riait des facéties du jongleur. Il y avait le poëte favori du roi, le poëte lauréat ; il se nommait Helinant, et avait une pension. Il était tellement considéré, que, par un anachronisme singulier, son nom est placé dans le poëme de l'*Alexandréide* : il y récite un chant à la table d'Alexandre. Il est vrai que, dans le même ouvrage, c'est la reine Isabelle, femme de Philippe-Auguste, qui brode la tente du roi de Perse Darius.

A la lecture de ces grands poëmes, dont les bizarres allusions charmaient la cour, on mêlait les jeux moins graves des trouvères. Ces hommes étaient, pour le temps, des espèces de comédiens ambulants; ils étaient reçus plusieurs jours dans les palais et dans les châteaux; ils racontaient des romans de chevalerie, représentaient des fabliaux, et quelquefois parodiaient les cérémonies les plus saintes de la religion. Il y avait un conte bizarre, une histoire du renard, qui se retrouve partout, et sous toutes les formes, dans la littérature latine et vulgaire du moyen âge : ce renard faisait un chemin étonnant, devenait évêque, archevêque et pape. C'était une plaisanterie qui se répétait, et qui faisait rire les chevaliers et les grandes dames de la cour de Philippe-Auguste.

Vous aurez pu lire dans l'histoire de Russie quels grossiers délassements, quelles insipides plaisanteries amusaient, au commencement du xviii͏e siècle, la cour de Moscou, et tenaient lieu de ces plaisirs de l'esprit, dont l'attrait devient si vif chez les hommes civilisés, mais est toujours plus ou moins nécessaire aux hommes réunis. Sous ce rapport, la cour de Russie ressemblait à la cour de France du xiii͏e siècle : seulement, du milieu de ces mœurs si rudes du xiii͏e siècle, il sortait quelque chose de vif, de brillant, d'ingénieux, qui appartenait à la chevalerie, et qu'on ne trouvait pas dans la barbarie continuée de quelques états modernes. C'était une espèce de civilisation moderne, née dès lors par l'influence de quelques-unes des idées que l'esprit moderne a le plus repoussées. Rien de plus grand que Philippe-Auguste : il n'en restait pas moins à sa cour, et autour de lui, une barbarie que la générosité chevaleresque avait seule adoucie.

Tout cela, Messieurs, est exposé avec beaucoup de talent dans une histoire récente de Philippe-Auguste, ouvrage composé d'après une forte et ingénieuse étude, et où l'on sent partout l'inspiration des sources primitives et la nouveauté que donnent les grandes recherches.

On ne peut douter, au reste, que le règne de Philippe-Auguste n'ait marqué dans le temps un véritable progrès. Ces longs poëmes écoutés avec ardeur, cette cour si facilement amusée, tout cela était un développement de l'esprit français. Avant Philippe-Auguste, la cour de France, excepté pendant la tentative prématurée, et par cela même impuissante de Charlemagne, avait été ignorante et rude. Avec Philippe-Auguste elle reprit le goût des lettres; et les plaisirs de l'esprit entrèrent dans ses délassements.

Cependant ce n'est guère qu'à l'époque de saint Louis que les monuments de l'esprit français deviennent autre chose que de vieilles médailles, sans intérêt pour le goût. C'est vers ce temps que notre idiome se dérouille et perd un peu la dureté normande des premiers poëtes qui avaient écrit en langue française, de Robert Wace et de l'auteur du roman *de Brut*. Elle commence à prendre son caractère de langue française, sans garder l'aspérité d'une langue du Nord. Le règne de saint Louis est une date mémorable dans l'histoire de notre génie national.

On ne peut mettre en doute l'influence de ce

prince, dont l'esprit avait été cultivé avec tant de soin, et était si supérieur; car il était l'homme le plus pieux de son siècle, et en même temps il résistait à la cour de Rome. Sa piété ne l'avait nullement dompté, mais seulement épuré. Tout ce que l'imagination peut réunir, peut supposer de plus grand, se retrouve en lui.

Les *Etablissements* de saint Louis, ce code de lois trop sévèrement jugé par Montesquieu, sont un monument admirable pour le xiii° siècle. Saint Louis est en même temps grand prince dans l'administration intérieure de son royaume. On peut lire dans l'histoire comment il répare en quelques années le mal que la croisade avait fait à ses états. Enfin sa piété, qui était si ferme dans ses luttes contre les papes, était sublime sur le champ de bataille; et bien que la raison puisse blâmer en lui ces aventureuses entreprises qui n'étaient plus nécessaires à la défense générale de la chrétienté, et qui enlevaient ce grand roi à tout le bien qu'il aurait fait à son royaume, il est impossible de n'être pas frappé de l'héroïsme qu'il déploya dans son expédition d'Égypte. Leibnitz a remarqué la sagacité politique qui avait fait choisir à ce prince l'Égypte pour centre de la guerre qu'il portait en Orient. Sa seconde croisade, mal justifiée par l'intérêt égoïste de son frère, le montre, d'une autre part, si courageux, si grand, si résigné sur la cendre où il expire, que l'admiration ici vient l'absoudre de son imprudence.

Il a plus fait comme homme qu'il n'a laissé de monuments comme roi; mais ce qu'on lui doit surtout, et ce qu'on a moins vu, c'est le mouvement qu'il a donné à l'esprit de son peuple. Cela ne se saisit pas, pour ainsi dire; cela ne se constate pas dans un acte particulier. Mais prenez la France avant Louis IX, regardez la France, après lui; il semble que ce soient d'autres hommes; les esprits se sont élevés. C'est à dater de ce prince que la civilisation française a commencé, que le talent, et nous ne le comptons ici que comme expression du développement national, se caractérise et fait entrer la langue et les productions françaises dans le trésor commun du génie de l'Europe.

Si, après avoir lu les fabliaux du XIIe siècle, vous prenez Joinville, il semble que plus d'un siècle ait séparé ces écrits. Il n'y a dans l'intervalle que le passage d'un grand homme, et le mouvement d'idées qu'il fait naître.

Reviendrons-nous de ces souvenirs historiques à des détails de grammaire? chercherons-nous dans la langue les traces de cette révolution? Qu'il nous suffise de rappeler que la constitution distincte des dialectes du Nord et du Midi laisse désormais à l'idiome français un caractère propre et marqué. Les monuments de cette époque sont déjà du français; on n'a plus besoin de les traduire.

A Ville-Hardouin, et aux chroniques de Saint-Denis commencent les monuments de l'histoire nationale en langue vulgaire, monuments beaucoup plus vrais que les chroniques latines, par cela seul que les expresssions y font, pour ainsi dire, partie des événements. Dans Ville-Hardouin, peintre admirable de mœurs et de détails, le caractère de l'idiome français est encore naissant. Si l'on voulait un exemple de l'ancienne affinité des dialectes romans du Midi et du Nord, on pourrait surtout choisir Ville-Hardouin; il a encore ces syllabes sonores, et ces restes de latinité que vous retrouvez dans la poésie provençale.

Combien, du reste, ce récit est une vive peinture du moyen âge, dans une de ses grandes et singulières entreprises! Nulle part on ne sentira mieux l'alliance entre la réalité des événements et les fictions de cette époque.

Qu'est-ce que l'ouvrage de Ville-Hardouin? c'est le récit d'une conquête que font par accident des seigneurs français qui ont pris la croix dans un tournoi en Champagne, ont passé la mer, et après beaucoup de négociations et de combats, ont gardé Constantinople, et érigé des principautés et des seigneuries en Grèce et en Asie. C'est à la fois une chronique et un roman de chevalerie. Dans ce récit, les tournois paraissent le rendez-vous naturel, le *forum* du temps. La fière indépendance de la féodalité, et l'ambition hautaine des barons se montrent dans le caractère même de l'entreprise. Sans l'ordre d'aucun roi, sur un mot de confiance que leur a fait dire le pape, ils partent pour l'Orient. Un autre trait caractéristique du moyen âge, c'est le développement prématuré des cités d'Italie, qui contraste avec le rude courage des seigneurs féodaux. Les barons de France ont des chevaux, des lances, des épées; mais il faut qu'ils s'adressent à une ville marchande, à Venise, pour avoir des vaisseaux. Arrivés devant Constantinople, ils rétablissent le vieil empereur Isaac et son fils; puis ils se ravisent; après avoir regardé cette ville, si grande, si bien dorée, où il y a de si belles églises, ils pensent qu'il vaudrait mieux prendre un pareil empire que de le donner, et ils s'emparent de Constantinople.

Voilà Baudouin qui devient empereur de Constantinople; il a eu la bonne part. Mais tous ces barons, tous ces chevaliers, quelque contents qu'ils soient d'avoir fait un empereur, sont impatients d'avoir aussi pour leur compte quelque petite souveraineté. Geoffroy de Ville-Hardouin, après avoir beaucoup guerroyé, reçut en partage la ville de Messinople dans la Thessalie. Il y mourut vers l'an 1213; et sa famille, alliée aux empereurs français de Constantinople, subsista longtemps après lui dans l'Orient, et posséda les principautés de Corinthe et d'Argos. Ainsi, dès le commencement du xiiie siècle, la suzeraineté féodale était transportée au milieu de la Grèce; beaucoup de gentilshommes français s'étaient fait donner des châteaux et des terres, auprès de Ville-Hardouin. C'était une colonie conquérante qui apportait avec elle ses usages. Les jeunes damoisels, les varlets allèrent faire leur éducation en Grèce, au lieu de rester en Picardie ou en Touraine. La conquête de la Morée, par Guillaume de Champlite, étendit cette influence; les auteurs du temps disent que le beau parler français, le parler *délitable*, était usité en Morée aussi bien qu'à Paris.

Tout cela, Messieurs, fait partie de ce tableau du moyen âge, où tant de mouvement et d'acti-

vité entreprenante se mêlait à tant d'ignorance
et de grossièreté. Si vous consultez les monuments de cette époque, il vous semblera que les
communications des hommes entre eux étaient
rares, difficiles. Il y avait beaucoup de bourgeois enfermés dans leurs villes, pour qui le
monde se terminait au bout de leurs remparts.
On n'avait pas l'idée des lieux et des distances.
Au commencement du xiie siècle, les moines de
Ferrières, dans le diocèse de Sens, ignoraient
qu'il y eût en Flandre une ville de Tournai. Mille
anecdotes minutieuses de ce genre pourraient
être recueillies. Un bourgeois de Paris, obligé
de partir pour Amiens, faisait son testament :
tant les routes étaient peu sûres! tant il y avait
de chevaliers félons, de mauvais châtelains qui
n'observaient pas leurs serments, et dépouillaient
les malencontreux voyageurs!

Mais pour ceux qui n'avaient pas besoin des
douceurs de la vie, qui ne craignaient pas les
aventures, il n'y avait plus de limites à l'audace; on partait alors pour Babylone; on allait
offrir son épée à un roi de Thessalonique; on
ne savait pas où était Thessalonique; mais on
rassemblait vingt, trente gentilshommes, et on
se mettait en route. Les Vénitiens, qui étaient
plus avisés, à qui le commerce et la science du

gain avaient donné cette dextérité qui domine toujours, se prêtaient à tous les mouvements chevaleresques de nos hommes du continent; ils fournissaient des vaisseaux, et faisaient payer cher le passage. Il fallait s'indemniser par la guerre. C'était ainsi que ces pieux pèlerins, qui partaient de France avec l'intention de délivrer les lieux saints, finissaient par s'emparer de Constantinople, et par piller Sainte-Sophie.

Quoi qu'il en soit, après quelques romans de la Table-Ronde, translatés en la *parlure* de France par des Anglo-Normands, vers le milieu du XIIe siècle, l'*Histoire* de Ville-Hardouin est presque le plus ancien monument que nous ayons de la prose française. Sous ce rapport seul, elle serait digne d'un haut intérêt. La langue s'y reconnaît mieux que dans les rimes alignées des trouvères. Par la vivacité du récit, l'ouvrage intéresse plus encore. Ce n'est pas un historien; c'est un homme qui dit la chose qu'il a faite ou qu'il a vue, avec la plus grande simplicité de langage, comme il l'a faite, comme il l'a vue. C'est une déposition perpétuelle, que ce livre. De nos jours, quand le talent imite cette forme, il reste quelque chose d'artificiel même dans la tentative la plus heureuse. Vous découvrez l'homme ingénieux du XIXe siècle qui se cache sous les formes naïves du conteur du xiiiᵉ. Mais quand c'est l'homme même du xiiiᵉ siècle qui parle et conte ainsi, le charme de vérité n'est plus seulement dans le récit tout entier, mais dans chaque mot : l'auteur, le temps et l'ouvrage ne sont plus qu'une même chose que vous avez devant les yeux.

Ouvrez le récit de Ville-Hardouin, vous voyez tout d'abord un saint homme, qui eut nom Foulcques de Neuilly, et était curé de ce lieu. *Cis Foulcques commença à parler de Notre-Seigneur par France et par les autres païs d'entour.* L'apostole de Rome, Innocent III, envoie vers ce saint homme, et lui fait dire de prêcher la croisade. L'année suivante, à un beau tournoi qui se donnait en Champagne, une foule de seigneurs prennent la croix. Mais il fallait des vaisseaux. Six députés sont choisis par les seigneurs croisés pour aller en demander à Venise : Ville-Hardouin est du nombre. Ils arrivent et trouvent le doge Dandolo, homme sage et preux, qui les accueille volontiers. L'historien ne remarque pas même que ce doge, plein d'ardeur pour les grandes entreprises, avait alors quatre-vingt-neuf ans. Mais suivons Ville-Hardouin dans le palais de ce doge, dans son conseil, et enfin dans une grande assemblée du peuple en la chapelle de

Saint-Marc, *la plus belle qui soit*. La scène est merveilleuse. D'abord Ville-Hardouin et ses associés ont soigneusement conféré avec le doge et les principaux membres du sénat; puis, comme Venise était encore démocratique (quel spectacle pour ces seigneurs féodaux du moyen âge!), il leur faut *requérir le peuple humblement*. C'est Geoffroy de Ville-Hardouin, le maréchal de Champagne, qui dit :

Signour [1], li baron de France, li plus haut et li plus poestieu nous ont à vous envoiés, et vous crient merci ke pités il vous prengne de la cité de Jérusalem qui est en servage des Turs, et ke vous, pour Dieu leur compaignie, voilliez aidier à le honte Jhésu-Crist vengier, et por cou vous ont esleus, k'il sevent bien ke nule gent ki sor mer soient, n'ont si grant poior comme vous avés ; et nous commendèrent que nous vous en chéissiens as piés, et que nous n'en levissiemes devant chou ke vous le nous ariés octroié, et ke vous ariez pité de la terre d'oultremer.

Maintenant, les six messagers s'agenouillent en pleurant; et le doge et tous les autres s'écrièrent tous d'une voix, en levant leurs mains en haut : « Nous l'octroyons, nous l'octroyons. » Et il y eut si grand bruit et si grande *noise, qu'il sembloit que la terre tremblâst.*

---

[1] Nous avons rétabli le texte récemment publié par M. Buchon, et qui nous paraît le plus *archaïque* et le plus expressif. Sur beaucoup de points d'ailleurs ce texte est conforme aux *leçons* adoptées par M. Paulin Pâris, dans sa belle édition de la *Chronique de Ville-Hardouin.*

Ce discours, ce récit mettent certainement les choses sous les yeux avec une vérité de couleur que nul art moderne ne saurait atteindre. Ville-Hardouin continue de raconter en détail les lents préparatifs de la croisade. Thibaut, comte de Champagne, qui devait la commander, était mort prématurément. A son défaut on s'adresse au duc de Bourgogne, au comte de Bar-le-Duc, enfin au marquis de Montferrat. De toutes parts, les barons et les pèlerins se rendent à Venise, d'où l'armée devait partir. C'est alors que le vieux doge, aveugle et chargé de quatre-vingt-neuf ans, ayant assemblé le peuple dans l'église de Saint-Marc, annonce qu'il veut se croiser aussi, et mourir avec les pèlerins. Enfin on met à la voile pour se rendre à Corfou. Les embarras de l'expédition, les jalousies, les divisions de tant de chefs ambitieux, tout cela forme un tableau naïvement retracé. L'historien, quoique mêlé toujours aux événements, parle peu de ce qu'il fait lui-même; et quand il en parle, c'est avec une grande prud'homie. « Moi, dit-il, bien tesmoegne Joffrois li mareschaus de Champaigne, ki ceste œuvre dita. »

Ce précieux monument de notre histoire nationale peut aujourd'hui nous occuper sous plusieurs rapports. Veut-on s'attacher à l'état de la langue, il offre plusieurs analogies avec le roman méridional; et on peut y noter l'observation de plusieurs des règles que M. Raynouard a savamment rappelées. Les désinences méridionales y sont encore fréquentes : *signour, tremor, meillor, seror, empereour, vos, dolorous*.... La suppression de l's, dans les cas directs du pluriel, est soigneusement observée; la construction est simple et régulière, l'expression courte et pittoresque.

Ville-Hardouin est singulièrement concis; on peut le remarquer en comparant son texte original à toute version moderne qu'on voudrait en essayer; et cela ne tient pas seulement aux formes de l'idiome dans lequel il écrit, mais à un tour d'esprit ferme et nerveux qui sent son homme de guerre. Le langage du maréchal de Champagne rappelle quelques-uns de ces vieux chroniqueurs romains, dont il ne nous est resté çà et là que peu de phrases éparses, mais sur lesquels Salluste avait en partie formé la mâle vigueur de sa diction. Cette grande qualité du récit, la rapidité, et ce rare mérite du style, la brièveté se rencontrent, dans Ville-Hardouin, à un degré qu'on admirerait dans les écrivains les plus habiles d'une langue perfectionnée; et il s'y joint une rudesse naïve et en même temps une gravité qui sont le cachet du temps et de l'homme.

Le grand intérêt du livre toutefois, c'est la peinture historique, c'est le rapprochement des Grecs et des Francs, opposés et réunis dans un même récit. Rien de plus singulier que ce peuple grec de Constantinople, débris pétrifié du vieux Bas-Empire, qui paraît en présence de cette jeune race de guerriers francs. L'astuce et la timidité de cette cour grecque, remplie sans cesse de complots, la rude et ardente ambition des croisés, tout cela est vivement reproduit. A peine un nouvel empereur, Alexis, est-il élevé sur le trône par le secours des Latins, qu'il s'occupe d'éloigner des hôtes si dangereux, et de les renvoyer à la croisade. Mais ceux-ci n'ont hâte de quitter leur proie, et s'irritent contre leur allié. Toutefois la guerre ne commence pas brusquement. Trois envoyés, Quesne de Béthune, Jeoffroy de Ville-Hardouin et Miles le Brebans de Provins viennent à Constantinople sommer le nouvel empereur, au milieu de sa cour.

Sire, dit Quesne de Béthune, qui *moult estoit sage et bien emparlés,* nous sommes a toi venu de par les barons de l'host, et de par le duc de Venise ; et sachiez ke il repreuvent le service qu'ils ont a vous fait, tel com tout li gent sevent, et com il est apparissant. Vous lor aviés juré, et

vostres peres, lor convenances a tenir ; et en ont vos
chartres. Vous ne lor aves mie si bien tenues, com vous
deuviez. Semons vous en ont maintes fois, et encore vous
en semounons-nous, voyans tous vos barons, ke vous lor
tenés lor convenances. Se vous lor tenes, moult lor est
biel ; et sachies, se vous nel faictes, il ne vos tenront
pour ami, ne pour signour ; et pourchaceront k'il aront le
leur, en toutes les manieres ke il oncques porront : et bien
vous mandent k'il ne feront vous ne autrui mal, devant
qu'il l'aront deffyet ; quar, il ne fisent oncques trahison ;
ne en lor terres n'est-il mie accoutumé ke il le facent.
Vous avez bien oi ce ke nous avons dit ; et vous vous en
conseilliez, ensi k'il vous plaira.

Dans ce bref et fier langage, vous aurez remarqué le principe de ne point faire mal à autrui, sans l'avoir auparavant défié : c'est le gage de combat des chevaliers. Leur prud'homie est maintenant à l'aise. « Ils ne firent onc trahison ; et en leur terre, il n'est accoutumé qu'ils en fassent, » a dit noblement leur ambassadeur ; mais, grâce à ce loyal défi, ils ne se feront désormais nul scrupule de prendre et de piller sur la route une capitale chrétienne, tout en allant à la croisade.

L'historien cependant décrit en peu de mots, selon son usage, l'étonnement et la colère des Grecs après le discours de Quesne de Béthune :

Onc, disent-ils, nuls avoit été si hardis qui osast deffyer l'empereour de Constantinoble en sa chambres meismes.

Une résistance désespérée se prolonge. Les Grecs emploient ce qu'ils ont de science et d'industrie pour brûler la flotte des Latins. Ceux-ci, ignorants et surpris, se défendent à force d'audace. L'historien décrit admirablement cela. Les Grecs ayant rempli dix-sept vaisseaux d'étoupes et de poix :

> Une nuict, dit-il, à mie nuict, ils mistrent le feu en ces nefs, et laissierent les voiles aler au vent ; et li feus alluma moult hault, si qu'il sembloit que toute la terre arsist. Ensi s'en viennent vers le navie as pelerins : et li cris lieve en l'host, et salent as armes de toutes parts. Li Venissien keurent a lor vaissiaus, et tout li autre ki vaissel avoient, et si commencierent a reskeure dou feu moult vigheureusements ; et bien tesmoegne Joffrois li mareschaus de Champaigne, ki ceste œuvre dita, ke onkes gens ne se aidierent plus asprement sor mer : quar, il sailloient es barges et es galies des nefs, et prenoient les nefs toutes ardans a cros, et les tiroient par vive force aval le brach, et les laissoient aler ardant contreval le brach. Des Griex avoit tant sur la rive venus que il n'estoit fins, ne mesure : et estoit li cris si grant k'il sembloit ke li terre et li mers fondist.

Thucydide n'eût pas mieux dit que le marechal de Champagne ; et ce récit a quelques traits qui font penser à l'immortelle peinture du siége de Syracuse : tant notre idiome naissant prend de force sous la main rude du vieux guerrier qui raconte du même cœur qu'il s'est battu !

Cependant une trahison de palais renverse Alexis, et met à sa place un seigneur de sa cour. C'est alors que les alliés poussent la guerre avec plus de force; la ville de Constantinople est prise et pillée, le jour de Pâques fleuries. Il faut voir la joie des vainqueurs de trouver tant d'or et d'argent fins, de vaisselle, de pierres précieuses, de samis, de draps de soie et d'hermines. Le grave historien ne manque pas d'employer en cette occasion sa formule favorite :

> Et bien tesmoegne Joffrois li mareschaus de Champaigne à son enscïant, et pour verité, ke puis que li siecles fu estorés, n'ot en une cité tant de gaaigné. Chascuns prist ostel tel come lui plot; car assés en i avoit. Ensi fu herbergié li host des pelerins et des Veniciens, et fu grans la joie de l'oneur et de la victoire que Diex leur avoit donée; quar cil qui povre estoient et avoient ilec esté, s'estoient en richece et en delit embattu.
>
> Ensi furent la Pasque floric et la grant Pasque après en cele grant honeur, et en cele joie que Diex leur avoit donée : et bien durent nostre signour loer ; car il n'avoient mie plus de vingt mil homes à armes ; et par l'aie de Dieu, avoient pris plus de trois cens mil, et meismement en le plus forte vile du monde, et li miex fremée.

Mais bientôt une grande part du butin est rapportée à la masse commune, sous peine d'excommunication. Puis les chefs de l'armée ont un empereur à élire : Baudouin, comte de Flandre, est choisi de préférence au marquis de Montferrat, qui se contente d'être roi de Thessalonique.

Tant d'événements n'ont pas lieu sans de fréquentes délibérations, où Ville-Hardouin porte souvent la parole avec prudence et gravité. C'est un des caractères de ce livre. L'histoire y paraît déjà politique sous des formes très-naïves. Vous êtes dans le conseil tumultueux des Latins; vous voyez comment se prépare, se justifie cette singulière diversion qui emploie à l'envahissement d'un état chrétien les armes prises pour délivrer Jérusalem. L'établissement du nouvel empire, la mort de Baudouin, l'avénement de son frère Henri, choisi parmi les barons français, forment un récit plein d'intérêt que l'on regrette de ne pas voir continuer plus longtemps. Ville-Hardouin s'est arrêté, en effet, à la mort du marquis de Montferrat, en 1207; et c'est dans les historiens byzantins qu'il faut chercher la suite de cette invasion qui avait porté une dynastie et une cour étrangères à Constantinople. L'influence de ces conquérants fut passagère, et n'arrêta pas la décadence du peuple grec. Constantinople, sous ses maîtres grossiers, garda sa langue et sa théologie. Seuls, ils s'étaient réservé les jeux chevaleresques et le maniement des armes; ils donnaient des tournois dans l'*hippodrome*, et en excluaient les Grecs. Cependant ceux-ci, serviles et flatteurs, adoptaient quelques-unes des traditions de leurs maîtres. On trouve, à cet égard, des traces curieuses dans les historiens byzantins, beaucoup moins naïfs que nos chroniqueurs, lors même qu'ils n'ont pas moins d'ignorance. Nos romans de chevalerie, portés à Constantinople avec nos usages, y furent pris pour des histoires authentiques; et cinquante ans plus tard, lorsque la conquête française avait disparu, et que l'empire grec avait renoué le fil de sa débile existence, il y avait dans la noblesse de Constantinople plusieurs familles qui se vantaient d'être alliées aux paladins Roland et Renaud. Singulière illusion, qui montre seulement la puissante influence de ces écrits chevaleresques, si conformes à la vie aventureuse du temps!

Je borne ici, Messieurs, ce rapide examen d'un livre plus susceptible d'étude que d'analyse. L'historien de ce livre, qui en est aussi un des principaux personnages, nous offre dans ses actions la réalité de cette chevalerie, dont les romans du moyen âge ont tracé la peinture idéale. Homme de guerre et de conseil, il porte la prudence, la bonne foi, la prud'homie au milieu des entreprises les plus téméraires et les plus injustes. Il nous donne l'idée de ces caractères fermes et sévères des vieux temps, qui se remuaient tout d'une pièce, semblables à ces armures d'acier dont les guerriers étaient revêtus.

Tel ne nous paraîtra pas un autre chevalier, un autre historien qui doit nous occuper, le naïf et aimable Joinville. Mais nous réserverons cette étude pour la séance prochaine : elle se rattachera naturellement au progrès de la langue nationale sous saint Louis. Nous suivrons en même temps le nouvel essor que prend la poésie des trouvères. Thibaut, comte de Champagne, dans ses chants ingénieux, nous fera reconnaître l'idiome français. En les citant, je n'aurai plus besoin d'être pour vous un interprète, et de vous traduire quelquefois votre langue. Joinville et Thibaut vous mettront au milieu de la France.

NEUVIÈME LEÇON.

Richesse de la poésie des *trouvères* aux XIIe et XIIIe siècles. — Caractère des fabliaux. — Romans historiques. — Roman du *Châtelain de Coucy et de la Dame de Fayel*; citations.— Poésies de Thibaut comte de Champagne. — Joinville. — Rare mérite de son ouvrage.

Messieurs,

Le français septentrional, développé plus tard que le roman du Midi, eut une littérature beaucoup plus riche et plus variée. La preuve en serait longue, et je ne peux la donner complète : plusieurs parties de cette littérature sont frappées d'interdiction pour nous. Il y aurait peu de bienséance à chercher, dans cet amas de fabliaux et de contes, l'occasion d'un rire trop facile.

Sous le point de vue historique, la liberté des trouvères n'offre pas le même intérêt que celle des troubadours; elle n'a pas cette vivacité hautaine et poétique, cette hardiesse éclatante qui forme un singulier contraste avec l'oppression féodale; elle a dans ses médisances quelque chose de sournois. Souvent aussi ses plaisanteries auraient aujourd'hui un sens et une portée qu'elles n'avaient pas dans le vieux temps. Il serait aisé, comme l'a fait un écrivain célèbre, d'en détacher même des témérités philosophiques. La citation exacte serait un mensonge; car, pour les contemporains, ces impiétés apparentes n'étaient pas ce qu'elles seraient pour nous. Il y avait alors beaucoup de candeur dans les esprits et de corruption dans les mœurs : c'est le double caractère qui se fait sentir dans cette foule de fabliaux recueillis et extraits par Legrand d'Aussy. On peut les étudier dans le texte original, sous le rapport de la langue et même du style, à la fois grossier et malin; on peut y chercher curieusement l'origine de plus d'un récit de Boccace et des autres conteurs italiens ; surtout on peut s'en servir pour deviner les mœurs bourgeoises et la vie familière du temps, de même qu'on se sert des romans de chevalerie pour retrouver les usages de la vie guerrière et seigneuriale. Mais cette étude, nous pouvons l'indiquer plutôt que la faire : qu'il nous suffise de constater ici que l'esprit des trouvères, au xiie et au xiiie siècle, a mis en mouvement l'imagination italienne, si féconde dans l'âge suivant. Sans doute les modèles ont été bien surpassés par les imitateurs; sans doute aussi quelques-uns de ces modèles ne méritaient pas beaucoup d'être imités. Mais ce ne sont pas seulement des contes licencieux que l'Italie a empruntés aux *trouvères;* c'est chez eux que Boccace a puisé cette histoire de *Griselidis,* où la plus parfaite pureté morale est développée avec tant d'imagination et de grâce. Boccace a jeté son style et son génie sur ce vieux conte de nos poëtes.

Mais comment ce qui était rude et grossier dans une langue a-t-il été porté dans une autre, presque contemporaine, à ce haut point de perfection élégante? Pourquoi la langue italienne est-elle comme fixée dès le commencement du xive siècle, tandis que la nôtre changeait sans cesse, et que ses monuments devenaient presque inintelligibles pour les nationaux, à cinquante ans de leur date première? Ces questions doivent s'éclaircir par la comparaison des faits. En France les fabliaux n'étaient que des traditions bourgeoises et populaires écrites par le premier venu; en Italie ils furent des ouvrages d'art, composés par des hommes de génie; et l'homme de génie seul fixe une langue en la personnifiant par son style. Tant qu'il n'y a, pour ainsi dire, d'imagination que dans la foule, dans le peuple d'un pays, l'idiome est variable, incertain; c'est une mer agitée où l'on ne peut élever aucune construction. Mais quand l'imagination supérieure d'un homme maîtrise toutes les autres, elle laisse après elle un monument durable. Les fabliaux sans nombre et sans nom de nos auteurs sont oubliés; quelques récits de Boccace et de deux ou trois de ses contemporains ont servi, comme les vers du Dante, à fixer une grande époque de la langue et du génie moderne.

Pour énumérer tous les titres de nos faiseurs de fabliaux, nous pourrions aussi chercher ce que leur emprunta le génie de Molière. Molière, comme La Fontaine, un peu gêné par les nobles entraves du siècle de Louis XIV, aimait à revenir à ces vieux récits gaulois; il n'en redoutait pas la licence, et en prenait la gaîté vive et peu contenue. Ce n'est pas le *Tartufe* qu'il a pris chez les *trouvères*, bien qu'on s'y moque déjà des papelards et des hypocrites; mais les scènes bouffonnes du *Médecin malgré lui* sont tirées d'un fabliau amusant qui avait frappé l'esprit de Molière. Au reste, dans l'immense collection des plagiats, dans ces emprunts perpétuels entre les nations, entre les auteurs, ce larcin est bien peu de chose.

La même recherche pourrait s'appliquer à d'autres récits des *trouvères;* mais nous ne nous perdrons pas dans cette étude généalogique de quelques vieilles plaisanteries venues de nos vieux poëtes jusqu'à Rabelais, et de Rabelais jusqu'à Voltaire. Rappelons seulement que, dans leur première origine, elles portaient le type de l'esprit français, plus railleur que poétique. Quand nous avons une fois caractérisé cette liberté, ce cynisme ignoré de lui-même qui distingue la littérature des trouvères, la démonstration nous est impossible, et nous ne pouvons que le dire, sans le prouver.

L'auteur de l'*Histoire de Philippe-Auguste,* dans un résumé qui se lit et ne se parle pas devant le public, a rassemblé de curieuses citations qui tiennent au récit des faits par la peinture des mœurs.

Pour nous, il nous suffit d'abord de marquer l'abondance et la liberté de cette littérature des trouvères aux xii° et xiii° siècles, et d'indiquer sa hardiesse moqueuse, ses railleries contre les moines et les gens d'église, ses sarcasmes sur la vie domestique, enfin tout ce qui la rendait puissante et populaire. Dans la France du Nord, comme dans la Provence, c'était l'état de certains hommes de savoir ces contes et de les réciter ; c'était le bel esprit de quelques grands seigneurs ; c'était le gagne-pain de quelques pauvres gens d'esprit. Les grands ouvrages cependant furent aussi fort nombreux. **La facilité de cette langue qui avait peu de règles fixes, et de cette poésie qui n'en avait qu'une, la rime,** permettait à tout homme doué de quelque invention et de quelque mouvement d'esprit de raconter longuement ce qu'il savait ou ce qu'il imaginait. Chose remarquable! l'usage si fréquent alors d'écrire en langue latine n'appauvrissait nullement la littérature en langue vulgaire. Le nombre de manuscrits qui nous restent encore de ces temps est prodigieux. Il serait fort désirable qu'une protection éclairée et une curiosité habile choisissent dans ces antiquités nationales un certain nombre d'ouvrages à publier, pour constater le mouvement progressif de la langue française : ce serait en même temps servir à l'intelligence de notre histoire.

En attendant que l'on s'occupe officiellement d'un tel soin, un homme de savoir et de goût s'est fait récemment éditeur de quelques-uns de ces manuscrits ; cet homme est M. Crapelet, qui, dans la noble profession d'imprimeur, a senti, comme les Étienne et d'autres encore, que le goût des lettres était, pour ainsi dire, une bienséance d'état : versé dans l'étude de notre vieux langage, il a cherché, parmi les nombreux manuscrits français du xiii° siècle, quelque ouvrage d'un caractère original. Le xiii° siècle avait produit beaucoup de grands poëmes ou romans de chevalerie, beaucoup de contes et de fabliaux. Avait-il fait aussi des romans historiques ? Les romans de chevalerie, avec leur merveilleux, leurs fées, leurs enchanteurs, leurs géants, quoique inspirés primitivement par l'histoire, n'y tiennent plus ; et les fabliaux, avec leur rudesse, leur grossièreté et leur licencieuse expression des mœurs bourgeoises, ne sont qu'une variante de la satire et de la comédie. Les romans historiques, mélangés de faux et de vrai, sans fiction surnaturelle, offriraient un intérêt de plus : on en fit beaucoup, et en vers, à cause de la facilité de versifier ainsi.

Le livre qu'a choisi M. Crapelet porte sur une tradition historique; nul merveilleux, nulle circonstance extraordinaire ne se mêle au récit : tout est dans la peinture des sentiments et des mœurs, et dans le récit d'une vengeance atroce, qui paraît authentique. C'est l'histoire sanglante que Dubelloy a mise au théâtre sous le nom de

Gabrielle de Vergy; c'est le roman de la dame de Fayel et du sire de Coucy. Le sujet semble bien tragique pour faire un roman écrit avec cette espèce de gaîté libre, de laisser-aller, de *nonchaloir* qui caractérise habituellement le style des *trouvères.* Toutefois l'ouvrage est conduit avec art et simplicité, plein de curieux détails, intéressant par la naïveté et quelquefois par le pathétique. La langue en serait difficilement comprise, à moins d'une étude particulière ; l'obscurité de certains usages ajoute à celle d'un style vieilli. M. Crapelet a éclairci le texte par une traduction, trop élégante peut-être. Il ne s'est pas assez renfermé dans cette simplicité de langage qui appartenait au temps, et qu'il aurait fallu remplacer pour nous par des expressions plus modernes, mais équivalentes. Toutefois le charme du récit, la fidèle expression du costume font lire cette traduction avec le même plaisir qu'un agréable roman de nos jours. Mais occupons-nous d'abord du texte original, et même de sa forme extérieure et matérielle.

Au XIIIe siècle, malgré la grossièreté du temps, on consacrait aux choses d'esprit tous les soins d'une industrie élégante. De là ces manuscrits sur vélin, en longs caractères, et tout parsemés de vignettes et d'ornements, qui supposent, sinon beaucoup de goût, au moins une grande patience. Tel est le texte du roman du *Châtelain de Coucy et de la Dame de Fayel*. Plusieurs dessins, entremêlés au manuscrit, enretracent les scènes principales.

Maintenant ouvrons le manuscrit, et cherchons ce qui peut nous aider à mieux connaître l'état de la langue et des mœurs, le caractère des idées du temps, et le tour d'imagination particulier à l'auteur anonyme de cet ouvrage.

Dès l'abord, nous verrons que ce livre appartient à une époque où les lettres devaient être fort cultivées. Le poëte est auteur de profession; cela est visible. Il dit, avec un peu d'humeur, que « jadis (on regrettait déjà le temps passé) les princes et les comtes faisaient chants, poëmes et jeux-partis en rimes gentilles; qu'il en est encore beaucoup qui feraient des romans mieux que jadis; mais que ceux qui ne savent ni faire ni comprendre ces ouvrages leur sont contraires, et disent, par moquerie, que ce sont des *souffleurs contre le vent*, des ménestrels et des jongleurs. » Le poëte, continuant à se plaindre de son siècle, ajoute : « S'il advient qu'un homme de peu d'avoir fasse un ouvrage, ils diront qu'il a mal *trouvé*, lui qui n'a pu *trouver* un logis. »

Dans cette froide plaisanterie que verrons-nous? l'existence d'une classe d'hommes qui n'étaient ni grands seigneurs ni jongleurs à la suite des grands, et qui, dans leur libre pauvreté, écrivaient, faisaient des vers. De là cette révolte de l'esprit contre la richesse, et cette plainte un peu amère du talent qui se croit méconnu. C'est une disposition que l'on s'étonnera peut-être de trouver au milieu des grands coups de lance et des tournois du moyen âge; elle tenait à cette civilisation ingénieuse que déjà les cours et les villes avaient développée. Cette plainte des poëtes, en langue vulgaire, s'explique d'ailleurs. Tous les avantages, toutes les faveurs étaient réservés à la littérature latine. On jugeait, on dissertait, on prêchait en latin. C'était le latin théologique qui procurait les prébendes et les abbayes, tandis que l'éloquence, en langue vulgaire, l'art de conter et de faire des vers n'obtenait que l'admiration de la foule et la protection incertaine des grands.

Après un prologue ingénieux commence le roman du *Châtelain de Coucy et de la Dame de Fayel*. On y retrouve la vie intérieure du temps, mieux et plus fidèlement que dans les histoires de chevalerie; l'événement est placé dans une époque peu éloignée de celle où écrivait le poëte, vers le temps du roi Richard. On voit par cet ouvrage comment on vivait noblement au xiie siècle, quels étaient les usages, les jeux, les sujets d'entretien. Ce n'était pas quelque représentation de théâtre, mais un tournoi. On disait : « Il y aura de belles joutes entre Lafëre et Vaudeuil; le comte de Flandre y sera; beaucoup de nobles dames et demoiselles du Hainaut y viendront, accompagnées de chevaliers les plus renommés de Flandre. Y serez-vous, madame? »

L'intrigue et les détails du roman ramènent, avec plus de naturel que de variété, les formes et parfois la licence des fabliaux. Mais le talent de l'auteur reparaît dans certaines nuances de pathétique qu'il sait répandre avec art sur son récit. Souvent la passion du châtelain de Coucy, je dirai même sa mélancolie (le mot était déjà français et enchâssé plus d'une fois dans les vers du vieux poëte), sa mélancolie s'exprime par des chants pleins de grâce, de douceur, d'harmonie. Le progrès est visible, si vous comparez ces vers à ceux de Chrétien de Troyes.

Après de beaux faits d'armes dans les tournois, après tous les incidents d'une passion tour à tour heureuse et traversée, le châtelain désespéré part pour la croisade, ressource générale, ressource inévitable. Il se couvre de gloire. Malheureusement il est atteint d'une flèche empoisonnée. Sentant que sa vie ne peut se prolonger, il veut revenir en France. Il meurt sur le vaisseau. A sa dernière heure, il recommande à son écuyer de porter son cœur à la dame de Fayel :

> De par moi li présenterés,
> Et li dites que li renvoy
> Ses traices et le cœur de moy.
> Siens fu, dès que je la connui;
> C'est drois qu'adès remaingne à lui.

On sent tout ce qu'il y a d'expressif et de pathétique dans ce simple langage. Jamais le style n'est poétique; il semble que les trouvères croient que tout le talent du poëte, c'est de conter. Netteté, vivacité touchante, voilà leur caractère. Souvent les idées sont pittoresques; ces tournois, ces jeux guerriers, ces souvenirs de la croisade et du roi Richard, tout cela plaît fort à l'imagination; mais le style de l'écrivain n'a point cherché à augmenter cette poésie naturelle du sujet. Il suit sa modeste allure de petits vers de huit syllabes, qui se succèdent sans mélange régulier de rimes masculines et féminines. L'extrême simplicité de ce mécanisme forme un contraste singulier avec l'art brillant et varié des poëtes provençaux. Évidemment ces vers ne coûtaient pas beaucoup plus à l'écrivain que la prose la plus simple; mais il y a des qualités de l'esprit distinctes des beautés du style qui se font sentir dans le récit des trouvères ; c'est une sorte d'enjouement et de rapidité ; c'est une naïveté parfois touchante, qui n'ajoute pas à la force du sentiment, mais qui le montre à nu et jusqu'au fond de l'âme.

Sous le rapport de la langue et de la diction, ce que l'on peut remarquer dans ce roman, c'est une précision souvent heureuse et qui n'a pas vieilli ; elle donne de la grâce à de bien petits détails. Dès le commencement du poëme, s'agit-il de montrer la dame de Fayel, le poëte dit :

> La dame s'est tost acesmée;
> Car belle dame est tost parée.

Puis il donne en quatre vers une description de sa toilette, curieuse pour les antiquaires. Du reste, nous le répétons, il ne faut pas chercher dans l'ouvrage la poésie de l'écrivain, mais celle du sujet; elle éclate dans la simplicité, pour ainsi dire, technique de quelques parties du récit.

De nos jours, un poëte d'un rare talent, et dont le talent est souvent attaqué, a jeté les vives couleurs de son style sur les souvenirs du moyen âge; il s'est plu aux armoiries, aux combats, aux usages de ce vieux temps; il en a blasonné ses vers. C'est ainsi qu'il a décrit le *Pas d'armes du roi Jean*. A ces savantes créations du talent, il serait curieux de comparer des récits presque officiels de tournois, écrits en vers fort négligés, sous l'impression des temps et des lieux.

Sachez[1] qu'ils dormirent peu cette nuit ; car les hérauts s'apprêtèrent dès le matin, et ils vont par les hôtels, criant à maints chevaliers de venir à l'église ; et ceux-ci le font à la hâte. Lors, on voit partout les menins brider et couvrir les chevaux, et polir les écus. Ils font un tel bruit, que c'est merveille à ouïr. Vous pourriez voir là maints bons destriers au poil luisant, qui hennissent ; vous entendriez les trompettes bondir et faire toute la ville retentir. Et quand la messe fut chantée, bientôt maintes dames mon-

[1]
  Saciés celle nuit peu dormirent,
  Car hiraut matin s'atornèrent,
  Par ces osteus maint chevalier
  Crient qu'il voisent au moustier,
  Et il si fisent hastivement.
  Lor mesnies communaument
  Véissiés partout abatir,
  Poitraus mettre et chevaus couvrir,
  Et ces fors escus aguicier,
  Et à mainte selle atachier
  Ses culieres et ses bouriaus.
  Telle noise mainent entr'aus
  Qu'à merveilles font à ouïr.
  Illeuques péussiés-vous véir
  Maint bon destrier sor et luisant
  Qui hautement vont hennissant.
  Trompes i oïssiés bondir,
  La ville font toute tentir.
  Et quant la messe fu chantée,
  Tost fu mainte dame montée

tèrent pour voir et pour regarder ceux qui veulent garder leur honneur, et mettre cœur, corps et âme pour l'amour de l'honneur et des dames. Là, vit-on des dames vêtues de samis, ornées d'orfroi et de pourpre.... Elles étaient noblement parées ; leur beauté éclaire la galerie.

Puis commencent les joutes, longuement et savamment décrites, avec tout le détail des armoiries et des devises, des attitudes et de l'escrime chevaleresque. On entend les hérauts s'écrier : « Saint-Georges, voici le bon Enguerrand de Coucy. » Et les écuyers baillent à chacun sa lance; et messire Enguerrand presse son cheval de l'éperon, plus vite qu'oiseau vole à sa proie, etc. Je n'achève pas ce récit; vous vous figurez sans peine le prix de cette peinture naïvement originale et où tout est poétique, parce que rien n'est inventé.

Plusieurs chevaliers sont abattus, et le héros du roman manque d'être tué. On le remporte chez lui; il est plusieurs jours retenu par ses

> Pour véoir et pour esgarder
> Ceulx qui veullent honnour garder,
> Et mettre cuer et corps et ame
> Pour l'amour d'onnour et de dame.
> Là véist-on sour hourdéis
> Dames vestues de samis,
> D'orfrois et de pourpres parées:
> Noblement furent acesmées,
> Lor biautés le parc enlumine.

blessures. Cependant un bal est donné après le tournoi ; et, après le bal, les dames se réunissent et vont chez le châtelain ; on arrive en grande cérémonie dans sa chambre ; on lui fait un discours, et on lui donne le prix comme à celui des chevaliers du pays qui avait le mieux soutenu la joute. Après cela, on distribue du vin et des dragées ; et tout le monde s'en va. Le chevalier guérit le plus vite qu'il peut, et recommence à paraître dans d'autres tournois, jusqu'au moment où il part pour la Terre-Sainte.

A quelle époque se faisait cet ouvrage, qui peut paraître un échantillon choisi entre beaucoup d'autres d'un caractère à peu près semblable? C'était probablement sous saint Louis, dans la gravité de ce pieux règne, qu'une histoire d'amour, où les croisades même sont regardées comme un expédient favorable à des faiblesses humaines, amusait les lecteurs, et assurait à l'écrivain une gloire dont il se vante dans ses derniers vers. Il y avait donc à côté de cette société théologique et latine, non-seulement l'activité d'une société littéraire ingénieuse et libre, mais il y avait son succès, son impunité ; aucune gêne religieuse ou politique ne semblait entraver ces écrits. Un peu plus tard, dans le xiv siècle, nous verrons la prédication chrétienne tonner avec une grande force contre le *roman de la Rose*. Mais le roman de la Rose attaque avec beaucoup de hardiesse les vices du clergé : c'était une guerre personnelle. Quant à l'enjouement et aux libres récits des romanciers, on n'y mit nul obstacle ; et les rigoureux statuts de saint Louis contre les blasphémateurs n'atteignirent pas les jeux de l'imagination poétique. A cet égard, la France du Nord, mieux favorisée que celle du Midi, conserva cette liberté, dont les poëtes provençaux avaient usé si hardiment, et qu'ils perdirent sous l'excommunication et la conquête.

C'étaient les Français qui faisaient la croisade contre les Albigeois ; tout en la faisant, ils la jugeaient. Chose remarquable ! non-seulement ils jugeaient cette croisade, mais celle même qui les conduisait à la Terre-Sainte. Nous aujourd'hui, avec notre esprit impartial, nous n'avons pas eu de peine à donner les motifs à la fois d'enthousiasme et de bon sens qui pouvaient justifier la croisade ; mais les contemporains, qui n'avaient pas tous le même degré d'enthousiasme, qui se croisaient quelquefois malgré eux, par respect humain, par crainte, par l'autorité d'un seigneur ou d'un évêque, censuraient ces expéditions. On a cité souvent un fabliau de Rutebeuf, où un croisé et un non croisé discutent fort librement. Tous les arguments du bon sens et de l'esprit sceptique sont produits par le non croisé.

Il ne voit nul motif de quitter son pays, sa femme, ses enfants, son héritage, pour une terre lointaine, dont il n'aura rien. C'est à faire aux riches abbés et aux prélats qui, voués au service du ciel, possèdent tous les biens de ce monde. On peut gagner le paradis partout, et sans un si long voyage. A quoi bon aller détrôner le soudan? Ceux qui vont à ces saintes expéditions pour se sanctifier, en reviennent plus brigands qu'ils n'étaient partis.

Le non croisé dit toutes ces choses avec des expressions fort dégagées, fort désinvoltes, qui ne sentent pas du tout leur xiie siècle. Il est vrai qu'après avoir bien raisonné, il se laisse convaincre et finit par prendre la croix. C'était le passe-port de la hardiesse du poëte.

Quant à la croisade des Albigeois, qu'elle ait été jugée par les victimes, nous le concevons; que la souffrance leur ait donné la philosophie, rien de plus naturel. Mais que les instruments mêmes de la persécution en aient senti l'horreur, voilà ce qui frappe davantage; et cela se rencontre dans les poëtes du temps. Ce n'est pas seulement le pauvre ménestrel, l'obscur trouvère qui hasarde à ce sujet quelque trait de satire; c'est Thibaut, comte de Champagne, qui blâme avec indignation la croisade des Albigeois, qu'il avait suivie. Sommé d'y prendre part, il avait donné à cette pieuse expédition quarante jours de service militaire. Mais, la dette une fois acquittée par la guerre et le pillage, il juge l'événement; il s'aperçoit que c'est une mauvaise action :

> Ce est des clers, qui ont laisié sermons
> Pour guerroier et pour tuer les gens :
> Jamais en Dieu ne fust tels homs créans.
> Notre chief fait tous les membres doloir.

C'est le pape Innocent III que le poëte désigne par ce dernier vers.

Partout, dans ces temps que l'histoire représente comme grossiers et crédules, régnait une liberté d'esprit en contradiction souvent avec les actes, et qui n'empêchait pas le mal, mais le blâmait.

Cette disposition, qui s'étendait depuis le grand seigneur homme d'esprit jusqu'au pauvre jongleur, était plus partagée qu'on ne le croit par toutes les classes de la société. Le grand nombre de livres publiés alors atteste un grand nombre de lecteurs. A voir les bibliothèques de vers, qui datent du XIIe siècle, il faut admettre que, dans cette vie urbaine et féodale, beaucoup de personnes, des clercs, des ignorants, des

femmes, se livraient à cette distraction, et que
lire et raisonner sur ses lectures était un plaisir
fort en vogue. De là beaucoup d'idées devaient
se répandre, et la réflexion indépendante naissait au milieu des préjugés qui semblaient
encore emmailloter les esprits. La raison avait
déjà ses droits; elle n'est pas une hardiesse d'hier
dans notre Europe moderne; les idées de justice
et de tolérance ne sont pas une création de l'esprit philosophique; comme elles tiennent au
fond même de notre nature, elles reparaissent
sitôt que notre esprit s'exerce par l'étude.

Ces premières vues qui sortent de la littérature du moyen âge ne tiennent pas à l'art; on
ne tirera pas de cette époque un livre de plus
à mettre dans la bibliothèque choisie du genre
humain; mais, en étudiant les ouvrages littéraires qu'elle a produits, on apprendra mieux
l'histoire, et on se corrigera de plus d'un préjugé sur les siècles passés.

On serait tenté de croire que dans ces châteaux massifs et dans ces tourelles gothiques la
vie était grossière, que sous le harnais nulle
élégance sociale ne se mêlait à la rudesse extérieure et matérielle des mœurs; il n'en est pas
ainsi; beaucoup de livres de ce temps respirent
une sorte d'urbanité délicate et de générosité

digne des temps les plus civilisés. Il semble que, presque à toutes les époques de notre moyen âge, soit par une tradition conservée de la vieille société romaine, soit par l'effort d'une heureuse nature, quelques esprits avaient atteint un haut degré de culture morale. Il y a dans les vers de Thibaut telle nuance de sentiment délicat, tel mélange de finesse et de noblesse d'âme, que les siècles les plus ingénieux n'auraient pas surpassé, et qui est sorti cette fois de l'âme du poëte.

La langue était encore loin d'avoir un caractère fixe et durable ; elle changeait sans cesse. On travaille maintenant beaucoup cette même langue ; on l'altère en tous sens : cependant les écrivains du xvii° siècle sont encore parfaitement et heureusement intelligibles pour nous. Au contraire, du xii° au xiv° siècle la langue subit une grande métamorphose. Sous Louis XII, Villon veut faire une pièce en vieux français du temps de saint Louis, et il n'en sait pas les règles. M. Raynouard, avec notre exactitude moderne, relève les fautes que le poëte du xv° siècle a faites en voulant parler la langue déjà surannée du xiii°.

Tout cela nous avertit d'être circonspects dans nos remarques de langue et de goût sur ces vieux monuments, déjà mal interprétés et mal connus dans les époques intermédiaires. Les chansons de Thibaut sont écrites dans cet idiome septentrional de France, fort distinct de la langue du Midi, et où paraît déjà la forme française avec sa netteté piquante et naïve : on y retrouve cependant une empreinte, un reflet des troubadours : leur langue était celle de la passion délicate, la langue des fêtes et des chants. De plus, Thibaut, comte de Champagne et roi de Navarre, avait plusieurs affinités avec le Midi, par son origine et par sa royauté. Thibaut était né de Blanche, fille du roi de Navarre ; il fut élevé par une grand'mère qui avait tenu des cours d'amour avec beaucoup d'éclat. Appartenant par son fief de Champagne à la France du Nord, il avait eu de bonne heure, par sa famille, les habitudes gracieuses et poétiques du Midi, et il mêla dans ses vers les génies des deux nations et des deux langues.

A l'époque même que l'auteur du roman du *Châtelain de Coucy et de la Dame de Fayel* déplorait l'abandon où les ducs et les comtes laissaient là la poésie, il y avait donc un grand personnage, un fils de roi, un comte de Brie et de Champagne, plus tard roi de Navarre, qui faisait force chansons amoureuses ; c'est la première réputation classique, en poésie vulgaire, que nous trouvons dans la France septentrionale au moyen âge; c'est le premier écrivain qu'on cite partout, et dont les vers puissent s'entendre et se lire. Vous savez qu'il se révolta contre la reine Blanche pendant la minorité de saint Louis; vous savez aussi que la tradition le suppose épris d'une passion violente pour cette pieuse princesse : plusieurs érudits ont vivement repoussé ce soupçon. Une des meilleures raisons peut-être qu'on puisse donner en leur faveur, c'est que les vers par lesquels le roi de Navarre aurait célébré la reine Blanche datent d'une époque où elle avait cinquante-six ans. Mais les savants auteurs qui, dans leur respect pour Blanche et pour l'étiquette, ont nié avec le plus de force la passion de Thibaut, n'ont pas osé, par le même motif, faire usage d'un argument si simple. Thibaut a donc eu le tort de se révolter contre Blanche, régente de France; il a eu le tort d'entrer dans une ligue avec le duc de Bretagne et avec le comte de Boulogne; mais il n'est pas coupable de vers adressés à la reine Blanche; ces vers n'étaient pas destinés pour elle; quoi qu'il en soit, ils respirent une naïveté gracieuse; les expressions ont une grâce qui n'a pas tout à fait vieilli; enfin la principale règle de notre poésie, le mélange alternatif des rimes masculines et féminines, s'y fait déjà sentir. Observée d'abord dans les chansons, il semble que cette règle eut pour origine l'instinct musical; mais de là elle passa dans tous les genres de poésie, et fut dictée par le goût : c'est le plus grand progrès que fit le mécanisme de nos vers. Thibaut n'observe pas souvent cette règle, mais il la devine, et s'en sert à propos. Malgré la rudesse de la langue d'*oïl*, quelques-unes de ses chansonnettes ont une douceur élégante qui ne serait pas indigne des troubadours, et qui, de plus, est déjà toute française. On peut en détacher des stances qui, lues devant vous, sembleraient appartenir à une époque plus avancée de notre langue :

>J'aloie, l'autre ier, errant,
>   Sans compaignon,
>Sor mon palefroi, pensant
>   A faire une chançon,
>Quand je oi, ne sai comment,
>   Ès un buisson,
>La vois dou plus bel enfant
>   K'onques vist nul hom,
>Et n'estoit pas enfés si
>N'eust quinze ans et demi;
>Onques nule rien ne vi
>   De si gente façon.

Ailleurs le mélange régulier des rimes se joint à l'élégance de l'expression :

> L'autre nuit, en mon dormant
> Fus en grant doutance,
> D'un jeu parti en chantant,
> Et en grant balance,
> Quant amours me vint devant,
> Ki me dist, que vas querrant?
> Trop as corage movant;
> Ce te vient d'enfance.

Voilà donc, au commencement du xiii⁰ siècle, la langue française toute faite et semblable à la nôtre. Depuis lors elle s'est développée par un progrès constant vers la clarté, la précision, la justesse. Mais elle existait déjà. Elle a gardé dans la suite l'emploi des formes ingénieuses que, dès le xiii⁰ siècle, l'alliance du génie méridional et de la langue des trouvères donnait aux chansons d'un comte de Champagne, roi de Navarre.

Ce progrès de la langue, à une époque si reculée, est remarquable dans la prose comme dans la poésie. Partout, c'est par les vers que commence la littérature ; mais c'est par la prose que la littérature se fixe, et que la langue se décide. Cette même époque qui vit naître Thibaut, comte de Champagne, le premier chansonnier parmi les rois, vit naître le premier narrateur éloquent et naïf en langue vulgaire, Joinville. Plus d'un motif m'autorise à réunir ces deux noms. Joinville avait été élevé à la cour de Thibaut; c'est là qu'il avait, dès l'enfance, puisé quelque chose de cet esprit conteur des troubadours, qu'il porta dans l'histoire : là il avait pris cette liberté d'entretien et cette vivacité moqueuse qu'il conserva près du pieux Louis IX, sans trop scandaliser le saint roi. Amusé par la gentillesse du jeune sénéchal de Champagne, saint Louis le mettait quelquefois aux prises avec maître Sorbon, le fondateur du collége de Sorbonne, un des hommes les plus graves du temps, et riait quand le docteur était déconcerté, désarçonné par les plaisanteries du jeune chevalier.

Joinville s'était croisé, malgré quelque chose de profane et de léger qui était en lui; il s'était même croisé avec toutes les pieuses précautions du temps. Il avait fondé, avant de partir, une messe anniversaire pour le repos de son âme, s'il venait à mourir. Il avait de plus engagé ses terres, ses châteaux, et fait argent de toute main; il était sur la flotte du roi qui souvent conversait avec lui. Saint Louis mettait l'entretien sur des sujets dignes de gens qui vont à la croisade. « Sénéchal, lui dit-il un jour, quelle chose est-ce que Dieu? — Sire, c'est si souveraine et bonne chose, que meilleure ne peut être. — Vraiment, c'est moult bien répondu, car cette réponse est écrite en ce livret que je tiens en ma main. Autre demande vous ferai-je ; savoir : Lequel vous aimeriez mieux être lépreux et ladre, ou avoir commis et commettre un péché mortel?— Et moi, dit Joinville, qui oncques ne lui voulus mentir, je lui répondis que j'aimerois mieux avoir fait trente péchés mortels, que d'être lépreux. » Cette répartie est peu grave, sans doute : maître Sorbon ne l'eût point pardonnée au jeune sénéchal. Mais ce qui appartient à l'histoire, et ne se peut trop remarquer, c'est l'impression de ce libre discours sur le bon roi saint Louis :

« Quand les frères furent départis de là, il me rappelle tout seulet, et me fit seoir à ses pieds, et me dit : Comment avez-vous osé dire ce que vous avez dit? et je lui réponds que encore je le dirois. Et il va me dire : Ha! fou musart, musart, vous y êtes déçu ; car vous savez qu'il n'est lèpre si laide que d'être en péché mortel. Et vous prie que, pour l'amour de Dieu premier, et pour l'amour de moi, vous reteniez ce dit en votre cœur. »

N'est-elle pas admirable la bonté de ce roi et

de ce saint, qui, tout roi et tout saint qu'il est, ne se fâche point de la réponse du jeune homme, laisse les témoins se retirer, et ne le réprimande que lorsqu'il est seul avec lui? On n'a jamais dit cela dans le panégyrique de saint Louis, bien qu'on en fasse un chaque année, depuis deux siècles.

Dans l'ordre des temps, le récit de Joinville est peut-être le premier monument de génie en langue française. J'entends par génie un haut degré d'originalité dans le langage, une physionomie particulière et expressive, quelque chose enfin qui a été fait par un homme et n'aurait pas été fait par un autre : c'est le livre de Joinville. Cette facile et vive gaîté, supportée ou plutôt aimée par saint Louis, se répand sur le récit, et l'anime de ce tour d'esprit que La Fontaine appelait enjouement. Ces aventures si sérieuses de la Terre-Sainte, il ne les raconte pas avec indifférence; il en est ému, il en souffre : cependant son courage et sa gaîté se conservent, et font ressortir encore l'héroïsme du roi, dont il est le plus fidèle, le plus gai conseiller, le plus sincère historien. Il combattit souvent près de lui, et fut mêlé à tous les grands périls. A Damiette, il donna librement son avis, et contredit le roi. Il se tenait à l'écart, craignant de l'avoir offensé, lorsqu'il sentit une main se placer sur ses yeux; il entrevit un gros rubis que portait le roi, et reconnut encore mieux le prince à quelques paroles pleines de confiance et d'amitié.

Joinville, si aimé de saint Louis, revint avec lui de la croisade; il retourna dans ses terres de Champagne, et recommença tranquillement la douce vie de seigneur. Mais quand saint Louis, tourmenté d'un nouveau désir de croisade, partit pour Tunis, le sénéchal ne voulut plus le suivre : saint Louis ne s'en fâcha pas. Bientôt Joinville apprit avec douleur sa mort. Il déposa dans une enquête pour la canonisation du roi; et, comme vous le voyez, il avait beaucoup à dire. Ensuite il écrivit l'histoire de saint Louis. Le texte original, longtemps perdu, a été retrouvé, bien qu'on y puisse supposer de fréquentes altérations, telles qu'on avait coutume d'en faire successivement, au moyen âge, dans les copies nouvelles des manuscrits en langue vulgaire. Parmi ces variantes, nous ne choisirons le texte le plus ancien qu'autant qu'il pourra facilement être saisi par cet auditoire. Il y a d'ailleurs un charme de naturel qui s'est conservé dans la variété de ses versions, et qui en est, pour ainsi dire, le cachet authentique. C'est par là qu'on peut expliquer le caractère prématuré de quelques expressions de Joinville, qui semblent encore toutes fraîches et toutes nouvelles : tant elles étaient heureuses et impossibles à remplacer! Cette remarque s'appliquerait à d'autres ouvrages où la supériorité de l'écrivain lui a fait, pour ainsi dire, anticiper d'un demi-siècle le progrès naturel de la langue, en lui donnant tout d'abord les expressions qui ne passent pas, celles qui sont à la fois les plus expressives et les plus courtes. Il en est ainsi de Joinville; la vive imagination et en même temps l'imagination ignorante de cet ingénieux chevalier lui a donné des paroles qui ne peuvent s'oublier. Tout est nouveau, tout est extraordinaire pour lui : le Caire, c'est Babylone; le Nil, c'est un fleuve qui prend sa source dans le paradis. Il a de ces notions particulières sur beaucoup de choses; mais, quant aux faits véritables, on ne saurait trouver plus naïf témoin. On dirait que les objets sont nés dans le monde le jour où il les a vus; il les décrit avec une merveilleuse précision de langage, sans rien altérer. Il les décrit comme Hérodote, mieux que lui peut-être; car Hérodote était déjà savant; Joinville, dieu merci, ne l'est pas du tout.

Comme c'est la première fois que nous trouvons un type de génie dans cette époque lointaine, arrêtons-nous un peu. Joinville part-il pour la croisade, ses émotions pieuses ne sont pas très-fortes; il ne les a pas chargées. Mais il faut repasser devant son château; et là, comme il a le cœur tout ému, il le dit :

Ainsi que j'allois de Bleicourt à Saint-Urban, qu'il me falloit passer auprès du chastel de Joinville, je n'osai oncques tourner la face devers Joinville, de peur d'avoir trop grand regret, et que le cœur ne me faillît de ce que je laissois mes deux enfants et mon beau chastel de Joinville, que j'avois fort au cœur.

Puis quand il monte sur un vaisseau, il faut voir son admiration du vaisseau et de la mer, et de quelle façon le merveilleux de la croisade commence pour lui, au moment de quitter le port :

Nous entrasmes au mois d'aoust, celui an, en la nef à la roche de Masseille, et fut ouverte la porte de la nef pour faire entrer nos chevaulx, ceulx que devions mener oultre mer. Et quant tous furent entrez, la porte fut recloûse et estouppée, ainsi comme l'on vouldroit faire un tonnel de vin : pour ce quant la nef est en grant mer, toute la porte est en eauë. Et tantost le maistre de la nau s'escria à ses gens, qui estoient au bec[1] de la nef : « Est votre besongne preste ? Sommes-nous à point ? » Et ilz dirent que oy vraiement. Et quant les prebstres et clercs furent entrez, il les fist tous monter au chasteau de la nef, et leur fist chanter

[1] La proue.

ou nom de Dieu, que nous voulsist bien tous conduire. Et tous à haulte voix commencèrent à chanter ce bel igne, *Veni creator Spiritus*, tout de bout en bout. Et en chantant, les mariniers firent voille de par Dieu. Et incontinent le vent s'entonne en la voille, et tantost nous fist perdre la terre de veuë, si que nous ne vismes plus que ciel et mer, et chascun jour nous esloignasmes du lieu dont nous estions partiz. Et par ce veulx-je bien dire, que icelui est bien fol, qui sceut avoir aucune chose de l'autrui, et quelque péché mortel en son âme, et se boute en tel dangier. Car si on s'endort au soir, l'on ne sceit si on se trouvera au matin au sous de la mer.

On ne commente pas cet admirable naturel.

DIXIÈME LEÇON.

Résumé général sur le XIII° siècle. — Grands hommes de cette époque ; mouvement général des esprits. — Influence de la France sur l'imagination ; trois mythologies nouvelles. — Paris, rendez-vous scientifique. — Italiens célèbres venus à Paris. — Ouvrage écrit en français par Brunetto Latini. — Influence des Provençaux sur l'Italie ; détails à cet égard. — Premiers essais de poésie sicilienne. — Poésies italiennes de la fin du XIII° siècle. — Précurseurs du Dante. — Quelques circonstances de la vie du Dante. — Ses études ; son caractère ; son génie.

Messieurs,

Nous avions choisi comme dernière expression de la langue et de l'esprit français, au XIII° siècle, Thibaut, comte de Champagne, et l'historien Joinville; mais ces exemples ne suffisent pas pour indiquer le grand travail des imaginations à cette époque, et l'influence que dès lors la France exerçait sur l'Europe. Ne mettons pas de vanité nationale dans les recherches d'antiquités; cela serait puéril : mais n'évitons pas une vérité historique, flatteuse pour notre pays. Nous avons fixé notre attention sur deux esprits originaux que produisit la France au xiii° siècle; il nous reste à considérer le mouvement d'étude et d'activité littéraire qui, en partie excité par la France, se communiquait aux autres nations, et qui fait de cette époque, trop négligée, un des âges mémorables de l'esprit moderne.

Ce qui caractérise un siècle, ce qui l'élève, c'est le nombre des hommes éminents et le progrès général des esprits. Lorsque plusieurs hommes éclatent et dominent, et que dans la foule les esprits sont remués, le siècle est grand et doit laisser une trace durable : c'est le trait distinctif du xiii° siècle.

Alors, comme au xvi°, vous voyez sur les trônes et dans les cloîtres, dans la vie guerrière et dans le vie civile, beaucoup d'hommes extraordinaires et fortement caractérisés; et d'abord, à la première place de la chrétienté, sur le siége de l'Église romaine, c'est Innocent III, dont le pontificat fut si long, si laborieux, si actif; qui, persécuteur et bienfaisant, écrasa dans des flots de sang la malheureuse race des Albigeois, et par toute l'Europe releva les mœurs et les études du clergé. Dans le nombre de ses successeurs paraît un Grégoire IX, digne de lutter contre saint Louis.

En France, trois grands rois, Philippe-Auguste, saint Louis, Philippe le Bel, dont un seul fut homme vertueux, mais qui tous exercèrent une haute domination sur les hommes de leur temps.

En Espagne, la monarchie chrétienne s'agrandit sous Ferdinand III. Alphonse X, dans un règne souvent malheureux, protége et cultive les arts, et fait admirer en lui une science que l'on appelait alors *sagesse*.

En Allemagne, paraissent deux princes héroïques et politiques à la fois, Frédéric Barberousse et Frédéric II : l'un, dont le règne agité embrasse quarante années, conquérant de l'Italie et de la Terre-Sainte, joignant à la hardiesse aventureuse de la chevalerie la sagesse d'un roi; le second, sans cesse occupé de guerres et d'études, parlant presque toutes les langues de l'Orient et de l'Europe occidentale, poëte, philosophe, naturaliste, déployant avec plus de rudesse et d'imagination, comme il sied au moyen âge, cette activité, cette passion des arts et cette liberté de penser qu'un prince du même nom reproduisit au xviiie siècle.

En Angleterre, ce n'est pas la supériorité des princes qui favorise le progrès des esprits; c'est leur faiblesse, leur chute, leur exil. Jean-sans-

Terre, par ses revers et sa honte, développe le génie de sa nation, plus que Guillaume ou Richard n'avaient fait avec toute leur gloire. Il donne la grande charte à l'Angleterre.

A côté de cette action puissante qui dans le xiiie siècle fut exercée par plusieurs princes, on voit aussi se déployer la force populaire : c'est en Italie qu'elle renaît, dans le pays qui avait conservé le plus de traces de la civilisation antique; elle y renaît, à la faveur de la religion moderne. Singulière contradiction de la destinée! La même cause qui avait contribué le plus efficacement à détruire l'ancienne société, ressuscite quelque chose de l'ancienne liberté. Les démocraties italiennes s'élèvent à l'ombre de la chaire pontificale. On le voit surtout au xiiie siècle. C'est pour l'Italie l'époque de la lutte acharnée entre les guelfes et les gibelins ; c'est alors que vous voyez s'élever, grandir, lutter toutes ces villes rivales, qui dans leurs murs renferment des magistrats électifs, un sénat, une place publique, une tribune enfin, tous ces grands instruments de liberté et de génie dont la Grèce et Rome avaient fait tant d'usage.

Cette active politique, cette vie populaire, ne se retrouvait qu'en Italie; mais l'activité des esprits s'exerçait déjà dans une grande partie de l'Europe, en France surtout. Le nombre des écrivains que la France produisit dans ce siècle, la variété très-grande de leurs ouvrages, l'empressement curieux des lecteurs, les publications diverses que la parole, que le chant donnaient à ces écrits, tout cela n'appartient pas seulement à l'érudition littéraire, mais à l'histoire. C'est un fait mémorable où se manifestent le travail et le progrès des esprits. Les romans de chevalerie et les fabliaux avaient fait toute la littérature du xii° siècle; l'âge suivant les vit se multiplier avec plus d'abondance encore; et, de plus, il produisit force traductions en langue vulgaire, et même des traités scientifiques. Les contes et les romans ne furent plus la seule lecture : preuve incontestable que les esprits devenaient plus éclairés et plus studieux! Nous ne pouvons analyser devant vous les volumineux manuscrits des poëmes chevaleresques de Huon de Villeneuve, ou d'Adenez dit *le Roi*. Un de ces ouvrages a, dit-on, plus de soixante-dix-sept mille vers de dix syllabes; et beaucoup d'autres n'en ont pas moins de vingt mille. Tant de vers supposent peu de poésie. Aussi, pour faire connaître ce qu'il y a d'ingénieux dans quelques-uns de ces ouvrages, nous préférons citer plus tard les versions en prose que l'on en fit dans les siècles suivants ; car ces récits n'y perdent rien ; et l'on peut étudier de cette manière le progrès de la langue et le raffinement successif des esprits retravaillant ce vieux fonds de la chevalerie, l'*Iliade* du moyen âge.

En attendant, voulons-nous résumer toutes les créations poétiques achevées ou versifiées dans le xiiie siècle, un mot suffit; le moyen âge a invité trois mythologies : la mythologie chevaleresque, la mythologie allégorique, et la mythologie chrétienne, si l'on me pardonne cette expression. Ce n'est pas la pensée particulière d'un homme de génie qui éclate dans ce travail; c'est une imagination collective, semblable à celle qui créa les belles fables de l'antiquité. Ainsi se forma cette mythologie chevaleresque, empruntée au Nord, à l'Orient, aux fables arabes et aux légendes chrétiennes, ces génies, ces enchanteurs, ces fées, ces géants, ces nains, ces animaux magiques. L'imagination, entourée de tant d'êtres fabuleux, ne tarda pas à personnifier les vices, les vertus, les pensées. Ce fut une seconde mythologie tout allégorique; elle remplit le *Roman de la Rose* et d'autres poëmes du temps : on en retrouve quelque chose dans le gracieux génie de Pétrarque; elle a passé tout entière dans les premiers poëtes anglais; elle se mêle aux libres récits de Chaucer; elle remplit le poëme savamment travaillé, mais ennuyeux, de Spencer.

Quant à la mythologie chrétienne, si l'on permet cette profane alliance de mots pour exprimer ce qui ne peut se dire autrement, elle fut plus heureuse; elle inspira, dans le temps où elle avait le plus de force, un homme de génie qui lui consacra un immortel monument. Les dogmes du christianisme une fois déposés dans les esprits, l'imagination ne s'était pas arrêtée; on se racontait les rêves des légendes, les terreurs de la piété. Pour l'ignorance, le culte des saints était devenu tout un paganisme plein d'histoires fabuleuses. La religion, comme le gouvernement féodal, avait son merveilleux, ses romans de chevalerie, tels que la *Légende dorée de Pierre de Voragine*. A côté des fabliaux profanes qui se moquaient si librement des prêtres et des moines, il y avait de pieux fabliaux, des récits édifiants et comiques, où d'ordinaire le diable était pris pour dupe : c'était la partie burlesque du merveilleux chrétien.

Voilà ce qu'avait inventé l'imagination du moyen âge, et ce qui, dès le XIIIe siècle, formait en France toute une littérature, imitée par les autres nations. Source principale des récits che-

valeresques, la France était de plus une sorte
de rendez-vous scientifique. Paris, la Sorbonne,
l'Université avaient grand renom dans toute
l'Europe; les Italiens même ont avoué cette
supériorité précoce de la France. Un homme
d'Angleterre, d'Allemagne ou d'Italie, devenait-
il célèbre dans son pays par ses talents, une
tentation naturelle l'attirait vers Paris. C'est
ainsi qu'Albert le Grand, né à Cologne, admiré
des Allemands, vint enseigner dans l'Université
de Paris; c'est ainsi que saint Thomas, né dans
la ville d'Aquino en Italie, vint à Paris étudier
sous Albert le Grand, et que l'Anglais Roger
Bacon, génie inventeur, passa dans cette ville
plusieurs années de retraite profonde et d'é-
tude.

Quelle cause donner à cette préférence pour
Paris? Était-ce la célébrité que les inventions
des *trouvères* avaient obtenue dans les autres contrées? Était-ce l'éclat de l'Université de Paris,
les bulles dont les papes l'avaient dotée, la protection que lui assuraient les rois? N'était-ce
pas surtout le progrès que la société politique
avait déjà fait en France sous saint Louis? Si
vous considérez l'état de l'Europe, nulle part
il n'y avait alors autant d'ordre et de justice
que dans la capitale du royaume de France; et

ce qu'on y trouvait encore de barbarie était partout dans l'Europe.

On venait donc à Paris étudier la scolastique et la théologie ; les étrangers y apprenaient le français, et s'exerçaient à l'écrire comme un beau et savant langage. Un Italien, Brunetto Latini, qui fut le maître du Dante, se trouvait à Paris en 1266 ; il suivait les cours célèbres de cette époque ; il entendait deux professeurs, Italiens de naissance, qui étaient venus enseigner à Paris la dogmatique et la scolastique ; et il écrivait son livre intitulé *le Trésor*, compilation assez confuse : il l'écrivait en français, dans un style déjà fort intelligible pour nous. Il donne ainsi la raison de ce choix :

> Se aucuns demandoit pourquoi chis livres est écrit en roumans, pour chou que nous sommes Ytalien, je diroie que ch'est pour chou que nous sommes en France, et pour chou que la parleure en est plus délitable et plus commune à toutes gens.

Voilà comment un Italien écrivait à Paris le français en 1266.

Mais il vint un peu plus tard, dans la même ville, un personnage bien autrement célèbre dans le souvenir des hommes ; c'était vers 1304 ; beaucoup de monde, clercs et laïques, étaient accourus dans la grande salle de l'Université pour entendre une thèse qui devait être soutenue, *de quolibet*, sur tout ce qu'on voudra. Le tenant était un étranger, jeune encore, d'une physionomie haute et grave; il y avait quatorze champions attaquants; chacun présentait sa question et sa difficulté avec tous les arguments que la science du temps pouvait fournir. Lorsque ces quatorze chevaliers scolastiques eurent passé, le tenant reproduisit lui-même toutes les questions; puis il les reprit, et, avec une infinie variété d'arguments, terrassa chacun de ses quatorze adversaires[1]. Cet étranger était le Dante, qui, banni de son pays, voyageait alors en France pour son instruction.

Ainsi voilà les points les plus opposés qui se rapprochent et se confondent dans ce vaste cadre du moyen âge. Nous étions occupés de ces romans chevaleresques et de ces fabliaux, œuvre originale, mais assez grossière, d'une langue naissante; nous assistions à ces débats scolasti-

---

[1] Fu questo poeta di meravigliosa capacità, e di memoria fermissima, e di perspicace intelletto, in tanto che essendo egli a Parigi, e quivi sostenendo in una quistione (*de quolibet*) che in una scuola di teologi si faceva, quattordici quistioni da diversi valentuomini e di diverse materie, con loro argomenti pro e contra fatti da' proponenti, senza metter tempo in mezzo, raccolte ed ordinatamente come poste erano state, recitò, poi quel medesimo ordine seguendo, sottilmente solvendo e rispondendo agli argomenti contrarj; la qual cosa quasi miracolo da tutti i circunstanti fu reputata. (*Vita di Dante Alighieri*, per BOCCACCIO.)

ques où se consumait tant de vigueur d'esprit en vaines subtilités et en latin barbare, et nous rencontrons là le créateur de la poésie moderne, l'homme qui imprime à sa propre langue l'originalité, la pureté, la durée.

Il n'est pas sans doute, dans l'histoire littéraire du moyen âge, de physionomie plus difficile à retracer, où paraissent davantage et le génie individuel et le génie du temps. A côté de Huon de Villeneuve et du poëte Adam, surnommé *le Bossu d'Arras,* et de tant d'autres trouvères aux sobriquets bizarres, il faut regarder cette grande et haute figure du Dante. D'où vient-il? Comment cette nation, qui naguère n'avait pas de langue écrite, a-t-elle tout à coup tant de génie? Voilà ce que nous cherchons. Nous aurons pour guide les études mêmes du Dante; car ce n'est pas un esprit inculte qui grandit sans communication avec ses contemporains. Non, il en est l'expression la plus énergique, la plus haute; mais il en est l'expression fidèle. Il domine la foule, et il en est sorti; il a les idées de tous les hommes de son temps; c'est leur langue qu'il parle; il l'élève à je ne sais quelle sublimité simple, inconnue avant lui; mais il la prend dans l'usage populaire, et il ne s'en saisit point par une inspiration aveugle, instinctive ; il la prend avec science, avec choix ; c'est un génie studieux autant que créateur ; il innove et il imite. Nul exemple ne saurait mieux faire comprendre l'influence des autres hommes sur le génie le plus original qui s'élève au milieu d'eux.

Nous allons, avant de le regarder en face et de l'admirer, prendre ses papiers, consulter ses notes, savoir de lui ce qui se passait autour de lui.

Le Dante a fait, je ne sais dans quelle année de son exil, un ouvrage sur l'éloquence vulgaire, ou plutôt sur la langue vulgaire : cet ouvrage, nous le séparons en ce moment du Dante, et nous le consultons comme une œuvre grammaticale et littéraire du temps. Là le Dante procède comme tout philosophe ou théologien habile du xiii° siècle ; il recherche curieusement qui a parlé le premier de l'homme ou de la femme ; il conclut en faveur de l'homme, à cause de son droit de prééminence ; puis il se demande en quelle langue Dieu a parlé à l'homme. Il résout ainsi le problème souvent agité de l'invention humaine, ou de la transmission divine du langage : il reconnaît l'hébreu pour l'idiome originel et donné de Dieu.

Descendant de ces antiquités mystérieuses à

l'Europe moderne, il distingue très-bien la grande famille des langues slaves et celle des langues de race latine.

Ces dernières n'en font qu'une, dit-il, bien qu'elles paraissent trois. Pour signe d'affirmation les uns disent *oc*, les autres *oïl*, les autres *si* : ce sont les Espagnols, les Français et les Italiens. La preuve de l'origine commune de ces trois langues est dans le grand nombre de mots semblables qu'elles emploient.

Puis, après avoir indiqué les territoires et les limites géographiques de ces idiomes, il en définit les caractères.

La langue d'oïl, à cause de son agrément et de sa facilité, a pour elle de posséder tout ce qui est inventé ou écrit en prose vulgaire, les livres remplis des actions des Grecs et des Romains, les longs récits d'Artus, et beaucoup d'autres ouvrages d'histoire et de science.

N'est-il pas curieux de voir cette supériorité de la prose française déjà reconnue dans le siècle du Dante, et par le Dante lui-même? Quant à la langue de *si*, aux yeux du Dante, elle se divise en quatorze idiomes qui remplissent toute l'Italie au delà et en deçà des Apennins, au nord, au midi, au centre. Il se demande ensuite si cette division est définitive.

Non, dit-il, chacun de ces idiomes se subdivise lui-même en un si grand nombre, que je porterais à mille tous les dialectes, toutes les variétés de langages qui se parlent en Italie.

Cette multitude même de langages nous expliquera, je crois, pourquoi la langue italienne fut si tardive à se fixer, à se constater visiblement par des écrits. Tout homme doué de quelque invention voulait être entendu au delà des murs de sa ville ; il était tenté de choisir, non pas un de ces patois de l'Italie, mais une langue durable, vivace : il écrivait en langue latine. Ce n'est pas tout ; lorsque le souffle du génie moderne commençait à dominer, lorsqu'il fallut bien se détacher de cette latinité morte, ou qui ne vivait plus que dans les églises et dans les greffes, les premiers hommes qui, en Italie, sentirent en eux quelque talent poétique, pour rendre en langue vulgaire les émotions du cœur, cherchèrent un autre idiome moderne qui leur offrît ce caractère d'unité qu'ils ne trouvaient pas en Italie : le provençal devint pour eux la langue littéraire. Cette influence que la langue des *trouvères* obtenait en Angleterre par la conquête et l'envahissement politique, la langue des *troubadours* l'exerça sur l'Italie du Nord par le seul pouvoir du goût et de l'harmonie.

Ainsi se touchent les diverses parties du tableau que nous avons à retracer. Dans nos recherches sur la poésie *romane*, nous avons presque toujours cité de préférence les poëtes qui appartiennent à la France méridionale; mais beaucoup d'autres qui ont parlé cette même langue *romane* étaient des Italiens de Gênes, de Milan, de Mantoue, de Modène. Ce n'est pas que le provençal fût la langue vulgaire autour d'eux; mais la multitude des dialectes qui se partageaient l'Italie engageait ces poëtes à s'emparer d'une langue plus fixe, plus durable, pour lui confier leurs chants et leur gloire. Il n'est pas sans doute un nom plus italien que celui de la maison d'Este. La maison d'Este s'unit dans notre souvenir à la gloire des grands poëtes de l'Italie. Eh bien, au milieu du xiiie siècle, la faveur de cette famille, amie des lettres, était toute pour la Provence. C'était l'esprit provençal, c'était la poésie provençale qui régnait à cette cour. Un monument curieux l'indique: c'est un manuscrit de 1254, conservé dans la bibliothèque de la maison d'Este. Vous y trouverez la preuve de cette prédominance de la poésie provençale, qui venait vaincre l'Italie jusque sur son propre territoire. Nous citerons le fragment d'une notice, qui, dans ce manuscrit, précède diverses poésies romanes du xiiie siècle :

> Maître Ferrari fut de Ferrare ; il était jongleur, et s'entendait mieux à *trouver,* c'est-à-dire à versifier en provençal qu'aucun homme qui fût en Lombardie. Il connaissait bien les lettres, et, pour écrire, personne ne pouvait l'égaler. Il fit beaucoup de bons et beaux livres. Il était homme courtois de sa personne. Il voyagea et servit des barons et des chevaliers, et il s'arrêta dans la maison d'Este ; et quand les marquis tenaient cour et donnaient quelque fête, les jongleurs qui s'entendaient en langue provençale, accourus là, venaient tous à lui, et le proclamaient leur maître ; et s'il en venait quelqu'un qui fût plus habile que les autres, et qui fît essai de ses inventions et de celles d'autrui, il lui répondait à l'improviste ; de manière qu'il était le premier champion poétique dans la cour du marquis d'Este. (Tirab., t. iv, p. 311.)

Ces plaisirs, ces jeux de l'esprit, que nous avons trouvés, sous une forme un peu grossière, à la cour de Philippe-Auguste, s'animaient dans les petites cours italiennes de tout l'éclat de la poésie provençale. Aussi, quelles sont les autorités que cite le Dante, les modèles qu'il invoque, et qu'il veut imiter? Après les anciens, qu'il nomme dans un ordre assez confus, ce sont les poëtes de la langue provençale. Le Dante avait beaucoup étudié les anciens, et en connaissait un grand nombre. Il ne célèbre pas seulement les poëtes, Virgile, Horace, Ovide, Stace, Lucain;

il parle des écrivains qui ont employé une prose élevée, Tite-Live, Pline, Frontin, Paul Orose, « et beaucoup d'autres, dit-il, que la solitude favorable nous invite à visiter. » Cependant, à le voir citer Paul Orose, abréviateur inexact et barbare, à côté de Tite-Live, on peut juger quelle confusion existait dans la bibliothèque et dans le goût du moyen âge[1].

Mais après ces modèles inégaux, jetés pêle-mêle à l'imagination du Dante, il admirait surtout les troubadours, Bertram de Born, Arnaud Daniel, pour avoir chanté, l'un la guerre, l'autre l'amour[2]. Il étudiait soigneusement les formes de leur versification et de leur langage. Parfois il dit : « Arnaud Daniel fait ainsi la stance; et moi aussi j'ai fait des stances semblables. »

Crédit et faveur de la poésie provençale dans les cours d'Italie; influence de cette poésie sur les premiers essais en langue italienne; voilà deux faits d'abord reconnus.

Mais une autre influence concourut à ranimer

---

[1] Nec non alios qui usi sunt altissimas prosas, ut Titum Livium, Plinium, Frontinum, Paulum Orosium, et multos alios, quos amica solitudo nos visitare invitat. (*De Vulgari Eloquentia*.)

[2] Circa hæc, illustres viros invenimus vulgariter poetasse; scilicet Bertramum de Bornio, arma, Arnaldum Danielem, amorem. (*Ibid.*)

les lettres en Italie. C'est ici que paraît Frédéric II, et son règne agité et glorieux qui remplit la première moitié du xiii° siècle. Ce qui se passait à la petite cour d'Este se réalisait avec bien plus d'éclat à Naples et à Palerme. Frédéric, Allemand d'origine, mais né en Italie, élevé en Italie, roi des Romains à son berceau, et pupille d'Innocent III, garda toujours une préférence pour les Italiens, et ne négligea rien pour éveiller leur génie. Dans l'intervalle de ses courses guerrières en Allemagne et en Palestine, dans les vicissitudes de son pouvoir, attaqué tour à tour par les princes allemands et par les papes, Palerme était pour lui un lieu d'asile et de repos, où il réunissait les savants de toutes les nations. Par une des nombreuses singularités de son caractère et de sa vie, ce prince, qui avait fait une croisade par ordre du pape, s'entourait dans ses états de serviteurs et de confidents mahométans. Mais alors les Orientaux étaient pour les chrétiens ce que les chrétiens sont aujourd'hui pour eux, des maîtres et des modèles dans les sciences naturelles et les arts utiles à la vie. De même que, de nos jours, Mahmoud confie sa garde à des Arméniens, et ses armées à des officiers francs, Frédéric II remplissait sa cour d'*émirs*. Il avait sans cesse près de lui des astronomes, ou plutôt des astrologues arabes, et n'entreprenait rien sans leur avis. Mais cette superstition pour les sciences orientales, qui lui attira le reproche d'impiété, ne le rendait pas moins favorable aux arts naissants de l'Occident. Je doute fort qu'il ait composé ce livre fameux *de Tribus impostoribus,* dont les papes l'ont accusé, et que personne ne connaît; mais il a fait quelques chansons, qui sont à peu près le plus ancien monument que l'on ait conservé de la poésie italienne. Son chancelier Pierre Desvignes, homme savant et philosophe, a laissé également des poésies, qui, par le sujet et les sentiments, se rapprochent beaucoup de celles des troubadours. Ainsi c'est encore l'influence provençale qui, par un détour, en se mêlant au dialecte sicilien, vient réagir sur l'Italie.

Quand un prince fait des vers, nul doute que le nombre des poëtes ne se multiplie dans ses états. Les chansons et les bienfaits de Frédéric II éveillèrent l'imagination des Siciliens. « L'empereur Frédéric, nous dit un vieux recueil de *Nouvelles,* fut un très-noble seigneur; et les gens qui avaient du mérite venaient de toutes parts à lui, parce qu'il était homme donnant volontiers, et qu'il faisait gracieux visage; et ceux qui avaient quelque talent particulier accouraient vers lui, troubadours, beaux parleurs, hommes d'art, jongleurs, bouffons, gens de toute espèce. » Sans doute, sous le soleil de la Sicile, le goût de la poésie avait dû toujours être instinctif et populaire; mais depuis Frédéric, et à son exemple, il fut cultivé par des hommes de profession savante, Mazzeo di Ricco, Guido, Arigo di Testa, Jacopo, Stefano. Ils ne chantèrent que la passion et le plaisir.

Cependant sur le continent la même influence s'exerçait, et, comme l'a remarqué le Dante, par l'illusion que le pouvoir de Frédéric faisait aux hommes, ce que l'on écrivait en Italie s'appelait sicilien. La Sicile avait l'honneur de donner son nom à tout le génie naissant de l'Italie. A Vérone, à Pise, à Mantoue, on s'était lassé de la langue provençale. Plusieurs hommes de talent commençaient à donner à l'idiome italien les mètres des troubadours, sans altérer son caractère national. La plupart de ces poëtes sont inconnus, à moins que le Dante n'ait daigné rappeler leurs noms, en les effaçant de son prodigieux éclat. Ce n'est pas qu'une étude attentive ne puisse apercevoir, dans ces premiers rudiments d'une langue qui se forme et d'un génie qui se prépare, de précieuses traces du travail que faisait alors l'esprit humain. C'est vers ce temps que, soit par des transmissions venues de l'Orient, soit par quelques créations savantes ou fortuites de l'esprit européen, plusieurs découvertes commençaient à se répandre; que, par exemple, la boussole fut révélée aux hommes. Vous trouvez cette grande découverte constatée dans une pièce galante d'un Italien du XIII° siècle, qui compare la direction de l'aiguille aimantée au mouvement de son cœur vers l'objet de ses vœux.

On pourrait ainsi rechercher dans ces vieilles poésies, frivoles en apparence, de curieux indices sur l'état des connaissances à la fin du XIII° siècle; mais on y trouverait peu de génie, et, ce qui doit étonner davantage, fort peu de naturel. Le langage de la passion y prend souvent un tour affecté : ces poëtes imitaient. Toutefois, au milieu de cet effort pour égaler les Provençaux et les Siciliens, l'Italie tendait à sortir de cette multiplicité un peu confuse de langages, dont parle le Dante. Elle devait se former tôt ou tard un parler qui ne fût ni de Pise, ni de Florence, ni de Padoue; qui fût emprunté à tous les idiomes, et qui les dominât. C'est ce que le Dante appelle un parler *cardinal, illustre, aulique;* c'est une sorte de langue littéraire, extraite de la langue commune. De nos jours, en Italie, sous quelques rappprts, la langue écrite est une langue morte que l'on étudie dans les livres, inconvénient véritable pour la force et la naïveté du langage. Mais au temps du Dante, et pour le Dante, la langue écrite, quoique évidemment distincte de la foule des dialectes populaires, s'étudiait, non dans les livres, mais dans les hommes; elle était à la fois langue savante et langue vivante, choisie et naturelle, privilégiée et populaire. De là, Messieurs, la différence entre le style du Dante et celui d'Alfieri. L'un est une œuvre animée d'une vie immortelle; l'autre une belle copie de la mort. L'un et l'autre cependant ne pouvaient appartenir qu'à l'Italie.

Mais revenons. Depuis près d'un siècle, par l'exemple des Provençaux, par la protection de quelques princes, surtout de Frédéric II, par le nombre des écoles, par les débats théologiques, par le réveil spontané de l'imagination, sous un beau ciel, et dans une riche nature, un grand travail se faisait en Italie. Déjà, dans la foule des poëtes, on distinguait Guido Guinizzelli de Bologne, Guittone d'Arezzo, Guido Cavalcanti, dont les *canzoni* sont plus d'une fois cités par le Dante. Des écoles de littérature étaient établies à Florence. La religion ne s'opposait pas à ce nouvel effort des esprits. Une grande révolution s'était faite à cet égard, ou plutôt un retour vers le premier esprit du christianisme. Au vi⁰ siècle, Grégoire le Grand écrivait à un évêque pour le réprimander sévèrement de ce qu'il avait permis l'enseignement de la grammaire, c'est-à-dire des lettres. « Le nom de Jupiter, lui disait-il, ne doit pas se trouver dans une bouche accoutumée à prononcer celui de Jésus-Christ. » Au xi⁰ siècle, Grégoire VII défendait impérieusement à un roi de Bohème de faire traduire les livres de *l'Écriture* dans la langue vulgaire du pays, de peur que les vérités saintes ne fussent exposées à des interprétations téméraires.

Mais, dans le xiii⁰ siècle, l'Église romaine, si habile dans l'art d'approprier sa domination au mouvement des esprits, au lieu de les retenir, semble les pousser vers l'étude et la science. Vous voyez le pape Honorius III déposer un évêque pour n'avoir pas étudié Donat. Les nouvelles confréries religieuses qui s'établissent, celles de Saint-Dominique et de Saint-François ne s'enferment plus dans l'usage exclusif d'une langue savante, chaque jour moins comprise du peuple ; on les voit emprunter, pour la prédication et les cantiques, la langue usuelle du pays, et ressusciter ainsi l'action populaire, qui signalait le christianisme à sa naissance. Sous ce rapport, l'ordre des Franciscains, qui, né en Italie, s'étendit si rapidement, contribua beaucoup aux progrès de la langue et de la poésie italienne. Il substitua souvent aux hymnes latines de l'église des chants pieux en langue vulgaire.

Un peuple immense se réunissait pour redire ces chants. Un frère dont le nom a été conservé, frère Pacifique, en avait fait la musique, et dirigeait les voix des religieux et de la foule. Voici quelques vers de ces hymnes, un des plus anciens monuments qui nous soient restés de l'italien vulgaire :

O très-haut-seigneur, à vous la gloire, la louange et l'honneur; à vous se rapportent toutes les actions de grâces; il n'est pas d'homme qui soit digne de vous nommer. Soyez loué et exalté, Dieu souverain de toutes les créatures et en particulier du soleil, votre ouvrage, par lequel brille ce jour qui nous éclaire.

Ces prières, animées par des voix jeunes et harmonieuses, donnaient à la langue vulgaire toute l'autorité du zèle religieux. Au xvi° siècle, quand les protestants, aux portes de Paris, chantaient quelques cantiques de David rimés en français par Marot, le fanatisme du temps s'indignait de cette profanation des choses saintes et la réprimait par des bûchers et des échafauds. Cependant l'Italie pontificale en avait donné l'exemple, trois siècles auparavant.

Quoi qu'il en soit, l'influence des cours, l'enthousiasme religieux et la galanterie chevaleresque, tout se réunisssait, à la fin du xiiie siècle, pour multiplier les essais de poésie italienne. Quelque créateur que soit le génie du Dante, le prodige de son langage et de son rhythme, ses *tercets* si bien soutenus, tout cela n'est pas sorti de sa seule pensée. Les poëtes italiens, ses prédécesseurs, avaient déjà fait briller un travail ingénieux de style; et parfois dans leurs *canzoni* ils égalent les troubadours, ces premiers maîtres de la poésie moderne. L'instrument était à demi trouvé; mais il fallait l'employer à de grandes conceptions poétiques, et lui faire dire autre chose que des chants de piété ou d'amour.

Ces trois mythologies que nous avons désignées plus haut comme l'œuvre du moyen âge, n'avaient pas toutes pris racine en Italie; la fiction chevaleresque y tenait peu de place. L'Italie ne partage point la gloire d'avoir créé cet ordre de sentiments et d'idées qui lui inspira plus tard les deux chefs-d'œuvre de sa poésie épique. Le motif qui nous a fait expliquer la chevalerie par la féodalité explique assez l'absence des inventions chevaleresque en Italie. Dès la fin du xii° siècle, la domination à la fois excessive et régulière de l'Église, les divisions des villes, le nombre des républiques avaient substitué, dans l'Italie, à l'esprit féodal l'esprit clérical ou commercial. Or, point de féodalité dans le fait; point de chevalerie dans la fiction.

Quant à cette mythologie allégorique dont s'amusa la France du Nord, qui a produit de si longs et, il faut le dire, de si ennuyeux poëmes, l'Italie ne parut pas s'en aviser. Je ne sais si l'esprit vif des Italiens dédaigna ces inventions pénibles et détournées ; mais ce qui domine dans les premiers essais de la poésie italienne, c'est la scolastique et l'amour : ce fut l'inspiration du Dante. Ce grand homme, à le bien considérer, était tout à fait de son temps; et c'est dans le travail d'imagination qui portait à leur plus haute puissance des croyances alors générales, que se trouvent le caractère et la sublimité de son génie.

Les événements de sa vie furent-ils pour quelque chose dans ce génie ? et la biographie, stérile quand il s'agit d'un écrivain vulgaire, d'un de ces écrivains anonymes, sous leur nom, ne serait-elle pas ici vraiment instructive? elle se rattache au second grand intérêt du moyen âge. Les croisades furent le premier, le second fut la querelle du sacerdoce et de l'Empire : toujours la religion; la religion agissant au loin contre l'Asie mahométane; la religion agissant au sein de l'Europe contre le pouvoir civil.

Le Dante, si supérieur à ses contemporains qu'on les a tous oubliés devant sa gloire, avait été précédé de tant de poëtes que dans le nombre il s'en trouvait déjà du même nom que lui. Oui, ce grand nom du Dante, que l'esprit harassé des landes du moyen âge attend avec impatience, vous le rencontrez une première fois; et vous êtes trompé. Il s'agit d'un Dante, né aussi dans la Toscane, fameux à la fin du xiiie siècle, et dont les sonnets éveillèrent, dit-on, le génie d'une jeune Sicilienne, la première femme poëte qui soit nommée dans la littérature d'Italie. Elle prenait plaisir à s'appeler la *Nina du Dante*, « Nina di Dante. »

Mais ce faux Dante va disparaître. Le grand poëte est né au milieu de toutes les passions de guerre et de vengeance qui divisaient les guelfes et les gibelins. Il sortait d'une famille remplie de ces passions, la famille Aligheri, attachée au parti guelfe, à ce parti qui, soulevé contre l'empereur d'Allemagne, cherchait dans la défense des papes la liberté de l'Italie. Tout jeune, il porta les armes pour cette cause, il était à la bataille de Campaldino, où les guelfes de Florence furent vainqueurs des gibelins. Le crédit de sa famille, son génie naissant, tout l'appelait à ces honneurs civiques qui, dans l'Italie du moyen âge, renouvelaient les périls et les grandes ambitions de la Grèce et de Rome. Il fut successivement officier, ambassadeur et prieur, c'est-à-dire un des six magistrats suprêmes de Florence. Il y avait dans la constitution de cette ville de quoi nous expliquer le développement précoce du génie italien; elle était fondée sur la liberté, les sciences et les métiers. Florence avait d'abord été, comme l'ancienne Rome, sous le joug de sa noblesse; mais elle s'en affranchit; et la ville entière forma une fédération où n'entraient que les professions savantes et les métiers utiles. Ces idées, qui sembleraient hardies, même de nos jours, étaient nées, dans le XIII° siècle, de la situation des cités d'Italie. Le Dante était inscrit sur les registres de Florence dans la sixième classe, sous le titre de *physicien*, c'est-à-dire médecin. C'est de là qu'il fut bientôt élevé à la dignité de prieur; et c'est alors que commencèrent tous ses malheurs.

Le parti guelfe vainqueur s'était partagé entre

deux familles puissantes, les *Cerchi* et les *Donati*. Tout parti qui se divise envoie des recrues à ses ennemis. La minorité invoque ceux qu'elle combattait autrefois contre ceux qui l'oppriment aujourd'hui.

Un accident, commun alors dans les villes d'Italie, vint aider aux troubles de Florence. Les guelfes de Pistoie s'étaient également divisés en deux partis ennemis. Après des luttes longues et sanglantes, voulant, dit Machiavel, finir leurs dissensions, ou les accroître en les faisant partager à d'autres, les principaux de ces deux factions vinrent s'établir à Florence; ils y trouvèrent des alliances toutes prêtes dans les haines des *Cerchi* et des *Donati*; ils rajeunirent et enflammèrent ces haines, donnant leurs noms de *blancs* et de *noirs* aux deux partis, et chaque jour les mettant aux prises : aux promenades publiques et dans les cérémonies des funérailles, dans tous les lieux où l'on se rencontrait, le sang coulait. Le Dante était favorable aux *blancs* : cependant, magistrat de Florence, il voulut rétablir la paix, et il fit bannir les chefs des deux partis. Mais les *blancs* furent bientôt rappelés, et les *noirs* conspirèrent; ils eurent pour eux le pape, le petit peuple et Charles de *Valois*, prince français, appelé pour rétablir l'ordre dans Florence. Désigné comme *blanc* par les *noirs*, le Dante eut sa maison pillée, et fut condamné au bannissement et au feu, s'il était pris. Nous ne reviserons pas ce procès. Le Dante avait aimé passionnément son pays; on le voit par les malédictions mêmes qu'il lui jette du milieu de son exil. Il ne pouvait oublier cette Florence qu'il avait défendue de son épée, servie dans les conseils, et qu'il devait tant illustrer de son génie. Mais c'était une âme de feu, généreuse, implacable. Guelfe, proscrit par les guelfes, il se fit gibelin. Je ne sais pas s'il a bien fait; mais ces esprits ardents, élevés, vont toujours d'un extrême à l'autre; leur inconstance même vient de leur énergie: ne leur demandez pas les vertus modérées et la résignation à l'injure. Voilà le Dante gibelin: mais quoique ce parti fût celui de l'empereur, il offrait peu de chances à l'ambition. Banni de sa ville, le Dante se réunit aux gibelins dans une entreprise inutile contre Florence, puis il erra dans l'Italie, s'arrêtant tour à tour chez le seigneur de Goubio, chez les Scaliger, princes de Vérone, à Ravennes, à Mantoue.

Ce fut ainsi, errant, malheureux, qu'il acheva son sublime ouvrage. Ce travail n'était pas seulement une préoccupation poétique; c'était sa vengeance, c'était son arme. Maître de l'enfer, du purgatoire et du paradis, les possédant par droit de génie, il pouvait là donner des places à ses ennemis et à ses amis. Cet exilé, ce banni, que vous aviez chassé de Florence, dont vous aviez rédigé la sentence de mort, il avait à peine un asile ; il était obligé, comme il le dit, de monter et de redescendre l'escalier d'autrui, et de sentir combien est amer le pain de l'étranger. Cependant il était bien plus puissant que vous. Du milieu de sa fuite, de son exil, il pensait, il écrivait, il punissait ses ennemis. Il y avait trois hommes qui s'étaient montrés ses persécuteurs ; il ne les tuait pas, il les laissait à Florence ; mais il disait dans ses vers que ces trois hommes étaient morts, qu'il les avait vus dans l'enfer, que leurs corps n'avaient plus qu'une apparence de vie animée par des démons. Ces récits terribles faisaient fuir les Florentins à l'approche des trois damnés vivants, qui eux-mêmes peut-être n'étaient pas sûrs d'être en vie, et ne savaient s'ils n'étaient pas en effet des démons, et si le poëte n'avait pas dit vrai.

Voilà la terrible puissance que le génie de cet homme exerçait sur ses contemporains ; voilà ce qui vous expliquera sans peine pourquoi ses chants étaient répétés partout, pourquoi il avait mille occasions de s'impatienter en rencontrant un forgeron ou un ânier qui estropiait quelques-uns de ses vers. Cette gloire populaire était mêlée de je ne sais quelle terreur mystique qui s'attachait au nom, à la présence du poëte.

Vous savez cette joie de Démosthène, le jour où il entendit une femme du peuple disant : « Vois-tu cet homme ? c'est Démosthène. » Le Dante recueillait souvent de ces témoignages naïfs d'admiration populaire. A Vérone, passant près d'une porte où plusieurs femmes étaient assises, il entendit une d'elles dire à voix basse: « Voyez-vous cet homme ? c'est lui qui va en enfer quand il veut, et qui en revient, et qui rapporte des nouvelles de ceux qui sont là-bas ; » et une autre répondre : « Ce que tu dis doit être vrai ; ne vois-tu pas comme il a la barbe crépue et le teint noirci ? c'est le feu et la fumée de l'enfer. » Il sourit en continuant son chemin[1], et ne fut pas fâché de cette crédule terreur qui donnait plus de foi à ses vers.

Ainsi votre pensée se figure cet homme de génie mêlé à ses contemporains, et solitaire parmi eux, profondément ulcéré, guelfe par patriotisme, gibelin par vengeance, mais ne flattant pas plus les empereurs qu'il n'épargne

---

[1] Sorridendo alquanto, passò avanti. (*Vita di Dante*, per BOCCACCIO.)

les papes, entassant à son gré toutes les puissances de la terre dans ces fournaises qu'il allume. Inquiet et fier, il change incessamment d'asile. Il est pour les savants un grand théologien :

Theologus Dantes, nullius dogmatis expers.

C'est le premier vers de l'épitaphe inscrite à Ravennes sur son tombeau. Pour le peuple, il est une sorte d'être intermédiaire entre l'homme et le démon ; il sait les choses de l'enfer ; il connaît les noms des *damnés*. Ce n'est pas un poëte de cabinet ; il y a quelque chose en lui du *vates* de l'antiquité, quelque chose même de plus grand ; car ses prédictions ne se bornent pas aux événements de cette vie terrestre ; il prophétise au delà du temps et du monde. Cependant ce banni tournait toujours ses yeux vers Florence : un trait manquerait à son caractère, s'il eût moins regretté son pays. Mais, quand de Florence on lui offrit un rappel indigne de lui, il faut voir avec quelle force il le refuse, et comme il se défend contre le pardon injurieux qu'on veut lui infliger. Sa réponse est adressée à un religieux de cette ville, qui s'était vivement intéressé pour lui :

Par votre lettre, que j'ai reçue dans les sentiments de

respect et d'affection qui vous sont dus, j'ai compris avec reconnaissance combien mon rappel dans ma patrie vous tenait au cœur. Votre bienfait me lie d'autant plus étroitement, qu'il est plus rare aux exilés de trouver des amis. Maintenant je vais répondre au contenu de cette lettre ; et si ma réponse n'est pas telle que le souhaiterait peut-être la pusillanimité de quelques hommes, je la remets affectueusement à l'examen de votre prudence, avant une décision dernière. Voici ce qui m'a été annoncé par les lettres de votre neveu, du mien et de plusieurs amis. D'après une ordonnance récemment faite à Florence, touchant les bannis, si je voulais payer une certaine somme d'argent, et me soumettre à offrir cette humiliante rançon, je pourrais être absous et rentrer aussitôt ; en quoi je trouve deux choses risibles et mal assorties. Je le dis, mon père, pour ceux qui ont exprimé de telles conditions ; car votre lettre, écrite avec plus de discrétion et de sagesse, ne contenait rien de semblable.

Est-ce là ce rappel glorieux qui ramène Dante Aligheri dans sa patrie, après quinze ans d'absence? Est-ce bien ce qu'a mérité son innocence, manifeste à tout le monde? Est-ce le prix de ses sueurs et de sa persévérance dans l'étude? Loin de moi, loin d'un homme serviteur de la philosophie cette bassesse du cœur toute charnelle, qui me ferait, à la manière d'un certain demi-savant et de quelques autres infâmes, m'offrir moi-même à la honte !

Loin d'un homme qui prêche la justice une telle faiblesse, qu'ayant subi l'injustice, il donne de l'argent à ceux qui l'ont faite, comme à des bienfaiteurs !

Ce n'est pas là mon chemin pour rentrer dans la patrie, mon père ; mais si, par vous et par les autres, il peut se trouver quelque autre voie qui ne soit pas contraire à la renommée du Dante, à son honneur, je la prendrai sans hésiter. S'il n'en est point de semblable pour entrer à Florence, jamais je n'entrerai à Florence. Eh quoi! ne verrai-je point partout la lumière du soleil et des astres? ne pourrai-je point partout contempler sous le ciel les plus ravissantes vérités, à moins que je ne sois auparavant redevenu sans gloire, ou plutôt avec ignominie, citoyen de France? et puis, le pain ne me manquera pas.

Voilà quelle était cette âme d'homme. Il fallait la montrer avant d'étudier le génie de poëte.

Le Dante avait d'abord voulu composer son grand ouvrage en langue latine. On cite même quelques vers de ce premier essai :

> Ultima regna canam, fluido contermina mundo,
> Spiritibus quæ lata patent.

Mais le progrès de la poésie italienne, les hommages qu'il recevait dans les villes où il promenait son malheur, montrant, comme il le dit lui-même, les blessures que lui avait faites la fortune, tout le jetait dans l'idiome vulgaire : c'est au peuple qu'il veut parler.

Les contemporains s'étonnèrent d'abord que de si hautes pensées fussent abaissées à la langue commune. Dans un ingénieux morceau de critique sur le Dante, on a cité une anecdote curieuse qui marque parfaitement cette disposition des esprits au moyen âge. Un jour un pèlerin était entré dans le monastère de Corvo, et se tenait en silence devant les religieux; un d'eux lui demanda ce qu'il voulait et ce qu'il était venu chercher ; l'étranger, sans répondre, contemplait les arcades et les colonnes du cloître. Le religieux lui demanda de nouveau ce qu'il cherchait ; alors il tourna lentement la tête, et, regardant le religieux et ses frères, il répondit : La paix ! Frappé de ce langage, le religieux le prit à l'écart, et comprit à quelques mots que c'était le Dante ; et comme il en était tout ému, le Dante, tirant un livre de son sein, le lui donna gracieusement, et dit : Frère, voici une partie de mon ouvrage que peut-être vous ne connaissez pas. Je vous laisse ce souvenir.

Je pris ce livre[1], ajoute le religieux, et, après l'avoir serré contre mon cœur, j'y attachai mes regards en sa présence, avec un grand amour. Mais, en reconnaissant le langage vulgaire, je ne pus cacher un étonnement dont il me demanda la cause. Je répondis que j'étais surpris qu'il eût chanté dans cette langue, parce qu'il me paraissait chose difficile, ou plutôt incroyable, que de si profondes pensées pussent être reproduites à l'aide des mots dont le vulgaire fait usage, et qu'il ne me paraissait pas convenir à une science si haute et si digne d'être ainsi vêtue à la mode du petit peuple. Et lui : « Vous avez raison ; et moi-même j'ai partagé votre façon de penser. Et alors que les semences de cet ouvrage, peut-être jetées par le ciel, commencèrent à germer dans mon sein, je choisis le plus

---

[1] *Globe*, du 27 janvier 1830.

noble langage, et j'y fis même quelques essais : mais quand je considérai la condition du siècle présent, que je vis les chants des illustres poëtes du temps presque tenus pour rien, et les nobles personnages, pour le service desquels on écrivait ces choses dans ce bon temps, abandonnant (ô douleur!) la culture des arts libéraux aux plébéiens, je jetai alors cette faible lyre dont je m'étais d'abord chargé, et j'en accordai une autre plus appropriée à l'oreille des modernes ; car le pain qui est dur convient mal à la bouche des nouveau-nés. » Cela dit, il ajouta beaucoup de choses pleines d'une passion sublime.

Ainsi, caractère fort et passionné, caractère qui sert au génie et lui donne sa forme, vie agitée, errante, malheureuse, comme l'imagination et la théorie cherchent de nos jours à la rêver pour le poëte, et comme les vicissitudes du moyen âge la faisaient sans peine, voilà ce que d'abord nous offre le Dante.

Je n'essayerai pas aujourd'hui de parler de son ouvrage. J'ai à peine esquissé confusément quelques traits de lui-même ; je les laisse dans votre imagination pour qu'elle les achève.

ONZIÈME LEÇON.

Essence du poëme épique; il doit renfermer toute la science d'un temps. — Caractère de la *Bible* et des poëmes homériques; impossibilité de cette épopée encyclopédique dans les temps modernes. — Parallèle entre les âges successifs de l'antiquité et ceux des temps modernes; *âge divin, âge héroïque.* — Fausse analogie entre l'*âge héroïque* de l'antiquité et le *moyen âge*. — Science du moyen âge contraire à la naïveté primitive. — Éléments poétiques de cette même époque. — Imagination du Dante. — Sa *Vita nuova*. — Considérations sur la *Divina Commedia*.

Messieurs,

Nous avons esquissé la vie du Dante. Voyons maintenant son grand ouvrage. Depuis cinq siècles, ce poëme est l'orgueil et l'étude d'une nation spirituelle et singulièrement née pour les arts. Il est resté comme un monument original qui n'a point servi de modèle. On imite Shakspeare; on fait des tragédies d'après Shakspeare; et Schiller semble parfois atteindre jusqu'à lui. Je ne sache pas qu'on ait imité le Dante, que ce prophète de poésie ait laissé son manteau à personne, et que des génies semblables soient nés de son inspiration.

Quelle est donc cette forme de génie, haute et inaccessible, qui n'a été vue qu'une fois? Quel est cet ouvrage du Dante? Faut-il le nommer poëme épique? Y a-t-il plusieurs ordres de poëmes épiques? Peuvent-ils appartenir à tous les âges d'une nation? ou sont-ils exclusivement dévolus à une première époque de jeunesse et de candeur, à une puberté de l'imagination dans les peuples, qui, une fois passée, ne se retrouve ni ne se remplace?

A ces questions spéculatives que réveille le nom du Dante viennent se joindre plusieurs points de vue littéraires sur l'art, sur la fiction, sur le naturel et la poésie du style. Mais d'abord la *Comédie* du Dante est-elle un poëme épique? Qu'est-ce qu'un poëme épique? quels en sont les éléments et les caractères? Montesquieu, qui aimait à décider les questions par des plaisanteries, se moque des gens qui croient qu'on n'a jamais fait que deux poëmes épiques, et qu'on n'en peut plus faire. Ces gens-là peut-être n'ont pas tort. Un poëme épique, est-ce autre chose que le monument le plus complet de l'imagination et des croyances d'un peuple? Sous ce rapport, le poëme épique ne convient qu'aux temps où l'on sait peu de chose, où l'on imagine, où l'on sent beaucoup. Un tel ouvrage doit être l'encyclopédie d'un siècle et d'une nation. Vous figurez-vous un poëme épique naissant de nos jours, parmi les innombrables classifications de la science et les travaux variés des esprits, dans notre société si laborieuse et si compliquée? Comment créer une fiction qui soit une croyance? comment résumer tant de faits et d'idées? Il serait impossible de renfermer dans le plus long poëme une partie des pensées, des inventions, des sciences qui préoccupent les contemporains. Comment répondre à cette grande curiosité que le poëte doit satisfaire? Le poëme épique, vaste comme le monde, lorsque le monde est très-borné, c'est l'*Iliade* et l'*Odyssée*; soit qu'on y reconnaisse l'œuvre d'un génie unique, selon la croyance d'Aristote et de toute l'antiquité; soit que l'on prétende y démêler la production fortuite et artificielle des travaux poétiques de tout un siècle, comme l'a supposé Vico. Quoi qu'il en soit, tout ce qui existait d'idées pour les Grecs, depuis leur théogonie la plus haute jusqu'aux arts industriels dont ils avaient l'usage, depuis la morale sublime qui respire dans la belle *allégorie* des prières, jusqu'à l'industrie de l'ouvrier qui, sur son enclume portative, battait les feuilles d'or pour en revêtir les cornes du taureau consacré, tout ce que sentait, tout ce que savait, tout ce qu'inventait la Grèce du temps d'Homère, est dans l'*Iliade*. Les livres saints des Hébreux offrent ce même caractère de l'épopée antique. Tout ce qui occupait ce peuple, depuis les rites durs et minutieux auxquels son humeur indocile était asservie, jusqu'à l'enthousiasme religieux et poétique dont il était saisi; tout ce qu'il connaissait, depuis les pratiques de l'agriculture et de la vie pastorale jusqu'aux métiers qu'il apprit de son commerce avec Ophir, jusqu'à l'art difficile de graver en pierres fines [1]; tout ce qu'il faisait enfin se trouve dans l'épopée biblique.

Mais tout ce que savaient les Romains est-il dans l'*Énéide*? Au siècle d'Auguste, l'*Énéide* pouvait-elle être le résumé des croyances et des pensées du peuple romain, tel que l'avaient laissé tant d'années de guerre civile et de corruption? est-elle l'image de cette société ambitieuse, politique et savante, qui, vaincue par ses vices, se soumettait à un despote? n'était-elle pas plutôt une distraction studieuse, un tra-

---

[1] On tailla deux pierres d'onyx qu'on enchâssa dans des chatons d'or, et on grava sur ces pierres les noms des enfants d'Israël, comme l'on grave sur les cachets. (*Exode*, xxix, 6.)

vail tout littéraire? Dans le soin que prend Virgile pour corriger, pour épurer les formes rudes de la mythologie homérique, et les rapprocher de l'urbanité romaine, qui n'y croyait pas, n'aperçoit-on pas que le siècle du poëte n'est plus épique? Que dire des poëmes nés dans la décadence de la littérature latine? tous furent également des œuvres d'imitation, et non des monuments de génie. Ce qui, pendant une longue suite de siècles, ne s'était pas reproduit, le poëte épique, qui sait tout ce que savent ses contemporains, et élève tout ce qu'ils savent et pensent à la plus haute puissance d'imagination et de génie; cet homme, qui avait manqué au monde depuis Homère, a-t-il pu, a-t-il dû se retrouver dans le moyen âge? est-il né à cette époque, ou ne doit-il jamais naître? car nous ne pouvons l'espérer de nos jours. Ici se présente cette histoire psychologique de l'espèce humaine où se complaît la littérature allemande. Pénétrante et mystique, elle a pris plaisir non-seulement à décomposer la pensée dans l'individu, mais dans les races et dans les divers âges du monde. Ramenée à la théologie par l'abstraction philosophique, elle s'est dit qu'au commencement des nations il y avait une époque d'inspiration religieuse et d'autorité sacerdotale; elle l'a nommée l'*âge divin*.

Lorsqu'au règne de la *foi* se mêle celui de la force, lorsque les guerriers entrent en partage avec les prêtres, que toute inspiration ne sort plus du sanctuaire, mais que les hommes, rudes encore, ont en eux quelque chose de hardi qui les porte aux grandes entreprises, alors commence l'*âge héroïque*. Puis vient l'*âge humain*, où nous sommes, et qui se prolongera.

Messieurs, dans ce système, dans cette espèce d'inventaire abstrait des procédés de l'espèce humaine, la poésie épique appartient à l'*âge divin*; ou plutôt elle se trouve sur les confins de l'*âge divin* et de l'*âge héroïque*. Homère marque le moment où les anciennes hymnes, la voix sacerdotale qui sortait du temple, ne parlaient plus seules au peuple. On célébrait les exploits des héros, en même temps que les traditions mystérieuses des dieux. Cette alliance éclate dans l'*Iliade*.

En rappelant cet exemple, les critiques allemands affirment que le monde moderne, à dater du moyen âge, a précisément offert le même spectacle. Il leur a semblé que le moyen âge avait exactement renouvelé ces diverses époques de l'antiquité. Dans la domination des prêtres chrétiens sur les ruines de l'empire, dans la croyance aux légendes et aux miracles, ils ont vu l'*âge divin*. La féodalité et les ordres chevaleresques leur ont offert l'*âge héroïque*.

Disons-le cependant, Messieurs, sans méconnaître quelques analogies apparentes, l'esprit humain est plus libre et plus varié que ne le veulent ceux qui essayent de le renfermer ainsi dans le compas d'un système. Il ne reprend pas inévitablement la même route; il ne refait pas, à des siècles de distance, un travail tout à fait semblable. Sa progression une fois commencée ne s'arrête pas, les secousses rétrogrades qu'il éprouve laissent subsister quelque chose de l'esprit qui avait précédé; et, en ce sens, on peut dire que jamais la même époque ne saurait se reproduire deux fois avec des caractères absolument identiques. Ainsi, les premiers siècles du moyen âge offraient, dans la suprématie sacerdotale, dans la mythologie populaire des légendes, dans les mœurs guerrières des seigneurs, une ressemblance extérieure avec l'*âge divin* ou l'*âge héroïque* de la Grèce; à la bonne heure; mais il s'y mêlait une différence profonde, c'était cette tradition, ce débris de civilisation romaine qu'avaient reçus les premiers temps modernes. Remarquez-le; notre *âge divin* et notre *âge héroïque* avaient hérité de l'âge analytique des Grecs et des Latins. De là ces formes savantes, ces habitudes subtiles de raisonnement qui se montraient au milieu de l'enthousiasme et de la rudesse d'une société naissante. Le moyen âge ne pouvait pas abolir la trace de cette antiquité savante et raisonneuse qui avait existé avant lui; il ne pouvait pas empêcher que, de toutes parts, des rayons de cette lumière n'arrivassent à lui. Il dénaturait les idées qu'il en recevait. De la philosophie ancienne il faisait la scolastique; à la morale de Platon, ce dernier degré de la sagesse humaine, divinisé par l'Évangile, il mêlait des coutumes féroces : mais cette alliance même donnait une physionomie nouvelle au moyen âge, et interdit la comparaison entre cette époque et toute autre. Le moyen âge est un chaos d'éléments disparates, un amas confus, où les débris de la civilisation romaine, comme autant de fossiles d'un monde antédiluvien, avaient survécu à l'inondation de la barbarie, et se conservaient entiers et reconnaissables, au milieu des créations nouvelles. C'étaient deux sociétés réunies. L'une était là morte et gisante; mais sa langue, ses lois, ses livres demeuraient à l'usage d'une partie de la société vivante, et lui communiquaient, toute jeune qu'elle était, quelque chose des souvenirs et des expériences d'une vieille civilisation.

Aussi, dans les écrivains du vIII^e siècle même, vous retrouvez telle réminiscence de la philosophie antique, qui semble une anticipation de notre *humanité* moderne. Éghinard pense et s'exprime comme l'homme le plus vertueux d'un siècle éclairé. C'est que, par l'étude et le souvenir, il appartenait à d'autres temps que le sien. Par les monuments de la belle civilisation romaine, il avait deviné la nôtre. Voilà ce qui fut donné au moyen âge, et ce qui n'avait pas existé dans l'*âge héroïque* de la Grèce. Il en résulte que ce caractère de candeur primitive, d'originalité féconde, mais bornée, d'imagination épuisant tout un monde contemporain, et ne sachant rien au delà, ne pouvait appartenir à la jeunesse de nos temps modernes, comme il avait appartenu à la première époque de l'antiquité. S'il y a eu un Homère dans le moyen âge, il n'a pas dû être seulement le témoin, l'interprète de la société féodale; il n'a pas dû seulement sceller dans ses vers l'alliance de l'*âge divin* et de l'*âge héroïque* : il a fallu qu'il se souvînt de ce vieil empire romain, qui avait préexisté, et que son imagination fût remplie de César, d'Auguste, de Constantin, de Cicéron, de Virgile. Il a été savant de la science du passé; et dès lors il devait être peintre moins naïf de son temps. Quelle que fût la liberté de son génie, la nouveauté de son langage, il n'a pas été libre du joug de toute imitation. Il n'a pas échappé à cette forme érudite qui est imprimée à toute la littérature moderne; il naissait dans un siècle qui déjà pliait sous le poids des souvenirs.

Cependant, si la simplicité de l'*âge héroïque* ne se retrouvait pas dans le moyen âge, si elle ne pouvait renaître, beaucoup de choses se réunissaient pour favoriser l'inspiration poétique. Cette idée d'un homme qui chante pour les autres hommes un long récit des faits merveilleux, cette idée, si elle n'est qu'un procédé de l'art, doit manquer de puissance. Mais au moyen âge, malgré ce mélange des deux civilisations, et cette tradition romaine qui nuisait à la naïveté, il y avait dans les âmes beaucoup d'ardeur et de foi. Tout ce qu'elles savaient des temps passés prenait à leurs yeux la forme de leur temps. Alexandre, nous l'avons vu, était le premier des chevaliers; Virgile, dont les vers n'avaient jamais cessé d'être cités dans les chroniques les plus barbares, n'était pas seulement un poëte; c'était un prophète et même un enchanteur. Cette illusion date du IIIe siècle du christianisme, où Constantin, prêchant, le jour de Pâques, dans la principale église de sa ville nouvelle, interprétait, comme une prédiction de la naissance du Messie, l'églogue :

Ultima Cumæi venit jam carminis ætas.

Cette illusion superstitieuse attachée au génie d'un grand poëte s'était conservée dans tout le moyen âge. Virgile avait eu sa légende. On racontait l'histoire d'un miroir magique où il voyait, dit-on, l'avenir.

Ainsi, à nos yeux, différence et ressemblance du moyen âge avec les temps héroïques de l'antiquité. Il n'avait pas comme eux cette naïveté, cette ignorance que ne surcharge aucun souvenir ; il était obsédé par une civilisation antérieure ; mais, comme eux, il était plein d'enthousiasme et de crédulité poétique.

Maintenant que cet enthousiasme, tout en se mêlant aux souvenirs de l'antiquité, s'attache au plus grand intérêt des temps nouveaux, une œuvre originale, quoique savante, a dû naître. Cet intérêt, cette préoccupation du moyen âge, c'était la vie à venir. On rapportait toutes les actions à ce but : la trace en est partout. Les seigneurs donnaient à leurs serfs la liberté, ou dotaient les couvents, *propter proximum Dei judi-*

cium. La fin du monde et la résurrection étaient les idées les plus familières à l'imagination des hommes. Il paraît que, par la fausse interprétation d'un passage célèbre de l'Évangile, le monde chrétien resta longtemps sous la terreur imminente d'une destruction universelle. Comment vivait-on? comme dans un pays désolé par une révolution sanguinaire, ou par quelque contagion. Une crainte perpétuelle s'affaiblissant à la longue, on s'occupait des plaisirs et des intérêts de la vie; puis on revenait à cette idée prédominante et terrible, la fin du monde, le purgatoire, l'enfer.

Un passage que j'ai cité au commencement de ce cours indique combien l'éloquence chrétienne et la politique pontificale abusaient de ces terreurs populaires pour fonder leur pouvoir. Sans cesse les prédications du xie et du xiie siècle remettent cette image du dernier jugement devant les yeux des hommes. Un poëte de génie, connaissant à peu près tout ce qu'on savait de son temps, devait être naturellement porté à saisir un pareil sujet : puis, s'il y avait dans la disposition de son âme une sorte de mélancolie ardente, ce choix s'expliquera mieux encore. Ici, je ne suivrai pas les critiques italiens qui, sans amour-propre national, ont cherché les traces des inventions du Dante dans le roman provençal de *Guérin le malheureux*, et dans quelques fabliaux. Je n'examinerai pas non plus ce qu'il doit à son ancien maître Brunetto Latini. Dans un poëme allégorique, celui-ci raconte qu'ayant appris l'exil des guelfes, ses amis, troublé par la douleur, il s'égara dans une forêt, et parvint au pied de hautes montagnes couvertes d'une foule d'hommes et d'animaux qui mouraient et se reproduisaient à la voix d'une femme, dont la tête touchait au ciel. Cette femme, qui était la Nature, lui expliqua les mystères de la création, et finit par lui enseigner son chemin pour sortir de la forêt, et trouver la philosophie et l'amour : le poëte obéit, et rencontre Ovide qui lui sert de guide. Je ne chercherai pas si cette fiction, assez froide, a pu inspirer le Dante; je me demanderai plutôt si, en étudiant les autres écrits du Dante lui-même, ceux qui ont échappé à sa première jeunesse, on n'aperçoit pas les traces de l'imagination faite pour tracer cette œuvre infernale et céleste dont tout son siècle lui donnait l'idée. Quand on veut savoir ce qui a inspiré Milton, on lit tous ses ouvrages, et dans le *Tetrachordon*, sous l'amas barbare de la scolastique, on aperçoit, comme une illumination soudaine, la brillante esquisse du *Paradis perdu* : le poëte se révèle. Vous voyez que cet homme, au milieu de la guerre civile et de la théologie du long parlement, est obsédé de la création sublime qu'il porte en lui. De même, je demande à tous les écrits du Dante le secret et la trace de son inspiration. Il est un premier écrit du Dante, œuvre originale, où vous pouvez reconnaître et prédire l'homme qui fera le paradis, le purgatoire et l'enfer : cet ouvrage est la *Vita nuova*. C'est un récit d'amour ; c'est la confession d'un poëte, et non-seulement d'un poëte plein d'âme et de tendresse, mais d'un poëte habile et savant. Sous ce rapport, il offre un singulier contraste d'enthousiasme et de pédanterie qui marque l'homme et le siècle.

Il s'agit, pour le Dante, d'encadrer quatorze sonnets qu'il a faits à différentes époques pour Béatrix ; chaque sonnet a sa notice, pour ainsi dire ; on peut y retrouver la vie de Florence à la fin du xiiie siècle, vers 1295. Déchirée par les factions des gibelins et des guelfes, Florence n'en était pas moins une ville de galanteries et de fêtes : les réunions de plaisir, les promenades, les danses, les rencontres à l'église (déjà l'église, en Italie, était un rendez-vous) semblent les principaux incidents de cette vie occupée par

l'amour. De touchants usages, pareils à ceux de
la Grèce moderne, se mêlaient aux cérémonies
des funérailles ; c'étaient autant d'inspirations
qui développaient le talent poétique et l'émotion mélancolique du Dante ; car le génie de ce
grand poëte n'est pas italien, mais rêveur, triste,
exalté : s'il était moins naturel, je le dirais germanique.

Voici, par exemple, le sujet de l'un de ses
sonnets :

Ce fut le bon plaisir du Seigneur des anges d'appeler à
sa gloire une jeune dame, d'une très-grande beauté, et qui
était fort aimée dans la ville. Je vis son corps étendu dans
le cercueil, au milieu de beaucoup de dames qui pleuraient
d'une façon touchante. Alors me rappelant que je l'avais
vue faire compagnie à la plus belle de toutes, je ne puis
retenir mes larmes, et, en gémissant, je me proposais de
dire quelques paroles sur sa mort, en mémoire de ce que
je l'avais vue avec ma dame.

Mais ce qui, dans la *Vita nuova*, fait surtout connaître l'âme agitée du Dante, ce qui le montre
sous le joug de la fantaisie poétique, c'est un
long récit dont je ne veux rien retrancher, tant
les expressions en sont originales et suffisent
pour expliquer tout son génie ! Cela vous semblera-t-il un songe, une vision, une extase? n'importe. Si vous y trouvez quelque chose de bien
extraordinaire, de bien étranger aux procédés

habituels de la raison, pensez que ce n'est pas avec un sens calme et rassis que l'on ose ces créations sublimes de la *Divina Commedia*, et souvenez-vous du mot de Sénèque : *Nullum est magnum ingenium sine mixtura dementiæ.*

Une imagination puissante, une sensibilité vive, ces deux âmes de la grande poésie, ne peuvent être portées à l'excès sans toucher quelquefois au délire. Il faut vous faire connaître cet homme de génie, dussiez-vous croire un moment que cet homme de génie était fou :

> Peu de jours après, il arriva que j'éprouvai dans quelque partie du corps une douloureuse infirmité. J'en souffris sans relâche, pendant beaucoup de jours, un mal très-cruel, qui me réduisit à une telle faiblesse, qu'il me fallut rester là, comme ceux qui ne peuvent se mouvoir. Le neuvième jour, me sentant une douleur presque intolérable, il me vint un penser sur la dame que j'aimais. Quand j'eus songé quelque temps à elle, je me remis à penser à ma vie affaiblie ; et voyant combien son cours était incertain, quand même je serais en santé, je commençai à gémir au dedans de moi sur une telle misère. De là, soupirant avec force, je me disais : « De toute nécessité il faut que la belle Béatrix une fois se meure. » Et alors un si fort égarement me saisit, que je fermai les yeux et commençai à travailler, comme une personne frénétique, et à imaginer mille choses. Dans le commencement de l'illusion où s'égarait ma fantaisie, il m'apparut des figures de femmes échevelées qui me disaient : « Toi aussi tu mourras. » Et puis, après ces femmes, il m'apparut d'autres figures de femmes diverses

et horribles à voir, qui me disaient : « Tu es mort. » Mon imagination ayant commencé à errer, j'en vins à ce point de ne pas savoir où j'étais ; et il me semblait voir marcher des femmes échevelées, gémissantes et merveilleusement tristes ; et il me semblait voir le soleil s'obscurcir, et les étoiles devenir d'une telle couleur que je les croyais en deuil, et la terre trembler.

M'émerveillant de cette vision, et tout épouvanté, j'imaginai qu'un ami venait me dire : « Ne sais-tu pas? ton admirable dame est partie de ce monde. » Alors je commençai à pleurer d'une façon déchirante ; et non-seulement je pleurais en imagination ; mais je pleurais de mes yeux, et je les mouillais de véritables larmes. Je crus regarder vers le ciel, et il me semblait voir une multitude d'anges qui retournaient en haut, et avaient devant eux une nuée très-blanche ; et il me parut que ces anges chantaient un hymne glorieux ; et il me semblait entendre les paroles de leur chant, *hosanna in excelsis*, et je ne crus pas entendre autre chose. Alors il me parut que mon cœur, où était renfermé tant d'amour, me disait : « Cela est vrai : elle est morte notre dame bien-aimée. » Et il me parut que j'allai pour voir le corps où avait habité cette âme noble et bienheureuse ; et cette imagination trompée, qui me montrait ma dame morte, fut si forte, que je crus voir des dames qui couvraient sa tête d'un voile blanc ; et il me semblait que son visage avait un tel air d'humilité, que je croyais l'entendre dire : « Je vois le principe de la souveraine paix. » Dans cette imagination, j'appelais la mort, en lui disant : « Mort chère, viens à moi, ne me sois pas cruelle ; viens à moi, qui te désire beaucoup, et qui déjà, tu le vois, porte tes couleurs. » Et quand j'eus vu remplir tous les douloureux offices que l'on rend aux corps inanimés, il me parut que je retournais dans ma chambre ; et là, il me parut que je regardais vers le ciel ; et mon illusion était si grande, que je commençai à dire à haute voix : « O belle âme ! que bienheureux celui qui te voit ! »

Pendant que je disais ces paroles avec un douloureux gémissement et que j'appelais la mort, une jeune dame qui était assise loin de mon lit, croyant que mes pleurs et mes paroles étaient causés seulement par les souffrances de ma maladie, se mit à pleurer de crainte. Les autres dames qui étaient dans la chambre firent retirer cette jeune femme qui était ma parente très-proche ; et elles vinrent vers moi pour me réveiller, croyant que je rêvais ; et elles me disaient : « Ne dors plus, et ne te décourage pas. » Et comme elles me parlaient ainsi, mon illusion était au point où je voulais dire : « O Béatrix ! sois bénie ! » Et j'avais déjà dit, ô Béatrix ! et me retournant, j'ouvris les yeux, et je vis que j'étais dans l'erreur ; et quoique j'eusse prononcé ce nom, ma voix était tellement brisée par les sanglots et les pleurs, que ces dames ne purent m'entendre, à ce que je crois.

Cette pieuse extase, cette vision mystique, ces anges mêlés au souvenir de Béatrix, tout cela ne vous révèle-t-il pas la véritable inspiration de la *Divine Comédie?* Faut-il la chercher ailleurs, et la croire empruntée de quelques fabliaux ? N'est-il pas manifeste que Dante la portait en lui, jusque dans sa fièvre et dans ses rêves ?

Maintenant que vous connaissez les songes mystiques, les pieuses hallucinations qui devaient servir à la pensée du poëte, il faut chercher en lui ce que le moyen âge ne pouvait rejeter, l'élément technique, la science, et, pour ainsi dire, la scolastique de la poésie, comme on la concevait alors.

Nous nous trompons souvent, lorsque nous supposons au moyen âge moins une étude qu'un instinct, une création immédiate et spontanée de sentiments et de pensées nouvelles. Tout à l'heure je rappelais les différences qui le séparent de la vieille antiquité grecque; elles éclatent partout. Ce père de la poésie moderne, ce Dante, qui avait tant d'invention dans les extases fébriles de sa jeunesse, veut-il écrire? quelle que soit la native et indomptable originalité de son génie, il écrit d'après des règles et des modèles. Il est disciple de la Bible et d'Aristote, de Virgile et des scolastiques. Sa passion et ses rêves lui ont donné cette première idée d'une femme bénie, apparaissant au milieu du chœur des anges; sa science orthodoxe fera plus tard de cette femme le symbole de la théologie, et il sera guidé par elle dans son céleste voyage. Puis il consultera la poétique des anciens, pour disposer de ces inventions si nouvelles. Il raisonne, d'après leur autorité, sur la forme et le titre de son poëme. Ce n'est pas au hasard qu'il a pris ce nom de *Comédie;* il en donne l'explication et le motif dans une lettre qui peut servir de préface à son ouvrage :

La comédie, nous dit-il, est un genre de composition poétique qui diffère de tous les autres. Il diffère de la tragédie, en ce que la tragédie est belle et paisible dans le début, horrible à la fin. La comédie, au contraire, s'annonce par de graves embarras, mais aboutit à quelque chose d'heureux, comme on peut le voir dans les pièces de Térence. De là quelques poëtes ont coutume de souhaiter par forme de salut amical un *commencement tragique et un dénoûment comique*. Ces deux genres diffèrent également par le langage. Celui de la tragédie est élevé, sublime ; celui de la comédie est détendu et simple, comme le veut Horace dans sa poétique. C'est par là que le présent ouvrage s'appelle *Comédie*. Si vous regardez le sujet, il est d'abord horrible et hideux, c'est l'enfer ; et il est à la fin heureux, désirable, gracieux, le paradis. Si vous regardez le langage, c'est un style détendu et simple, puisque c'est la langue vulgaire dans laquelle conversent les femmes.

Cette manière de raisonner semblera peut-être bien subtile dans sa naïveté : il est singulier que le paradis soit comparé à un dénoûment de comédie. Mais dans ces bizarres mélanges d'idées, vous ne reconnaissez que mieux avec quelle force l'antiquité régnait sur tous les esprits cultivés du moyen âge. On ne lui échappait qu'en étant simple troubadour, faisant quelques vers pour sa dame, sans souci de tout le reste du monde. Mais sitôt qu'on esssayait quelque sujet plus grand, on retombait sous la puissance de l'antiquité. C'est merveille de voir comment le Dante, à l'appui de ses conceptions fantastiques, a soin de citer Horace, et comment il examine dans son poëme le *sujet*, l'*agent*, la *forme*, le *but*, le *titre*, et la *leçon philosophique*. L'abbé Le Bossu ne ferait pas mieux; et c'est ainsi qu'il procédait dans l'analyse de l'*Iliade*. Mais croyez-vous qu'Homère se soit avisé, de son temps, d'un travail d'esprit aussi scolastique? et ne voit-on pas là, sous des traits bien visibles, la différence entre l'originalité antique, toute pure et naïve, et celle du moyen âge, souvent complexe et laborieuse?

Mais, toutes ces distinctions une fois marquées, reste l'œuvre elle-même, ce monument d'un génie créateur, encore plus original par son âme et sa mélancolie que par ses inventions, ayant la plus vive sensibilité de haine et d'amour, et là toute une source de poésie; reste enfin cette expression complète de la science et des passions d'un temps : la théologie et la guerre civile.

C'est avec cette double disposition, l'une instinctive et passionnée, et l'autre studieuse et scolastique, que le Dante a fait tout son ouvrage. C'est la cause et des beautés sublimes, et des détails étranges ou fastidieux pour l'avenir qui remplissent ses *chants*.

Il fallait des imaginations bien occupées de l'enfer, pour qu'on leur en offrît de si longues descriptions. Mais le génie du poëte a triomphé de cette difficulté. L'écueil du sujet se montre davantage dans la suite. L'imagination humaine est moins puissante à peindre la félicité que la souffrance. Le paradis donne moins que l'enfer au poëte; son invention s'épuise; et il se rejette sur une scolastique savante, qu'il expose avec un rare talent d'expression, mais qui répand pour nous, sur la fin du poëme, la froideur et l'ennui. Je dis pour nous, Messieurs; car c'est une critique opposée par notre siècle au siècle du Dante : ces subtilités mystiques, ces raisonnements de saint Bonaventure et de saint Thomas avaient, pour les contemporains, un grand intérêt didactique; s'ils déplaisent aujourd'hui, nous n'en devons pas moins admirer la grande et simple machine du poëte, et la majestueuse unité de sa *trilogie*.

Souvenirs de l'antiquité, science théologique, imagination, passion : voilà les caractères du Dante, et les éléments de son poëme. Ils se mêlent et se corrigent l'un l'autre, avec une singulière naïveté. Adorateur de Virgile, Dante ne conçoit rien de mieux que de prendre ce poëte païen pour guide et pour patron dans le monde surnaturel des chrétiens. Mais au-dessus de Virgile, au-dessus de la poésie même, il place la théologie, la science sacrée. Comment lui apparait-elle? sous les traits de cette Béatrix de la *Vita nuova*. Les allégories sont froides d'ordinaire; le Dante seul en fait une toute passionnée, apothéose de foi et d'amour. Ce souvenir, cette grande puissance d'un ancien amour a tant de force, que l'image de Béatrix est partout dans le poëme. D'abord invisible aux yeux du Dante, elle l'a protégé de loin, lui envoyant Virgile; mais elle se manifeste elle-même aux abords du paradis, et cette claire vision semble la première des joies célestes que le poëte va décrire. Béatrix, éblouissante de lumière, a les yeux fixés sur le soleil; Dante regarde Béatrix; et il monte, attiré par cette invincible puissance. Fiction mystique et sublime, ornée d'une ravissante poésie!

Pour égaler par la parole ces créations si neuves de la pensée, pour rendre tout cet idéal sensible et naturel, il fallait, ce qui est la vie des ouvrages, la beauté et la vérité du style; et c'est là peut-être le plus grand caractère du Dante.

Il est surtout immortel par la perfection de ce langage qui semblait né d'hier, et était déjà si fécond et si riche, qu'il devient la source inépuisable où se retrempe et se fortifie l'idiome italien. Mais comment interpréter et reproduire, dans une langue étrangère, cette perfection si vivement goûtée par les nationaux? Nous ferons quelque essai de traduction littérale. La langue italienne du Dante avait de grandes affinités avec le provençal. Ce sont souvent les mêmes tours, la même vivacité simple. Ainsi se lient et se rapprochent nos études diverses sur le moyen âge. Le style du Dante, c'est la langue de génie, parmi ces idiomes contemporains que nous avons réunis dans nos recherches. Mais cette supériorité n'empêche pas des ressemblances que nous aurons soin de conserver. L'italien du Dante a, comme le vieux français, ce je ne sais quoi de court, de vif, de passionné, que regrettait Fénelon, et que nous essayons de contrefaire.

Choisissons un exemple dès le début de l'ouvrage. Le Dante raconte que, dans le milieu du chemin de la vie, il se trouvait errant par une forêt obscure, et exposé à des bêtes féroces, lorsque devant ses yeux s'offrit quelqu'un qui, par un long silence, semblait avoir perdu l'usage de la voix :

Quand je le vis dans ce grand désert : « Prends pitié, lui criai-je, qui que tu sois, ombre ou homme véritable. » Il me répondit : « Je ne suis plus homme ; je le fus. Mes parents furent Lombards, et tous deux de Mantoue. Je naquis sous Jules, assez tard ; et je vécus dans Rome sous le bon Auguste, au temps des dieux faux et menteurs. J'ai été poëte, et j'ai chanté le pieux fils d'Anchise, qui vint de Troie, après que le superbe Ilion fut brûlé. Mais toi, pourquoi retournes-tu à cette forêt fatale? Pourquoi ne pas franchir ce mont délicieux qui est le commencement et la cause de toute joie? — Es-tu ce Virgile, cette source qui répand un si large fleuve d'éloquence? lui ai-je répondu, le front rougissant. O gloire et lumière des autres poëtes! que j'aie pour moi la longue étude et le grand amour qui m'ont fait chercher ton livre ! Tu es mon maître et mon modèle ; tu es le seul dont j'ai pris ce beau style qui m'a fait honneur. »

Virgile lui promet de le guider dans le royaume éternel, et ils se mettent en route, « comme le jour s'en allait, et que l'air obscurci délivrait de leurs fatigues les animaux qui sont sur la terre. » Virgile alors raconte quel motif l'a conduit vers le Dante :

J'étais, dit-il, parmi ceux dont le sort demeure suspendu, lorsqu'une dame bienheureuse et belle m'appela. Je la priai de me commander. Ses yeux brillaient plus que les étoiles. Elle commença de me dire ces douces paroles, d'une voix angélique, dans son langage : « Ame généreuse de Mantoue, dont la gloire dure encore dans le monde, et doit durer autant que le mouvement, mon ami, et non celui de la fortune, est arrêté dans son chemin sur la plage déserte, et rejeté en arrière par la crainte. Je tremble qu'il ne soit déjà si fort égaré, que je ne me sois levée trop tard pour le secourir, d'après ce que j'ai entendu de lui dans le ciel. Maintenant va, et, avec ta parole ornée, et avec tout ce qui a puissance pour le sauver, aide-le tellement que je sois consolée. Je suis Béatrix, moi qui te fais aller. Je viens d'un lieu où je désire retourner. L'amour m'a conduite et me fait parler. Quand je serai devant mon seigneur, je me louerai souvent de toi à lui. » Alors elle se tut.

Virgile achève ce récit, où figurent encore deux femmes mystérieuses, une qui n'est pas nommée, et une autre qui, sous le nom de Lucie, représente, dit-on, la grâce divine. Ce sont elles qui ont averti Béatrix des périls de son ami.

Voilà les gracieux auspices sous lesquels s'avance le poëte toscan ; et son guide, en les rappelant, lui dit : « Pourquoi n'as-tu pas hardiesse et confiance, lorsque trois femmes bénies prennent soin de toi dans la cour du ciel ? » Quel charme ineffable dans ces paroles, et quel contraste elles vont offrir ! A cette touchante protection de trois femmes célestes veillant sur un poëte, à cette douce voix de Virgile, qui répète leurs paroles et sert de guide à leur ami, succède tout à coup la voix de l'enfer lui-même :

> Per me si va nella città dolente.

Par moi on va dans la cité des larmes ; par moi on va dans l'éternelle douleur ; par moi on va chez la race damnée. La justice anima mon grand créateur ; je suis l'ouvrage de la divine puissance, de la suprême sagesse et du premier amour. Avant moi rien n'exista de créé que les choses éternelles ; et moi je dure éternellement. Laissez toute espérance, vous qui entrez.

C'est ainsi que le poëte nous agite incessamment par les images les plus opposées, et fait naître une admirable variété dans la monotonie même de son terrible sujet. Ne croyez pas, comme l'a dit légèrement Voltaire, que l'ouvrage du Dante soit un poëme bizarre, où l'on remarque seulement deux ou trois morceaux d'un style naïf. Sans doute le génie, surtout à la naissance des arts, a ses hauts et ses bas, ses élans et ses chutes ; mais le Dante se soutient par l'éclat de l'expression, et languit rarement. En laissant à part ces épisodes tant de fois admirés, ces extrêmes opposés de la grâce et de l'horreur, *Françoise de Rimini*, *Ugolin*, le poëme du Dante est à chaque page rempli d'admirables beautés. Quelque chose de l'art antique s'y mêle, dans le style, aux formes simples d'un style nouveau. Aussi le Dante ne craint pas de s'associer à ces grands hommes, dont il est le disciple. Rien de plus ingénieux et de plus aimable que son initiation au milieu d'eux dans une sorte de vestibule de l'enfer, où sont retenues quelques grandes âmes du paganisme. Au moment où Virgile reparaît au milieu d'elles,

J'entendis, poursuit le Dante, une voix s'écrier : « Honorez le grand poëte; son ombre absente est de retour. » Quand la voix eut cessé, je vis quatre grandes ombres venir à nous. Elles n'avaient dans leur aspect ni joie ni tristesse. Mon maître me dit : « Regarde celui qui, avec une épée dans la main, précède les autres comme leur roi; c'est Homère, poëte souverain; l'autre est Horace, le satirique; Ovide est le troisième, et Lucain est le dernier. » Ainsi je vis se réunir cette belle école du maître de la grande poésie, qui plane, comme un aigle, sur la tête des autres poëtes. Quand ils eurent parlé quelque temps ensemble, ils se tournèrent vers moi, avec un salut amical. Mon maître sourit d'autant; et ils me font alors encore plus d'honneur; car ils me reçurent dans leur troupe, et je fus le sixième parmi ces grands génies.

C'est dans cette école antique que le théologien scolastique, que le chef de parti courageux, que le banni vindicatif avait appris l'art des vers. C'est du mélange de cette étude et de son génie qu'est sorti le prodige de son style, tantôt simple et sublime, comme celui d'Homère, tantôt plus satirique que celui d'Horace, plus riche et plus varié que celui d'Ovide, plus mâle et plus fier que celui de Lucain.

Mais le temps nous presse ; nous reviendrons sur cet ouvrage, chef-d'œuvre et symbole du moyen âge, où le profane et le sacré, l'antiquité, les mœurs modernes, tant de choses, bouillonnent confondues. Pour en parler moins longuement, nous avons besoin de l'étudier encore.

DOUZIÈME LEÇON.

Unité de la *Divina Commedia*. — Sous quelques rapports elle offre le caractère des grands poëmes anciens. — Elle renferme toute l'histoire, toute la science, toute la poésie du temps. — Situation de l'Italie. — Dessein patriotique du poëte. — Caractère de sa théologie. — Sublimité et variété de sa poésie. — Résumé sur le génie et l'influence du Dante.

Messieurs,

Je n'essayerai pas de morceler, par des analyses successives, les trois grands actes de la *Divine Comédie*. Le premier caractère de cette œuvre étonnante, c'est l'unité : non que l'intérêt soit égal dans toutes les parties du poëme; mais une même pensée originale les anime; et c'est d'une seule vue qu'il faut les embrasser, en ne séparant pas le théologique et l'abstrait, du poétique et du sublime.

Malgré la prodigieuse différence des temps, le poëme du Dante reproduit le caractère des grands poëmes primitifs de l'antiquité; il est *encyclopédique*; il enferme dans son vaste sein l'histoire, la science, la poésie tout entière d'un siècle.

Je m'attache d'abord à l'histoire.

La grande question, la grande lutte du moyen âge, le sacerdoce et l'empire, le pape et l'empereur, sont là mieux exprimés que dans aucun autre monument. Dans ce combat, la passion avait attaché le Dante à une cause; mais son génie les conçoit toutes deux. Guelfe d'origine, gibelin par vengeance, il s'élève par son génie au-dessus des guelfes et des gibelins, et embrasse toute la société chrétienne.

Depuis que l'empire romain était tombé, et que la barbarie avait séjourné sur ce monde, autrefois civilisé, depuis qu'une horrible confusion avait couvert l'Italie, que les monuments du génie antique étaient détruits ou dégradés, que les lois, les arts avaient péri, que les races avaient changé, et que, suivant l'expression amèrement dédaigneuse de Machiavel, les hommes avaient quitté les noms de César et de Pompée, pour ceux de Pierre, de Jean et de Matthieu, aux yeux du petit nombre qui étudiait encore, les peuples semblaient profondément déchus. Nulle part cette expression n'était plus vive qu'en Italie. La magnificence des ruines, les traces partout subsistantes de la grandeur

romaine, y faisaient ressortir le malheur des
nouveaux temps. Les guerres implacables entre
les villes, les tyrannies, les proscriptions faisaient de cette belle contrée la terre la plus opprimée et la plus anarchique de l'Europe. A
cette vue, il est à croire que le génie du Dante,
aidé dans ses systèmes par ses passions, comme
il arrive toujours, voulant à la fois l'humiliation
de ses persécuteurs et la paix de son pays, cherchait dans le joug impérial cette puissante unité
que l'Italie a perdue depuis tant de siècles, et
que Machiavel lui souhaitait, même au prix et
par la main d'un Borgia. Selon toute apparence,
trois siècles plus tôt le Dante eut la même idée.
En voyant l'Italie sanglante et déchirée, il leva
les yeux vers Rome et le pape; mais alors les
papes, par leur simonie et par leurs vices, soutenaient mal les desseins du plus grand de leurs
prédécesseurs. Il regarda plus loin, et il souhaita pour l'Italie même un César d'Allemagne,
qui rendît à cette terre désolée la puissance des
lois et la paix. Comment expliquer autrement
que cet homme inflexible et si fier, qui n'avait pu
supporter la liberté d'une république, ait invoqué un maître étranger? C'est que la fiction de
l'empire romain, l'ombre de l'ancienne Italie,
lui apparaissait encore. Il veut un empereur qui

soumette ces villes inutilement républicaines, puisqu'elles sont injustes.

Cette pensée du Dante, elle sera partout dans son poëme; c'est pour elle en partie qu'il a été composé; il ne la perd pas de vue dans ses plus fantasques imaginations. Lorsque, voyageant, avec Virgile, dans ce pays inconnu de l'enfer, il emploie les inventions les plus bizarres pour passer d'un cercle à l'autre, et une invention plus bizarre encore pour sortir de l'abîme; lorsqu'il fait de Lucifer lui-même et de sa taille immense une échelle sur laquelle il gravit et remonte vers la lumière; regardez bien cette merveilleuse apparition : Lucifer a trois têtes, trois gueules dévorantes, occupées chacune à mâcher incessamment un damné : dans l'une est Judas Iscariote, qui représente le parjure, le révolté contre Dieu; dans les deux autres, Brutus et Cassius; Brutus, que le poëte punit, mais qu'il n'avilit pas; Brutus, qui se tord sous les dents de Lucifer *et ne dit mot*, stoïque et inflexible, même au milieu de ce bizarre supplice; Cassius, que le poëte appelle *le membru*, je ne sais par quel motif. Mais cette incertitude que je fais porter sur l'épithète, un savant littérateur l'applique à la pensée même de cette fiction. « Il ne voit pas, dit-il, le rapport de Brutus et de Cassius avec Judas Iscariote. » Oubliez-vous donc la grande préoccupation du poëte? Près du rebelle à Dieu, il met les rebelles à l'empire, personnifiés par les deux meurtriers du premier César; et, malgré l'attrait naturel que son âme devait avoir pour Brutus, il le choisit, afin d'immoler au pouvoir impérial la plus grande victime.

Voilà donc la pensée politique du poëte gravée dans la dernière fiction de son *enfer*. Quel sera le type le plus éclatant du *paradis?* Encore un symbole de l'empire, un aigle immense, mystérieux, dont le corps est une mosaïque de saints, et dont l'œil est formé de cinq rois et d'un juste du paganisme, de ce Riphée dont parle Virgile :

. . . . . Justissimus unus
Qui fuit in Teucris.

Il ne s'agit pas de s'arrêter à ce caprice, qui mêle ainsi tous les souvenirs du poëte; ce qui nous importe, c'est la pensée principale de ce symbole, et cette consécration de l'aigle impériale.

Quel était le raisonnement qui répondait en théorie à la fiction du poëte? Là nous remarquerons, je crois, ce défaut d'équilibre qui se trouvait, au moyen âge, dans les plus hautes intelligences. La raison y paraissait bien moins développée que les autres puissances de l'esprit; elle s'enveloppait des formes d'une scolastique minutieuse et barbare. Naissante, elle se défiait, pour ainsi dire, d'elle-même, et n'osait marcher qu'avec des entraves, qu'elle prenait pour des appuis.

Le principe de l'empire, exprimé dans ses vers par un si bizarre et si poétique symbole, le Dante le soutenait dans ses écrits en prose, avec une argumentation d'école, que vous n'attendriez guère d'un tel génie. Je n'en citerai qu'un échantillon, pour marquer la pensée dominante qu'il a portée dans son poëme. C'est un passage du livre *de Monarchia* :

> Le pape et l'empereur, étant ce qu'ils sont par certaines relations, peuvent être ramenés à l'unité, en tant qu'hommes; mais ils diffèrent, en tant que pape et empereur. Que l'autorité de l'Église ne soit pas cause efficiente de l'autorité impériale; on le prouve ainsi : ce, sans quoi une chose a toute sa vertu, n'est pas la cause de cette vertu. Or, l'Église n'existant pas, l'empire eut toute sa vertu. Donc l'Église n'est pas la cause de la vertu de l'empire, ni par conséquent de son autorité, sa vertu et son autorité étant identiques. Soit l'Église A, l'empire B, l'autorité C. Si A n'existait pas, C était déjà dans B, A n'était pas cause que C fût dans B. Bien plus, si l'Église avait la vertu d'autoriser l'empereur de Rome, elle la tiendrait ou de Dieu, ou d'elle-même, ou de quelque empereur, ou du suffrage

de tous les mortels, ou du suffrage des plus puissants parmi eux. Il n'est pas une autre voie d'où cette vertu puisse lui venir. Elle ne l'a reçue d'aucun de ces côtés ; donc elle ne l'a pas.

Il y a bien certainement justesse et vérité sous ces formes barbares; mais figurez-vous maintenant quelle vertu poétique devait animer un homme, pour que, d'une telle éducation donnée à son esprit, et de ces habitudes scolastiques, il s'élevât jusqu'aux merveilleuses fictions de la *Divine Comédie*.

En même temps que le génie du Dante voulait l'affranchissement et l'unité du pouvoir civil, il reconnaissait l'autorité religieuse du pontificat; il voulait qu'elle fût le type de la vérité morale; que, sans droit pour couronner ni pour dépouiller l'empereur, elle eût le droit de l'avertir, et qu'ainsi le monde vît luire *deux soleils*.

Il y avait là, comme vous le voyez, au milieu du moyen âge, plus de sagesse et de vérité, que dans l'écrivain célèbre qui, de nos jours, faisant l'utopie du passé, rêvait une suprématie pontificale dont l'action toujours présente disposerait des couronnes, et préviendrait à la fois les tyrannies et les révolutions.

Peut-être seulement l'erreur du Dante était de croire à l'union de deux pouvoirs égaux. Mais il éprouvait, au milieu des républiques de l'Italie, ce que les philosophes de l'antiquité avaient senti dans les troubles de Corinthe ou d'Athènes. Ces sages avaient souhaité la paix et le bonheur par des moyens contraires à ce qui se produisait sous leurs yeux. La justice et la liberté, qu'ils ne trouvaient pas dans la démocratie, ils l'attendaient d'un roi vertueux. Ils rêvaient, comme dit Platon, *un bon tyran aidé d'un bon législateur*. Au xive siècle, le Dante, mécontent aussi des caprices populaires, mettait son utopie dans un pouvoir suprême, mais non pas unique, voulait un empereur tout-puissant et un pape vertueux, qui maintiendraient, l'un, la justice dans le gouvernement, l'autre, la pureté dans les mœurs.

Telle est la pensée principale de ce poëme en cent chants, où se confondent et se succèdent les allusions satiriques et les vérités dogmatiques, les faits de l'histoire et les symboles, où saint Bonaventure explique longuement les plus subtiles difficultés de la théologie. C'est qu'en effet toutes ces choses avaient une importance égale dans l'esprit du moyen âge; et c'est sous ce point de vue que le livre du Dante offre un si curieux monument de mœurs et d'histoire. Ces longs détails, ces interminables expositions de doctrines, qui jettent aujourd'hui tant de langueur sur une partie de la *Divina Commedia*, semblaient aux contemporains une source inépuisable d'instruction. Sans doute c'est un grand désavantage pour le poëte dans la postérité ; mais si l'on peut, par l'illusion de l'étude, se séparer de son temps, et concevoir cette époque où la théologie était la lumière des esprits, la seule vérité, on croira sans peine que toutes les parties du poëme du Dante devaient avoir, pour les contemporains, le même intérêt et la même puissance, et servir également sa pensée principale. Mais pour approcher de ce but, pour relever l'Empire, pour faire que ce César d'Allemagne parût aux Italiens digne de les gouverner, le poëte s'est emporté souvent à une liberté qui dément toutes les idées ordinaires sur le moyen âge.

L'imagination de quelques publicistes modernes, en regrettant la suprématie pontificale, en fait un beau idéal de pouvoir absolu, et l'environne, dans le passé, d'un culte d'obéissance fort exagéré. La *Divina Commedia* nous en donne la preuve. Le Dante ne traite pas mieux les papes que les plus obscurs citoyens de Florence ; il place leur punition en enfer, et leur censure en paradis. Dans l'enfer, il ouvre une fosse ardente où il entasse papes sur papes, tous également simoniaques, le dernier mort attendant son successeur, par lequel il doit être poussé et enfoncé plus avant dans la flamme. Dans le paradis, cet aigle mystique, tout composé de saints, ce symbole déifié de l'Empire, profère une longue invective contre les vices des papes, le luxe, la vénalité de l'Église romaine et le scandale de ses indulgences; c'est Luther anticipé de trois siècles. A cet égard, le génie du Dante est un événement historique. Plus ses vers étaient populaires et saisis par la foule, plus la puissance pontificale devait faiblir en Italie, dès le xive siècle.

La captivité de Boniface VIII dans Anagni, et sa joue meurtrie par le gentelet d'un chevalier de Philippe le Bel, l'abandon de Rome et le séjour des papes dans Avignon, voilà sans doute une grande et ancienne dégradation de cette puissance, qu'une théorie mystique se plaît à se figurer si paisible, au milieu du moyen âge; mais la hardiesse seule du Dante, les amers sarcasmes, les dures vérités qu'il jette à la cour de Rome, n'annoncent pas avec moins de force cet affaiblissement, et doivent être comptés parmi les signes précurseurs du grand schisme qui souleva contre les papes la moitié de l'Europe.

Ainsi, le poëme du Dante, à cette variété

qui embrassait toutes les connaissances du temps, réunit ces germes de passions et d'idées nouvelles que fit éclore l'avenir. On peut croire à la puissance d'un génie dont les expressions deviennent la langue d'un pays.

Nous n'insisterons pas davantage sur le caractère historique de l'ouvrage du Dante. Ce qui intéresse surtout l'avenir, c'est l'œuvre poétique. On explique le reste, on en tire une induction; la poésie plaît et vit par elle-même.

Là commencerait une longue étude. Sans doute la poésie du Dante ne sert qu'à sa pensée, ne sert qu'à son dessein. Que, dans une fiction éblouissante, le poëte retrace un char ailé, traîné par un griffon merveilleux, précédé de vingt-quatre vieillards, de candélabres d'or et de toutes les pompes décrites par Ézéchiel; que ce char s'arrête, au milieu du cantique des anges, à l'apparition de Béatrix; qu'un aigle se précipite sur le char, et y laisse une partie de ses plumes; qu'un renard s'y glisse, qu'un dragon s'y attache, qu'une prostituée s'y vienne asseoir, qu'un géant la saisisse, et que le char entraîné disparaisse avec elle dans la forêt, tandis que Béatrix demeure au pied de l'arbre de la science: l'imagination des contemporains aimait à travailler sur ces allégories faciles à comprendre.

Ce char était l'Église; ce griffon, Jésus-Christ et sa double nature; ce renard, l'hérésie trompeuse; cette prostituée, les mauvais papes; ce géant, Philippe le Bel.

Ainsi, les allégories du Dante rendaient populaires et, pour ainsi dire, visibles ces idées d'indépendance civile que le génie des grands papes du xie siècle avait voulu tout à fait détruire; qui, dès le siècle suivant, paraissaient, avec plus ou moins de hardiesse, dans les écrits des théologiens mêmes. Proclamées avec audace par Arnaud de Brescia, on les retrouve exprimées avec réserve dans les écrits de Jean Gerson et de quelques docteurs de l'Université de Paris. La France, au xive siècle, suivait le mouvement hardi de l'indépendance italienne; on écrivait de petits ouvrages, *de Auferibilitate papæ*; c'était le Port-Royal du temps. C'est ainsi qu'au xviie siècle, tandis que l'Allemagne bouillonnait encore du schisme de Luther, quelques théologiens français luttaient respectueusement contre Rome, au nom de saint Augustin.

Plus je prolonge, Messieurs, ces développements historiques, plus nous nous apercevons à quel point l'épopée du Dante devait s'éloigner de celle d'Homère. Poëte du moyen âge, il est obligé de porter le poids de ces souvenirs incomplets, désordonnés, mais si nombreux, que lui donne l'antiquité; il est contraint de recueillir tous les traits de cette société confuse et complexe, où le pape, l'empereur, les rois, les vassaux, les tyrans, les villes libres se mêlaient dans une lutte perpétuelle. C'est du milieu de cet amas de souvenirs et de faits que le poëte s'élance pur et nouveau. Quand il soulève cette robe doctorale du moyen âge, son imagination invente, comme on inventait aux premiers jours du monde; il a les goûts naïfs; il a la voix jeune et argentine du poëte grec; comme lui, il aime toutes les images simples de la nature, des champs, de la vie domestique; elles reviennent sans cesse dans ses vers. C'est là ce qui jette un admirable contraste entre les éléments divers de son génie; c'est le trait le plus marqué, peut-être, dans sa physionomie de grand poëte primitif. Entre les poëtes de l'Europe moderne, il n'y a que Milton qui, du milieu du chaos politique de son temps et de la sublimité idéale de son sujet, remonte vers la nature; mais, toujours savant, il la décrit d'après la Bible et d'après Homère, plus qu'il ne la voit et ne la sent elle-même.

Le Dante, plus subtil dans ses fictions, est plus simple et plus vrai dans ses peintures. C'est lui surtout qui, dans les intervalles, dans les repos de ses rêves fantastiques, vous rend cette première et vive impression des objets naturels, cette *aimable simplicité du monde naissant*, comme disait Fénelon.

Depuis Homère, peintre si admirable des champs et de la vie domestique, il n'y a eu que le Dante qui fût à la fois si créateur et si vrai. Jamais on n'a rendu tous les objets de la vie champêtre avec ces expressions que l'on appellerait basses dans une littérature artificielle, et qui ont le mérite d'être nécessaires. Et (singularité précieuse de son ouvrage!) cette simplicité parfaite, cette copie exacte de la vie, au milieu de quoi est-elle jetée? parmi les rêves les plus hardis de l'imagination poétique. Dans les poëtes qui ont voulu peindre la nature, vous ne la trouvez pas; et chez le Dante, qui peint le surnaturel, vous la trouverez partout. Ces hommes qui restent sur la terre, qui vous promettent l'image fidèle de la vie, ne la connaissent pas, ou la déguisent par leur langage; et cet homme qui habite dans le ciel, quand il est sorti de l'enfer, ou du moins du purgatoire; qui est entouré de ces anges emportés d'un vol insensible sur leurs blanches ailes; ce poëte mystique et tout idéal, qui monte d'étoile en étoile par la force attractive de la foi et de l'amour, vous parlera de ce qui fait la vie du laboureur ou du pâtre italien avec une naïveté qui sera comprise et reconnue par eux. Veut-il montrer les âmes attentives au doux chant du musicien Casella, et se dispersant à la voix sévère de Caton; il les compare à des colombes qui, réunies pour la pâture, occupées à becqueter le blé ou l'orge, s'il apparaît quelque chose dont elles aient peur, fuient tout à coup. Un chemin du purgatoire, mystérieux et difficile, où il faut voler avec effort sur les ailes du désir, lui rappelle ces petits chemins des collines d'Italie, ces sentiers étroits dont le paysan cache l'entrée avec un fagot d'épines, quand le raisin commence à mûrir. Les ombres du purgatoire, s'avançant l'une après l'autre sur le passage du poëte, réveillent dans sa pensée une image non moins naïve de la vie champêtre : « Telles on voit les brebis sortir du bercail, une première d'abord, puis une sconde, puis une troisième, et les autres, plus timides, attendent, la tête et les yeux baissés vers la terre. Ce que la première fait, elles le font de même; si elle s'arrête, les autres s'arrêtent comme elle, et, simples et paisibles, elles ne savent pourquoi. »

Voilà cet art d'être intéressant, nouveau, poétique dans les plus simples détails. Boileau dit quelque part, avec admiration, que les critiques de l'antiquité n'ont jamais relevé dans Homère l'emploi d'un seul mot bas, quoiqu'il ait fait deux grands poëmes. Je suis assez disposé à croire que, du temps d'Homère, il n'y avait guère de mots bas, sans doute par l'excellente raison qu'il n'y avait pas de mots nobles. Homère compare Ajax, combattant avec obstination, à un âne que les coups des villageois ne peuvent arracher d'un champ de chardons. Le Dante compare les âmes glorieuses du paradis qui se pressent vers lui, à la foule des poissons que l'on voit, dans un vivier clair et tranquille, s'élancer vers le pain qu'on leur jette. Pour l'un et l'autre poëte, il n'est rien dans la nature qui ne puisse fournir des tableaux et des couleurs.

Ainsi, malgré cette différence nécessaire entre un poëte du moyen âge et un poëte de l'antiquité primitive, malgré cet amas scientifique qui pesait sur un homme du xiiie siècle, le Dante, et c'est la merveille de son génie, a retrouvé, dans une foule de détails, la simplicité charmante de la poésie grecque.

Ces images naïves se multiplient surtout dans les chants du *Paradis*. C'est là que le poëte a le plus besoin d'appeler toute la nature à son aide.

On conçoit une série d'épreuves par lesquelles l'âme s'épure; mais comment établir des degrés dans la béatitude? A peine Virgile a-t-il donné vingt vers à la peinture de l'Élysée.

> Ils arrivèrent à ces demeures de joie, à la riante verdure des bois fortunés, au séjour bienheureux. Là, un air plus libre revêt les champs d'une lumière de pourpre; ils ont leur soleil et leurs astres. Les uns s'exercent sur un cirque de gazon, combattent en se jouant, et luttent sur le sable. Les autres marquent du pied la cadence des chœurs, et récitent des vers :

> Devenere locos lætos, et amœna vireta
> Fortunatorum nemorum, sedesque beatas.
> Largior hic compos æther et lumine vestit
> Purpureo; solemque suum, sua sidera norunt.
> Pars in gramineis exercent membra palæstris,
> Contendunt ludo, et fulva luctantur arena :
> Pars pedibus plaudunt choreas, et carmina dicunt.

Voilà tout le paradis de Virgile. Quelques âmes choisies, celles des héros qui sont morts pour leur patrie, ou des inventeurs qui ont enrichi la vie de découvertes utiles :

> Inventas aut qui vitam excoluere per artes,

ces âmes privilégiées font de petits repas sur le gazon :

> Conspicit ecce alios dextra lævaque per herbam
> Vescentes.

Un si grand poëte n'a rien trouvé de mieux pour peindre les béatitudes célestes, qu'une espèce de répétition assez insipide des occupations de cette vie.

On ne saurait assez admirer la fécondité du Dante, qui de ce même sujet a tiré tout un poëme. Mais comment faire sentir la grâce de cette expression, tantôt familière, terrestre, et tantôt idéale? Le talent a pu l'essayer dans des vers français; mais toute traduction en vers est une autre création que l'original. Pour en donner quelque idée, il vaut mieux en calquer les formes dans une prose naturelle. Il en est de la prose, pour traduire exactement un poëte, comme de ces figures de cire qui n'ont aucun mérite d'art, et qui peuvent avoir un grand mérite de fidélité, et, par une imitation matérielle et complète, reproduire toutes les formes et les teintes même de la physionomie. J'essaye ainsi de traduire encore quelques passages du Dante, sans rien ajouter à son style. Je tâche de rendre les expressions de sa langue forte et jeune, emportée vers les plus grandes hardiesses par la sublimité des choses qu'elle exprime, souvent simple, populaire, mais sans calcul, non pour faire un contraste, mais pour être entendue de tout le monde.

Pour cet essai, je suis incertain seulement sur le choix ; car je pense un peu comme les commentateurs du Dante ; je le trouve partout admirable pour le génie de l'expression. Ses fautes, ses inégalités ne semblent pas altérer l'originalité puissante et continue de son style. Ce sont des fautes qui sont nées pour nous du changement de la perspective. Mais il écrivit toujours avec la même inspiration de verve et d'amour. Comme les controverses théologiques le passionnaient autant que la vision céleste, son langage est toujours également animé. Tâchons cependant de saisir quelques beautés plus éminentes que les autres, semblables à ces lumières, à ces gloires du paradis qui éclatent plus rayonnantes, au milieu même de la splendeur céleste.

Tel nous paraîtra ce magnifique et gracieux début des chants du purgatoire. Lucifer transporte les deux poëtes hors de l'abime. Vous avez encore l'imagination tout effrayée du tableau de l'enfer, et de cette sortie aussi terrible que le séjour. Tout à coup le poëte fait entendre ces mots, auxquels je vous prie d'ajouter mentalement le charme du mètre et de l'harmonie :

Pour voguer sur une onde meilleure, la nacelle de mon génie maintenant déploie ses voiles, laissant au loin cette mer si cruelle ; et je vais chanter le second royaume, où l'âme humaine s'épure et devient digne de monter vers les cieux. Mais ici que la poésie morte renaisse, ô Muses saintes! puisque je suis à vous.... La douce couleur du saphir oriental qui brillait dans la sérénité de l'horizon jusqu'au premier cercle des cieux, rendit le bonheur à mes yeux, sitôt que je fus sorti de cette vapeur morte qui avait contristé mes yeux et mon cœur. La belle planète qui encourage à aimer faisait rire tout l'Orient. Je me tournai à main droite, et je vis quatre étoiles qui ne furent jamais vues que de la race première. Le ciel semblait se réjouir de leurs flammes. O septentrion, laissé veuf, puisque tu es privé de contempler ces étoiles!... Comme j'avais cessé de les regarder, me détournant un peu vers l'autre pôle, là où le char avait déjà disparu, je vis près de moi un vieillard seul, digne par son aspect de tant de vénération, que nul fils n'en doit davantage à son père.

Ce vieillard est Caton, qui, dans la pensée du poëte, étant l'homme le plus vertueux du paganisme, semble digne de présider à la garde de ce lieu d'épuration et d'épreuves. Mais cette image si sévère est tout à coup adoucie par la plus riante des fictions :

Un air doux et toujours égal me frappait au front, pas plus fort que le zéphyr. Les feuilles tremblantes et inclinées se ployaient toutes vers le côté où la sainte montagne projette son ombre. Elles n'étaient pas tellement agitées que, sur les cimes, les oiseaux eussent cessé leurs concerts; mais dans une joie vive ils accueillaient les premières heures du jour, en chantant sous le feuillage, dont le frémissement répondait à leurs voix.

Déjà, d'un pas lent, je m'étais avancé dans l'antique

forêt, si loin que je ne pouvais reconnaître par où j'étais entré. Voilà qu'un ruisseau m'arrête, coulant à gauche et courbant de ses flots légers l'herbe qui croissait sur ses rives. Toutes les eaux, même les plus pures, paraîtraient altérées par quelque mélange, au prix de celle-ci, qui ne cache rien, bien qu'elle s'écoule sous une ombre perpétuelle, qui n'y laisse tomber jamais les rayons du soleil ou de la lune. Je retins mes pas, et, de mes yeux, je franchis au delà du ruisseau pour contempler la verdure fleurissante. Et là, comme il apparaît parfois subitement une chose dont la merveille éloigne l'esprit de toute autre pensée, il m'apparut une femme seule, qui s'en allait chantant et cueillant les fleurs dont toute sa route était parsemée. Ah! belle femme qui t'anime aux rayons de l'amour céleste, si je veux croire les traits qui sont le témoignage du cœur, je souhaite, lui dis-je, que tu viennes plus avant vers ce ruisseau, assez pour que je puisse entendre ce que tu chantes. Tu me fais souvenir quelle était Proserpine, dans le temps où sa mère la perdit, et où elle perdit le printemps.

Comme dans le bal une jeune fille s'avance et resserre ses pas près de la terre, et met à peine un pied devant l'autre, elle marche vers moi sur les fleurs vermeilles et azurées, semblable à la vierge qui baisse des yeux pleins de pudeur; et elle rendit mes vœux satisfaits en s'approchant, au point que le doux son de ses paroles venait à moi. Aussitôt qu'elle fut sur le bord où l'herbe est baignée par les ondes du ruisseau, elle me fit le don de lever ses yeux sur moi. Je ne crois pas que tant de lumière brilla sous les cils de Vénus, blessée par son fils. Elle souriait, debout sur la rive droite du ruisseau, cueillant de ses mains les fleurs que, sans culture, la terre jette de son sein.

Cette gracieuse vision, le poëte l'appelle Mathilde; et sous ce nom de l'héroïque amie de

Grégoire VII, les commentateurs ont reconnu la *vive affection* pour l'Eglise. Mais comment accorder l'apothéose de la comtesse Mathilde avec la partialité du Dante pour l'empire? C'est que le poëte l'emporte en lui sur le gibelin.

Une des plus grandes beautés de la *Divina Commedia*, c'est la présence du poëte dans toutes les parties de son ouvrage. L'écueil du talent, dans la composition fantastique, serait de faire disparaître l'homme du milieu de ces tableaux. Des images trop idéales, bien que sublimes, lassent à la longue notre faiblesse humaine. Quel intérêt n'éprouvez-vous pas lorsque dans l'enfer et le ciel, tracés par Milton, vous voyez reparaître l'homme lui-même, le poëte qui vous entretient de ses maux. Cette image d'un homme tel que nous, au milieu de tout le merveilleux poétique, nous touche et nous attire, comme ferait l'accent d'une voix humaine au milieu de la plus belle nature dépeuplée d'hommes.

Cette heureuse impression revient sans cesse dans le poëme du Dante; contemplateur des choses divines, il en varie l'expression par ses souvenirs d'homme. Au milieu d'un autre monde, il vous parle de sa gloire, de ses espérances. L'amour-propre poétique, certes, ne s'est jamais donné de joie plus douce que celle du Dante, lorsque à l'entrée du purgatoire, dans ce passage où déjà l'on aperçoit les riantes couleurs de la vie heureuse, il rencontre un musicien, son ami, qui, prié de charmer les âmes par sa voix mélodieuse, chante tout à coup une *canzone* du Dante. Riez-vous d'un poëte qui se fait réciter ses vers, même dans l'autre monde ? Ailleurs, cette préoccupation que le Dante a de sa gloire, est mêlée d'une modestie philosophique et sublime. C'est un des beaux épisodes de ce poëme tout en épisodes ; c'est une admirable allusion au progrès des arts et à la vanité de la gloire. Le poëte s'y montre avec le pressentiment de sa renommée. S'adressant à une âme qu'il croit reconnaître :

Ah ! n'es-tu pas Odérigi, l'honneur de Goubio, et l'honneur de cet art qui est nommé *enluminure* à Paris ? —Frère, répondit-il, les toiles que peignait Franco de Bologne ont plus d'éclat. La gloire est toute à lui maintenant, et je n'en ai qu'une part. Je n'aurais pas été si courtois, tant que j'ai vécu, par le grand désir d'exceller dans l'art où j'avais mis mon cœur. Je paye ici la rançon de mon orgueil ; et encore je ne serais pas dans ce séjour, n'était que, pouvant pécher, je me tournai vers Dieu. O vaine gloire des faibles humains ! combien dure peu cette palme verdoyante, si elle n'est pas suivie d'un siècle grossier ! Cimabué crut dans la peinture être maître du champ, et maintenant Giotto a pour lui la gloire ; il obscurcit la renommée de celui-ci. C'est ainsi qu'un Guido a enlevé à l'autre la gloire de l'éloquence; et peut-être il est né celui qui les chassera l'un et l'autre du nid.

Le bruit du monde n'est qu'un souffle du vent, qui tantôt vient d'ici, tantôt vient de là, et change de nom, parce qu'il change de côté. Avant que mille ans soient passés, quelle renommée auras-tu de plus, si ta chair vieillie se sépare de toi, que si tu étais mort avant d'avoir quitté le bégaiement de l'enfance? L'espace de la vie est plus court devant l'éternité, qu'un mouvement de sourcil comparé au cercle le plus lent des cieux. Celui qui chemine si lentement devant nous remplit de son nom toute la Toscane; et maintenant à peine on parle de lui dans Sienne, où il était maître, lorsque fut brisée la rage de Florence, superbe alors comme elle est maintenant avilie. Votre renommée ressemble à l'herbe qui croît et disparaît, et que fane le même soleil qui l'a fait sortir de terre fraîche et nouvelle. (*Purgatoire*, chant XI.)

Ce poëte qui chassera Guido de son nid, vous le devinez sans peine.

Le Dante vit en effet se vérifier cette prédiction. Les copies de son poëme, répandues dans l'Italie, étaient accueillies avec admiration. Un an après son exil, une nouvelle sentence rendue par les magistrats de Florence l'avait condamné au feu (*igne comburatur sic quod moriatur*). Mais ses concitoyens, avertis de sa gloire, n'avaient pas tardé à se repentir de cette rigueur; et nous avons vu qu'il aurait pu rentrer dans son pays, s'il avait consenti à la satisfaction qu'on lui demandait. A lire quelques poésies d'amour qui lui échappaient encore, on croirait qu'il était retenu loin de Florence par d'autres motifs que sa juste fierté :

O ma chanson de montagne, dit-il, tu pars. Peut-être tu verras Florence, ma terre natale, qui, vide d'amour et dépouillée de pitié, m'a banni loin d'elle. S'il t'est permis d'entrer, dis : « Mon maître désormais ne peut plus faire la guerre. Là d'où je viens, une chaîne le retient, telle que, si votre cruauté se laisse fléchir, il n'a pas la liberté de revenir ici. »

Cependant jamais la passion de la patrie n'éclata dans de plus beaux vers que ceux où il décrit l'antique pureté de Florence. C'est un des admirables passages du poëme. Le Dante, en plaçant ce récit dans la bouche d'un bienheureux, le premier de ses ancêtres, accable de reproches ses contemporains avilis. Savez-vous cependant quel était son dernier vœu, sa dernière pensée, le prix qu'il espérait de sa gloire ? le voici :

S'il arrive jamais que le poëme sacré auquel a mis la main le ciel et la terre, et qui m'a fait maigrir pendant bien des années, surmonte la cruauté qui me retient hors du beau bercail où je dormais, agneau ennemi des loups qui lui font la guerre, avec une autre voix, avec une autre chevelure, je reviendrai, poëte ; et sur les fonts de mon baptême je prendrai la couronne. (*Paradis*, chant XXV.)

Je m'arrête à ces vers, parce qu'ils sont comme

le testament de cette âme poétique. Dans le hardi mythologue du christianisme, dans cette imagination qui a créé tout un monde d'anges, vous voyez le chrétien naïf, le simple fidèle. Il est enfant soumis de l'Église, quoiqu'il ait flétri les papes avec tant de hardiesse. Cette couronne qu'il espérait de l'avenir, il voudrait la recevoir sur le baptistaire de saint Jean. C'est ce contraste d'une audace de génie qui semble devancer la réforme, et d'une foi respectueuse et vive, d'une imagination qui invente au delà du christianisme, et d'une docilité de laïque, qui règne partout dans les magnifiques inventions du Dante, et forme la réunion si extraordinaire de la naïveté et de l'idéal mystique. C'est dans ce mélange de sentiments si divers, d'inspirations si opposées, que s'est formé le plus grand poëte du moyen âge, ce poëte dont les vers sublimes et naturels ne s'oublieront jamais, tant que la langue italienne sera conservée, tant que la poésie sera chérie dans le monde.

FIN DU PREMIER VOLUME.

TABLE ANALYTIQUE

DES MATIÈRES CONTENUES DANS CE VOLUME.

PREMIÈRE LEÇON.
Pages.
DISCOURS PRÉLIMINAIRE...................... 1

IIe LEÇON.

Réponse à une accusation. — Recherches philologiques. — Premières causes de corruption pour la langue latine. — Innovations grammaticales d'Auguste. — Tendance progressive des idiomes. — Réfutation de l'opinion que la langue italienne soit un ancien patois du latin. — Causes diverses de l'extension et de l'altération de l'idiome latin. — Influence de la conquête et de la religion. — Influence des barbares. — Exemples nombreux des variations subies par les mots. — Naissance d'un idiome moderne. — Sa forme multiple; doutes soumis à M. Raynouard. — Premiers monuments de la langue romane..... 47

IIIe LEÇON.

Innovations grammaticales de la langue vulgaire. — Les articles; l'emploi des verbes auxiliaires. Détails à cet égard. — Littérature latine contemporaine du développement de la langue *romane*. — Caractères de ces deux civilisations, presque étrangères l'une à l'autre. — Poésies des *troubadours* au commencement du XIIe siècle. — *Guillaume, duc d'Aquitaine; Bernard de Ventadour.* — Quelques mots sur *Bertram de Born*. Traduction d'un de ses chants guerriers. — Liberté hardie de la plupart des *troubadours*..................... 85

IVᵉ LEÇON.

Pages.

Sources étrangères de la poésie provençale ; digression à ce sujet. — Quelques traces du souvenir de l'antiquité ; mais surtout imitation de la poésie arabe. — Double influence du génie oriental sur l'Europe, par les deux moyens les plus opposés. — Civilisation des chrétiens, d'abord moins adonnée aux arts que celle des Arabes. — Splendeur des Maures d'Espagne ; leur ascendant sur l'imagination des méridionaux ; détails à cet égard. — Caractère de leur poésie. — Ses ressemblances avec la poésie des *troubadours* ; citations, rapprochements 127

Vᵉ LEÇON.

Caractère général de la poésie romane. — Difficulté de la traduire. — Combien elle diffère de la poésie moderne. — Genres qui lui ont manqué. — Grand nombre et uniformité de ses poëtes. — Encore *Bertram de Born*. — Citation remarquable. — Événements politiques où furent mêlés les *troubadours* ; les croisades. — Double point de vue à cet égard. — Anecdotes diverses. — Peu de *troubadours* présents à la guerre sainte. — Chants de quelques-uns d'entre eux. — *Richard Cœur-de-Lion* ; sa complainte. 160

VIᵉ LEÇON.

Utilité historique de la poésie provençale. — Liberté extraordinaire dont elle est la preuve et l'expression. — Chant de *Sordello* sur la mort de *Blacas*. — Poésie satirique des *troubadours*, inférieure à leur poésie amoureuse. — Vie heureuse et douce imagination du Midi, troublées tout à coup par une horrible calamité. — Innocent III. — Hérésie des Albigeois ; leurs prières en langue vulgaire. — Causes de la croisade contre les Albigeois. — Son influence sur le génie méridional. — Chant de vengeance et de haine contre Rome. 190

VIIᵉ LEÇON.

Nouveaux détails sur l'idiome de la France septentrionale. — Comment l'influence allemande y laissa peu de traces. Faits historiques. — Quelques débris du *roman wallon* aux vıııᵉ et ıxᵉ siècles. — Modification apportée par les Normands. — Caractère distinct et développement de cet idiome au xi⁰ siècle. — Conquête de Guillaume. — Premiers écrivains normands; *Robert Wace.* — Commencement de la littérature chevaleresque. — Ses trois grandes divisions : romans de *Charlemagne*, de la *Table-Ronde* et des *Amadis.* 237

VIIIᵉ LEÇON.

Réalité de la chevalerie, fidèlement décrite dans les romans du moyen âge. — Éducation et devoirs des chevaliers. — Fabliau de Saladin, ordonné chevalier. — Cour de Philippe-Auguste. — Grand nombre des productions littéraires. — *Chrétien de Troyes;* ses principaux poëmes. — Commencement de la prose française. — *Ville-Hardouin;* sa langue et son style. 271

IXᵉ LEÇON.

Richesse de la poésie des *trouvères* aux xiiᵉ et xiiiᵉ siècles. — Caractère des fabliaux. — Romans historiques. — Roman du *Châtelain de Coucy et de la Dame de Fayel;* citations. — Poésies de *Thibaut,* comte de Champagne. — *Joinville.* — Rare mérite de son ouvrage 305

Xᵉ LEÇON.

Résumé général sur le xiiiᵉ siècle. — Grands hommes de cette époque; mouvement général des esprits. — Influence de la France sur l'imagination; trois mythologies nouvelles. — Paris, rendez-vous scientifique. — Italiens célèbres venus à Paris. — Ouvrage écrit en français par *Brunetto Latini.* — Influence des Provençaux sur l'Italie; détails à cet égard. — Premiers essais de poésie sicilienne. — Poésies italiennes de la fin du xiiiᵉ siècle. — Précurseurs du *Dante.* — Quelques circonstances de la vie du Dante. — Ses études; son caractère; son génie . . 337

XIᵉ LEÇON.

Essence du poëme épique; il doit renfermer toute la science d'un temps. — Caractère de la *Bible* et des poëmes homériques; impossibilité de cette épopée encyclopédique dans les temps modernes. — Parallèle entre les âges successifs de l'antiquité et ceux des temps modernes; *âge divin, âge héroïque.*

— Fausse analogie entre l'*âge héroïque* de l'antiquité et le *moyen âge*. — Science du moyen âge, contraire à la naïveté primitive. — Éléments poétiques de cette même époque. — Imagination du Dante. — Sa *Vita nuova*.—Considérations sur la *Divina Commedia*. 374

XII° LEÇON.

Unité de la *Divina Commedia*. — Sous quelques rapports, elle offre le caractère des grands poëmes anciens. — Elle renferme toute l'histoire, toute la science, toute la poésie du temps. — Situation de l'Italie. — Dessein patriotique du poëte. — Caractère de sa théologie. — Sublimité et variété de sa poésie. — Résumé sur le génie et l'influence du Dante 405

FIN DE LA TABLE.

www.ingramcontent.com/pod-product-compliance
Lightning Source LLC
Chambersburg PA
CBHW071111230426
43666CB00009B/1914